Raimon Panikkar · Den Mönch in sich entdecken

Raimon Panikkar
Den Mönch in sich entdecken

Kösel

Ins Deutsche übertragen von Georg Tepe.
Titel der amerikanischen Originalausgabe »Blessed Simplicity. The Monk as Universal Archetyp«. 1982 erschienen bei Seabury Press, New York.

CIP-Titelaufnahme der Deutschen Bibliothek
Panikkar, Raimon:
Den Mönch in sich entdecken / Raimon Panikkar. [Ins dt. übertr. von Georg Tepe]. – München : Kösel, 1989
  Einheitssacht.: Blessed simplicity ⟨dt.⟩
  ISBN 3-466-20307-4

© 1989 für die deutsche Ausgabe by Kösel-Verlag GmbH & Co., München
Printed in Germany. Alle Rechte vorbehalten
Gesamtherstellung: Kösel, Kempten
Umschlag: Elisabeth Petersen, Glonn, unter Verwendung eines Fotos von Erwin Stegmann, Zürich
ISBN 3-466-20307-4

Inhalt

Vorwort 7
Einleitung: Der Mönch – ein universaler Archetyp? 11

Erster Teil: Der Archetyp »Mönch« 19
Fragen zur Diskussion 33

Zweiter Teil: Der Kanon des Schülers 43
Die monastische Tradition. Das grundlegende monastische
   Prinzip: Selige Einfalt 49
Die Alternative: Weltlichkeit oder versöhnte Vielfalt 58
Die neun Sūtras 64
1. Die Ursehnsucht des Herzens 64
2. Sage mir, wer du bist 72
3. Reden ist Silber, Schweigen ist Gold 76
4. Mutter Erde und ihre Kinder 82
5. Freiheit im nicht-räumlichen Jetzt 86
Fragen zur Diskussion 92
6. Die Ruhe im Eschatologischen und das Leiden an der Geschichte 96
7. Personale Erfüllung oder Selbstverwirklichung des Individuums 103
   Folgerungen 111
   Leiblichkeit 111 – Sexualität 113 – Politisches Bewußtsein 118 – Zusammenfassung 121
8. Das Heilige 123
9. Die Erinnerung an das Letzte und der Zugang zu ihm 132
Epilog 138
Fragen zur Diskussion 139

Dritter Teil: Synthese 149
Kulturübergreifende Grundmuster 149
Die soziologische Herausforderung 157
Konkrete Anliegen 160
Anthropologische Probleme 163
    Praktische Belange 166 – Theoretische Fragen 172
Fragen zur Diskussion 137
Eine Anmerkung zum Thema Denken und Sprechen 176
Die Herausforderung der Weltlichkeit 178
    soziologisch 178 – anthropologisch 180 – metaphysisch 182

Anhang
Eine Liturgie der Erde 193
Eine Liturgie des heiligen Wortes 197
Glossar 199

Vorwort

Das vorliegende Buch ist aufgrund eines Symposiums im November 1980 in Holyoke, Massachussetts (USA) entstanden, auf dem ich das Hauptreferat »Der Mönch – ein universaler Archetyp« gehalten, die damit verbundenen Fragen der Teilnehmer beantwortet und die Ergebnisse in einer Synthese zusammengefaßt habe. Wert und Bedeutung eines Symposiums liegen in seinem Vollzug und in seiner Feier. Eine Buchausgabe ist eine ganz andere Art von Vergegenwärtigung derselben Inhalte, die in ein anderes *literarisches* Genre gehört. So ist dieses Buch, wie es jetzt nach meiner Bearbeitung vorliegt, etwas Eigenständiges. Die deutsche Ausgabe beschränkt sich ausschließlich auf meine Beiträge und gewinnt einen noch größeren Abstand zum unwiederholbar Gesagten während dieses Symposiums, wodurch das Buch eine einheitlichere Form, als die englische Ausgabe 1982, bekommt.

Der geschriebene Text ist vielleicht akademischer und »trockener« geraten als die ursprüngliche mündliche Fassung, aber er eignet sich so besser für ein größeres Publikum. Dennoch will dieses Buch keine tote »wissenschaftliche« Studie sein. Die notwendigen Vorarbeiten sind zwar gemacht worden, sowohl was den Verstand als auch was das Herz betrifft, aber ihre Früchte lassen sich nur dort ernten, wo sie gewachsen sind: zu Hause eben, *in corde magis quam in codice,* »mehr im Herzen als im Buch«, wie die christlichen Mönche des Mittelalters zu sagen pflegten. *Discretio, viveka,* Unterscheidung der Geister ist eine monastische Tugend, und sie ist es, die mich davon abhält, eine derartig intensive persönliche Erfahrung anders als in einer mehr oder weniger philosophischen – ich hoffe aber dennoch verständlichen Sprache – mitzuteilen.

Die verborgene Einfalt, den Mönch in sich entdecken – heißt die Botschaft dieses Buches. Sie ist *verborgen,* wie das Göttliche verborgen ist, wie die Perle des Evangeliums, wie auch die wahre Menschlichkeit eines jeden Menschen. Die Verborgenheit scheint das Merkmal der wahren Realität zu sein. Über eine gelassene Suche nach dieser verborgenen Wahrheit in uns will dieses Buch berichten. Nicht im Kloster der Mönche ist der Ort dieser Suche, sondern im politischen Bezirk des Lebens – im Sinne des Metapolitischen.

Die heutige Weltlage ist ernst genug, um uns die Frage nach Zukunft, Leben, Gerechtigkeit und Vollendung des Menschen bewußt zu machen. Eine Besinnung über den Archetyp Mönch darf weder unmittelbar ins Pragmatische landen noch so weltfremd sein, daß sie menschenfremd wird. Sie muß tief ins Lebendige eingehen. Keine Spiritualität, die das Metapolitische vernachlässigt, kann heute befriedigend sein. Den Mönch in sich entdecken heißt heute: den sozialen Sinn des Archetyps Mönch aufspüren. Ohne ihn ist keine menschliche Vollkommenheit und keine rettende, gesunde Politik möglich. Politik heißt hier die Kunst des gemeinsamen Lebens eines Volkes zu gestalten und an dieser Gestalt teilzuhaben. In diesem Punkt wird vielleicht am stärksten die Lebensnähe des Buches ersichtlich.

Über die Fragmentation des heutigen Lebens, über den Barbarismus der Spezialisationen und ähnlicher Erscheinungen wird schon viel geredet. Und das ist hoffnungsvoll. Zwischen der Suche nach der Einfalt, Einfachheit und Schlichtheit und der tatsächlichen Vielfalt unseres Lebens will dieses Buch ein Gleichgewicht schaffen – in der berechtigten Annahme, daß beide Pole gleichwertig sind. Die Alten nannten es Weisheit. Dieses Gleichgewicht hat der heutige zerrissene Mensch verloren. Die rettende Einfalt in der Vielfalt der Welt ist eine notwendige Bedingung für die Rettung der menschlichen Kultur. Eine Kultur ohne Seele stirbt aus, und das Absterben der heutigen Welt mag den Tod der Menschheit bedeuten...

Dieses Buch handelt vom Menschen in der Welt, nicht vom Mönch im Kloster. Und doch gehen wir davon aus, daß in jedem von uns jene monastische Dimension der Einfalt in Vielfalt zum echten Menschsein gehört.

Die Fremdworte, die am Ende des Bandes in einem Glossar erläutert werden, sind nicht da, um den Text schwieriger zu machen, sondern um einen Hinweis zu geben auf andere große spirituelle Traditionen, die den Archetyp Mönch gesellschaftlich und sprachlich seit Jahrtausenden strukturiert haben. Auf diesem Wege wird einleuchtend, daß unsere Problematik interkulturell und über den Rahmen der einzelnen Religionen allweltlich eingesiedelt ist. Es handelt sich dabei um eine allgemeinmenschliche Frage der menschlichen Vollendung, der radikalen Spiritualität. Wenn in unseren Breiten vorwiegend die christliche Verwirklichung des Archetyps Mönch bekannt und beheimatet ist, geht es hier nur um eine der »Sprachen« dieses Archetyps, das Phänomen als solches ist allgemein weltlich und menschlich.

Mein persönlicher Dank an alle, die zu diesem Buch beigetragen haben, gleitet ins Schweigen. Er versucht sich im Kampf gegen die lineare Zeit zu zeigen, deren Voranschreiten ich in Rechnung stellen mußte, um diesen Text – ungeachtet seiner Mängel – aus der Hand geben zu können[1]. Ich bin froh, daß diese Besinnung über die Mitte des Lebens auch in deutscher Sprache erscheint. Den Kösel-Verlag und den Übersetzer möchte ich hiermit in meinen Dank einschließen.

Santa Barbara (Kalifornien), 15. August 1981,
am Fest der Aufnahme Marias in den Himmel
Tavertet (Barcelona), 29. September 1988,
am Fest des heiligen Michael

---

[1] Viele Begriffe, wie z. B. Modernität, Symbol, Tempiternitas, Mythos, Archetyp usw. sind in diesem Buch nur ungenügend erläutert. Der Autor verweist zwecks genauerer Klärung auf seine anderen Veröffentlichungen, hofft jedoch, daß der Zusammenhang, in dem die Begriffe vorkommen, ein Mindestmaß an Verständnis ermöglicht. Für die deutsche Ausgabe wurde zu diesem Zweck ein »Glossar« zusammengestellt, wo die meisten Fremdwörter kurz erläutert zu finden sind.

Einleitung
Der Mönch – ein universaler Archetyp?

> ὅς πορεύεται ἁπλῶς,
> πορεύεται πεποιθῶς
>
> Qui ambulat simpliciter
> ambulat confidenter.
>
> Wer einfältig lebt,
> lebt ohne Angst[2].

Das Thema lautet: »der Mönch als universaler Archetyp«. Es läßt sich auf zweifache Weise verstehen, aber gerade seine Doppeldeutigkeit wird uns erschließen, worum es geht. Und schon zögere ich, denn ich merke, daß ich bereits dabei bin, etwas in seine Bestandteile aufzulösen, was nur als Ganzes Einblick in sein Wesen gewährt. Es schmerzt, wenn man etwas in Stücke brechen muß, das als Einheit vor Augen steht. Aber so ist es nun einmal: alles Sprechen, Erläutern, Darlegen in Raum und Zeit vollzieht sich als Auseinandernehmen der Dinge, bruchstückhaft. Wie der Körper von Prajāpati[3] im Akt der Schöpfung zerstückelt wurde, so scheint auch die in ihrer Einfachheit unsagbare Wirklichkeit, die der Mönch in meinen Augen symbolisiert, nur bruchstückhaft mitteilbar zu sein. Ich muß also wie ein Kind, das sein

---

[2] Spr 10,9; vgl. 3,23; 28,18; der lateinische Text nach der Vulgata. Meister Eckhart kommentiert ihn in seinem Sermon XV,2 (Nr. 162). Es ist bezeichnend, wie die meisten modernen Übersetzungen dieses *haplōs,* das so wichtig für die patristische und monastische Spiritualität gewesen ist und im Neuen Testament einen starken Widerhall findet (vgl. Mt 6,22f.; Lk 11,34f. usw.), wiedergeben. Im hebräischen Wort schwingen andere Nebenbedeutungen mit. Vgl. auch das Leitmotiv des Menschen als *homo viator.* Zwei Übersetzungsbeispiele aus jüngster Zeit: »Wer aufrichtig seinen Weg geht, geht sicher.« (Einheitsübersetzung); »Wer geradlinig lebt, lebt ohne Angst.« (Die Bibel in heutigem Deutsch).
[3] Vgl. R. Panikkar, Rückkehr zum Mythos, Frankfurt 1985, S. 81–123 (Anm. d. Übers.)

geliebtes Spielzeug zerstört, um zu sehen, wie es von innen aussieht, den Hammer nehmen und den »universalen Archetyp des Mönchs« zerschlagen. Vielleicht werden wir dabei die Entdeckung machen, daß er innen – leer ist.

Meine Darlegung gliedert sich in drei ungleiche Teile, denen einige einleitende Erläuterungen zur Methode vorangestellt sind. Im ersten Teil werde ich verdeutlichen, was ich eigentlich meine, wenn ich vom Mönch als einem menschlichen Archetyp spreche. Der zweite Teil wird versuchen, die Wesenselemente des Mönchtums, so wie es sich im Blick auf unsere gegenwärtige Zeit darstellt, in neun Kapiteln aus einem grundlegenden Prinzip heraus zu entfalten. Der dritte Teil bringt eine Art Synthese des zuvor Erläuterten in der Form allgemeiner Gedanken zu einem Thema, mit dem man letztlich nie zu Rande kommt.

Seit meiner frühen Jugend habe ich mich als Mönch verstanden, aber als einer, der nicht hinter Klostermauern lebt oder zumindest nicht innerhalb anderer Grenzen als denen, die irdischem Sein als solchem gesetzt sind. Selbst diese, so schien es mir, galt es zu überwinden, und sei es durch ein Hinabsteigen ins Innerste der von ihnen umschlossenen Wirklichkeit. Zu meinem Mönchsein gehört auch kein besonderes Gewand, keine andere Weise, sich zu geben und zu kleiden, als die der Menschheitsfamilie selber. Und auch sie gilt es abzulegen, denn alle kulturellen Formen, in die menschliches Leben sich kleidet, sind nur Teiloffenbarungen dessen, was sie verhüllen: die reine Nacktheit durchsichtiger Klarheit, die nur das einfältige Auge der Herzensreinen erblickt.

Ich bin also, was das Thema betrifft, keineswegs ein Fachmann und kaum genügend vorbereitet, darüber zu sprechen. Zudem hat mich die Frage, wie das Thema überhaupt anzugehen sei, in ziemliche Verlegenheit gebracht. Der beste Weg wäre vielleicht gewesen, sich einige Gestalten aus der Geschichte des Mönchtums herauszugreifen, zum Beispiel Buddha, Antonius, Milarepa, Shankara – oder aus der jüngeren Vergangenheit Bruno, Ramana Maharshi, Dōgen usw., um anhand ihres Vorbilds den monastischen Archetyp zu entwickeln. Das wäre vergleichsweise einfacher gewesen, vielleicht sogar fruchtbarer und sicherlich interessanter insbesondere für die, denen die Geschichte des Mönchtums bereits mehr oder weniger vertraut ist. Wir wären so Zeugen einer Lebenstiefe und menschlichen Reife geworden, die wegweisend für unsere eigene oft so orientierungslose Lebenswanderung hätten sein können. Ausgehend von ihrem Beispiel wären wir schließlich beim monastischen Archetyp angelangt.

Zwei Gründe haben mich bewogen, einen anderen Weg zu gehen: erstens, weil eben, wer Mönch ist, vieles von dem, wovon auf dem ersten Weg zu berichten wäre, schon kennt, und zweitens, weil dieser Weg dem immer weiter um sich greifenden Wandlungsprozeß nicht genügend Rechnung trägt, der gegenwärtig das traditionelle Mönchtum – und zwar gerade in seinen besten Ausprägungen – erfaßt hat. Eine Darstellung, wie ich sie oben skizziert habe, hätte uns alle mit Stolz über so hervorragende Vorläufer erfüllt, aber unserem Blick entzogen, was in meinen Augen viel entscheidender ist: die Herausforderung unserer Zeit. Sie hätte uns vielleicht bewogen, nach dem Motto »Streng dich halt noch mehr an!« die gewaltige Leistung unserer Vorfahren nachzuahmen. Sie hätte uns auf diese Weise davon abgehalten, einmal darüber nachzudenken, ob die gegenwärtige Lage nicht eine neue *metanoia,* eine neue *conversio* von uns verlangt im Sinne einer radikalen Umkehr und Veränderung unseres Denkens und Handelns und nicht bloß eine Neuauflage früherer Leistungen im Sinne einer modernen Version des überlieferten Ideals der *imitatio*.

Allen Nichtmönchen (im traditionellen Sinn des Wortes) unter meinen Lesern sei gesagt, daß sich meine Überlegungen an den Mönch in jedem von uns wenden. Ich habe nicht die Absicht, die reiche Literatur über das Mönchtum zu ergänzen oder gar zu korrigieren. Ich möchte allerdings den Leser anregen, selber bis zu den Quellen dieses großen Stromes menschlicher Überlieferung vorzustoßen.

Die beiden Gründe hängen miteinander zusammen. Ich bin nicht daran interessiert, die Vergangenheit in ihrer geschichtlichen Entwicklung nachzuerzählen oder gar in die Zukunft fortzuschreiben, gerade weil es mir darum geht, die Gegenwart (vor und jenseits aller Geschichte, das heißt das uns je jetzt Angehende) zu untersuchen. Anders gesagt: weil es mir existentiell um unsere alltägliche Lebenssituation geht, werde ich mir die Doppeldeutigkeit der Rede vom »monastischen Archetyp«

zunutze machen und nicht den Mönch als Archetyp beschreiben, das heißt den Mönch als eine beispielhafte Verwirklichung menschlichen Lebens, sondern den Archetyp »Mönch«, das heißt das Monastische als einen zum Menschsein als solchem gehörenden Archetyp. Tatsächlich soll der Ausdruck »monastischer Archetyp« genau dies besagen: es gibt einen im Wesen des Menschen grundgelegten Archetyp, dessen beispielhafte Verwirklichung oder Erscheinung der Mönch (im üblichen Sinne des Wortes) ist.

Es ist *wichtig* und schwierig zugleich, die beiden Bedeutungen des Begriffes »monastischer Archetyp« auseinander zu halten. *Der Mönch als Archetyp:* das kann so verstanden werden, als gäbe es so etwas wie ein *Idealbild* des Mönchs, das mehr oder weniger vollkommen verwirklicht werden kann. Mag sein, daß das der beste Ansatz zu einer *renovatio* ist, einer Erneuerung der ursprünglichen Reinheit des Mönchsideals. Die Sorge um diese Erneuerung ist ein berechtigtes und dringendes Anliegen, sie trägt aber in gewisser Weise mit dazu bei, daß sich die schöpferischen Anlagen und Fähigkeiten der Menschen nicht genügend entfalten, weil sie auf ein unveränderliches Wesen, eine unwandelbare Idee (im platonischen Sinne) festgelegt werden. Archetyp in diesem Sinne käme einem modellhaften Urbild, einer prototypischen Gestalt *(morphē)* gleich, die zwar Erhellung, Verdeutlichung und Vertiefung zuließe, aber keinen grundlegenden Wandel, keine Veränderung. Uns bliebe allein die Aufgabe, gute oder gar (noch) bessere Mönche zu sein. Die Rede vom *Archetyp des Mönchs* dagegen weist darauf hin, daß es einen *menschlichen* Archetyp gibt, den der Mönch mehr oder weniger überzeugend entfaltet und verwirklicht. Es mag durchaus sein, daß die Mönche (im traditionellen Sinne) auf ihre Weise »etwas« gelebt und verwirklicht haben, das zu leben und mit Wirklichkeit zu füllen auch wir berufen sind – aber anders, das heißt in einer Weise, durch die eine neue Stufe im Entfaltungs- und Reifeprozeß des *humanum* zum Ausdruck kommt. Archetyp in diesem Sinne ist das Ergebnis unterschiedlichster Anstöße und Anregungen bewußter und unbewußter, individueller und kollektiver Art, deren Zusammenspiel eine neue Gestalt menschlichen Lebens hervorbringt. Das gibt uns gewissermaßen freie Hand, die Dynamik der Regungen zu untersuchen, die menschliches Leben gestaltend prägen. Gerade weil der

Archetyp hier keinen Modellcharakter besitzt, sondern Ergebnis des menschlichen Lebens selber ist, zeichnet er sich durch seine Veränderbarkeit und Dynamik aus.

Die Unterscheidung ist aber nicht nur wichtig, sondern zugleich *schwierig,* denn die beiden Seiten unseres Themas dürfen auch nicht auseinandergerissen werden. Es gibt vermutlich keinen anderen Zugang zu unserem *Archetyp* als den, sich mit dem *Mönch* als Archetyp auseinanderzusetzen und vertraut zu machen. Aus dem Nichts heraus etwas zu schaffen, dazu reicht unser menschliches Vermögen nicht aus, und sich einen Archetyp nach eigenen Vorstellungen zu basteln, dürfte auch kein gangbarer Weg sein. Die in der Überlieferung verdichtete Erfahrung der Älteren und ihre je neue Verlebendigung und Aneignung wird uns auf unserer Lebensreise beflügeln, ohne daß uns mitten in der Luft die Kräfte verlassen, weil wir uns mit künstlichen und unnatürlichen Federn geschmückt haben. Eine bemerkenswerte Folge unserer Unterscheidung, die keine Trennung bedeutet, liegt ferner darin, daß die Untersuchung des Mönchs als Archetyp (das heißt als modellhaftes Ur- und Vorbild) uns hilft, bis zu den Quellen und Ursprüngen des Mönchtums vorzudringen und seine Anfänge zu erhellen. Wir dürfen uns nicht außerhalb des Lebensstromes der Überlieferung stellen. Auf der anderen Seite kommen wir bei der Betrachtung des monastischen Archetyps (das heißt des gestalthaft verdichteten Ergebnisses menschlicher Erfahrung) nicht umhin, die Zeichen unserer Zeit zu beachten und der zukünftigen Entwicklung ins Auge zu sehen. Wir müssen lernen, die noch unverstandene Botschaft der Moderne zu entziffern. Ich sage unverstanden, denn wir werden zwischen flüchtiger und oberflächlicher Mode und jenem echten Beitrag unterscheiden müssen, den die Moderne im Sinne einer Bereicherung der Überlieferung und ihrer Werte leistet.

Das bedeutet, daß wir ungeachtet der Unterschiede zwischen Tradition und Moderne, die ich aus heuristischen Gründen hervorheben werde, ihre Kontinuität nicht übersehen dürfen. Tatsächlich sind es die neuen Mönche, die entscheidend zur gestalthaften Verdichtung jenes Archetyps beitragen, dessen Beschreibung ich – ein gewagtes Unternehmen, dessen bin ich mir bewußt – versuchen werde.

Das Thema ist so umfangreich und die Literatur, die es dazu gibt, so vielfältig, daß ich beidem – wenn überhaupt – nur gerecht werden kann, indem ich mich auf den Kern des Monastischen beschränke. Zudem werde ich versuchen, dies aus einer anthropologischen Perspektive zu tun. Das hat nicht nur eine Beschränkung zur Folge – andernfalls könnte man sich nahezu endlos mit Mönchen und Archetypen beschäftigen –, sondern auch eine bestimmte Richtung des Weges, den wir gehen werden: Er wird uns nicht an allgemeinen soziologisch faßbaren Erscheinungsformen, lehrmäßigen Ähnlichkeiten oder religiösen Gemeinsamkeiten entlangführen, sondern uns mit Eigentümlichkeiten des Menschseins konfrontieren, die zutiefst in dem verwurzelt sind, was den Menschen überhaupt zum Menschen macht. Wir werden diesen Weg gehen, ohne dabei – ich betone das nochmals – traditionelle monastische Werte über Bord zu werfen, aber auch ohne uns darauf zu beschränken, Dinge, die aus der Vergangenheit bereits bekannt sind, bloß wiederholend darzulegen.

Um also die Sache auf den Punkt zu bringen: Ist der Mönch ein universaler Archetyp, das heißt ein allgemeingültiges Vorbild menschlichen Lebens? Nein. Das Monastische im traditionellen Sinne ist nur ein Weg, eine Weise der Verwirklichung eines universalen Archetyps. Aber auf diesem und durch diesen (monastischen) Weg gewinnen wir vielleicht Zugang zum universalen Archetyp – dessen Erscheinung der Mönch ist. Vor diesem Hintergrund fühle ich mich berechtigt, vom universalen Archetyp des Mönchs zu sprechen, vorausgesetzt, wir frieren die innere Dynamik des Mönchtums nicht ein und scheuen uns nicht, ganz bewußt vom *neuen Mönch* zu sprechen.

Die Methode unseres gewagten Unternehmens ist eine besondere. Sie setzt die Methoden der Phänomenologie, der Gesellschafts- und Geschichtswissenschaften voraus, denn sie muß den Erscheinungsformen des Mönchtums Rechnung tragen, aber sie geht darüber hinaus einen Schritt weiter. Dazu bedarf es einer Art philosophischen Zugangs, verbunden mit einer tiefen persönlichen Einsicht. Ich nehme an, die methodischen Anforderungen des ersten Schrittes sind genügend bekannt, und beschränke mich daher auf die des zweiten.

Wir werden nicht nur der Vergangenheit, soweit wir sie kennen, Rechnung tragen müssen, sondern auch der Gegenwart, wie wir sie verstehen, und vor allem dem, wie wir selber unser Leben erfahren.

Eine einfache Überlegung soll uns in die geforderte Grundstimmung versetzen. Was immer unter Mönchtum zu verstehen ist – und es gibt Bände von Begriffsbestimmungen und Beschreibungen dazu – es scheint sich immer zwischen zwei gegensätzlichen Polen zu bewegen: Einerseits ist es etwas Besonderes, schwer Zugängliches, oft von seltsamen Erscheinungsformen Begleitetes, dem stets die Neigung zu gesellschaftlicher und kultureller Nonkonformität anhaftet. Andererseits ist es etwas zutiefst Menschliches, so sehr, daß es von sich beansprucht, letztlich die eigentliche Berufung jedes Menschen zu sein; etwas, das im Grunde jeder zum tragenden Inhalt seines Lebens machen sollte, wozu eigentlich jeder – früher oder später, auf diesem oder jenem Wege – berufen ist. Ich denke, wenn wir diesem Grundsatz unsere erhöhte Aufmerksamkeit schenken, werden wir bei unserer Suche den rechten Weg nicht verfehlen.

Erster Teil
Der Archetyp »Mönch«

Ein Mönch, *monachos:* das ist in meinen Augen ein Mensch, dem es einzig darum geht, die höchste Bestimmung des Lebens durch Hingabe seines ganzen Seins zu verwirklichen, indem er auf alles zum Erreichen des Ziels nicht unbedingt Notwendige verzichtet. Sein ganzes Leben kreist um das Eine und Einzige dessen, worauf es letztlich ankommt. Was den monastischen Weg von anderen Bemühungen um Heil oder Erlösung unterscheidet, ist diese Geisteseinfalt *(ekāgratā):* die Ausschließlichkeit dessen, wohin er führen soll, unter Mißachtung aller anderen zwar wichtigen, aber eben untergeordneten Lebensziele. Zumindest vom *Wunsch* nach Befreiung *(mumukṣutva)* ist der Mönch so sehr beseelt, daß er alles andere darüber vergißt: er verzichtet auf seinen Anteil an den Früchten seiner Taten *(ihāmutrārthaphala bhoga-virāgaḥ),* denn er hat gelernt, Wirkliches von Unwirklichem *(nityānitya-vastuviveka* oder *ātmānātma-vastuviveka)* zu unterscheiden. Er ist bereit, sich der zur Verwirklichung seiner Bestimmung notwendigen Praxis *(sādhana)* zu unterziehen[4]. Zwar ist im Grunde jeder Mensch

---

[4] Es beunruhigt mich sehr, daß ich eigentlich jedesmal Mönch/Nonne, er/sie, sein/ihr usw. sagen müßte. Ich könnte die Worte Mönch/Nonne jedesmal durch Mönchtum/monastisch ersetzen, aber der Text würde dadurch zu abstrakt. Außerdem möchte ich das Wort monastisch eng mit dem Archetyp verbunden wissen. Ich könnte »sie« statt »er« sagen, aber was wir eigentlich brauchen, ist ein drittes Personalpronomen, weder Maskulinum noch Femininum noch Neutrum (dem Urteil des weisen Salomon gleich: »weder die eine noch die andere« – denn sonst tötest du das Kind). Nicht das *neutrum,* sondern das *utrum,* das *utrumque,* das Geschlecht, das beides umfaßt, das Männliche und das Weibliche. Seltsam genug erscheint die Differenzierung der Geschlechter nur, wenn wir in der dritten Person, also objektivierend über andere sprechen. Wenn ich »du« oder »ich« sage, kommt sogleich das volle androgyne menschliche Wesen ins Spiel. Im Gespräch reden wir uns gegenseitig als ganze, volle Person an, ohne daß es nötig wäre, Unterscheidungen nach Erwachsensein

berufen, nach dem letzten Ziel des Lebens zu streben, doch den Mönch zeichnet seine Radikalität und Ausschließlichkeit aus. Was nicht Leiter ist, zählt nicht; was nicht Weg ist, fällt weg.

Ich behaupte, daß der Mönch Ausdruck und Erscheinung eines Archetyps ist, der zu den *grundlegenden Dimensionen* gehört, die *menschliches Leben* als solches kennzeichnen. Der Archetyp, von dem hier die Rede sein soll, ist ein eigentümlicher Wesenszug personalen Lebens. Er braucht wie alles Personale einerseits den schützenden Raum des Institutionellen, kann und darf andererseits aber niemals institutionell vereinnahmt werden. Auch die Tradition hat, das muß man ihr lassen, unterschwellig stets diese Auffassung vertreten. Die Großen des Mönchtums gerieten in Sorge, sobald der Mönch sich zu einer weltlich akzeptierten Gestalt entwickelte und die Segnungen der Gesellschaft empfing. Der monastische Weg ist ein zutiefst personaler. Vor diesem Hintergrund sah die Tradition im Eremiten – dem Idiorhythmiker – den vollkommenen Mönch: den *saṁnyāsin, monachos, muni, bhikṣu, rāhib* (trotz der Zweifel des Koran) usw. schlechthin.

Eine schwierige und nur zum Teil beantwortbare Frage wartet auf uns. Nicht was Mönche von sich selber halten oder was die Gesellschaft von ihnen denkt, sondern die Frage: Was hat sie eigentlich und letztlich dazu gebracht, den monastischen Weg zu wählen? Die Frage zielt nicht auf gesellschaftliche Motive oder äußere Beweggründe, sondern auf den tiefen anthropologischen, im Wesen des Menschen wurzelnden Drang, der sie – wie auch immer die Sprachen der verschiedenen religiösen Traditionen ihn nennen mögen – dazu brachte, einen solchen Weg zu gehen. Auf diese Frage wollen wir, soweit möglich, eine Antwort versuchen.

Die Entscheidung, Mönch zu werden, ist letztlich nicht das Ergebnis bloßen Nachdenkens (über den Tod, die Hinfälligkeit der Dinge,

und Kindsein, Schwarz oder Weiß, Männlich oder Weiblich zu treffen. Erst wenn wir über »Dritte« sprechen, sind wir gezwungen, »er«, »sie« usw. zu sagen, weil wir ihnen nicht unmittelbar als Person begegnen. Auch bei Gott als Du – meiner Meinung nach müßte man eher sagen, als höchstem und letztem »Ich«, dessen Du »ich« bin – spielt das Geschlecht keine Rolle. Interessant ist, daß in einigen afrikanischen Sprachen der Unterschied zwischen »er« und »du« nur am Tonfall der Sprache zu erkennen ist. Jedes Wort sollte eigentlich ein Gebet sein, jedes Wort sollte an eine Person gerichtet sein. Von daher auch mein Unbehagen, sobald ich in ein Mikrophon sprechen muß...

nitya...) oder eines bloßen Verlangens (nach Gott, menschlicher Vollkommenheit, dem Himmel, *nirvāṇa...*), sondern eines tiefen Dranges aufgrund von Erfahrungen, die den angehenden Mönch schließlich veranlassen, sein Leben zu ändern – oder genauer: mit seinem bisherigen Leben zu brechen *(conversio, metanoia, ihāmutrārthaphala bhoga-virāgaḥ...),* um jenes »Einen« willen, das alles andere zugleich umfängt und überschreitet (die Perle, der Friede, die Befreiung, Gott, Erleuchtung, *śama, mokṣa, satori...*). Wer Mönch wird, wählt diesen Weg nicht, um etwas zu *tun* oder zu *machen,* sondern um zu *sein* (alles, ganz er selbst, eins mit dem höchsten Wesen, nichts...). Der Mönch wird nicht Mönch aufgrund eines Verlangens. Er wird wieder und wieder zu hören bekommen, auf alles Verlangen und Wünschen zu verzichten. Ich spreche von einem Drang, einem tiefen Streben. Wer Mönch wird, wird es nicht, weil er es will. Er wird gleichsam von einer Erfahrung getrieben, die sich niemals allein durch Worte, sondern nur durch das gelebte Leben selber zur Sprache bringen läßt: das Durchdrungensein davon, daß das letzte Ziel des Lebens einerseits bereits »da«, anwesend, gegenwärtig ist – und andererseits doch noch nicht (nicht so, daß der Mönch von sich sagen könnte: ich habe das Ziel erreicht). Die monastische Spiritualität hat diesen Gedanken im Rahmen der Einführung in das monastische Leben besonders gern entfaltet und allen anderen Themen vorgezogen. In gewisser Weise ist der Mönch beides: der Anwärter, Anfänger – und der Vollendete. Darin liegt die Spannung des monastischen Weges: die Erfahrung der Fülle, des vollen »Da« des Ziels einerseits – und die des Immer-noch-unterwegs-Seins andererseits. Der Mönch hat das *tat tram asi:* auch das bist du (ein DU) gehört und geglaubt, aber sein Sein ist noch nicht das DU des Ich.

Aufgrund der Tatsache, daß im Sein des Menschen ein solcher Drang ontologischer Art lebendig ist, fühle ich mich berechtigt, vom Monastischen als einer konstitutiven Dimension des menschlichen Lebens zu sprechen.

Das Verständnis des Monastischen als einer grundlegenden Dimension menschlichen Lebens hat nun allerdings durch die Verkoppelung mit anderen Inhalten an Klarheit eingebüßt. Das ging sogar soweit, daß der Mönch durchweg an oberster Stelle auf der Skala menschlicher Lebensvollzüge eingestuft wurde. Es fehlt dann nicht mehr viel und man sieht im Mönch den vollkommenen Menschen schlechthin, natürlich unter religiösen, auf die höchste Wirklichkeit bezogenen Gesichtspunkten. Tatsächlich ist in den meisten Überlieferungen davon die Rede, daß nur der *muni mokṣa* erlangt, nur der *bhikṣu nirvāṇa* erreicht und deshalb jeder Mensch berufen ist, ein *saṃnyāsin* zu werden – in diesem oder in einem späteren Leben; denn nur der *sādhu* verbrennt sein ganzes *karman* und darf den Kreislauf der Wiedergeburten verlassen. Der christliche *monachos* ist der wahre Nachfolger der Märtyrer, der wirkliche Zeuge *(martys)* und daher der vollkommene Christ; was natürlich auch hieß: der vollkommene Mensch.

Was heißt denn überhaupt Vollkommenheit, bezogen auf den Menschen? Ich will versuchen, es anhand eines Vergleichs zu erläutern.

Für die griechische und lateinische Schultheologie stellte jeder Engel eine Art für sich dar. Indem er ist, was er ist, verwirklicht ein Engel die ganze »Engelheit« seiner bestimmten Art. Jeder Engel ist so sehr Engel, daß es an seinem Engelsein nichts mehr zu ergänzen gibt. Jeder Engel erfüllt seine Natur ganz, er verwirklicht seine ihm eigenen Anlagen und Fähigkeiten auf vollkommene Weise. Einmal geschaffen, lebt ein Engel in der Fülle seines Wesens, in der Vollkommenheit seiner Natur.

Nicht so beim Menschen. Ein Mensch verwirklicht – anders als der Engel – nicht schon durch sein Sein seine ganze Menschheit, er ist niemals imstande, die ganze Fülle des Menschlichen in sich zur Entfaltung zu bringen. Wäre es möglich, daß ein einzelner Mensch die Vollkommenheit des Menschlichen erschöpfend verwirklichte – es wäre neben ihm kein Platz mehr für andere. Der Einzelmensch ist nicht Adam, nicht *puruṣa,* nicht die menschliche Natur. Vollendung des einzelnen und Fülle der menschlichen Natur fallen nicht zusammen. Vollendung ist keine natürliche, sondern eine personale Größe. Sie ist nicht identisch mit dem Wesen des Menschlichen, sondern in ihr gipfelt die existentielle Unvertretbarkeit und Einzigartigkeit der Person. Mag die Zahl der Menschen auch ins Unvorstellbare wachsen: jeder kann auf seine ihm eigene, einzigartige Weise zur Vollendung gelangen. Das Menschliche ist vielseitig und mannigfaltig. In diesem Sinne muß man sagen: *Die* vollkommene menschliche Natur gibt es nicht. Sie kann

niemals ganz in einem Menschen verwirklicht sein, wenn anders das Ganze des Menschlichen, seiner Wirklichkeit wie seiner Möglichkeit nach, in ihr enthalten sein müßte – ein Ding der Unmöglichkeit für eine einzelne Person. Allerdings: es gibt Menschen, die die in ihnen schlummernden Möglichkeiten zum Leben erwecken, und andere, die es nicht tun; es gibt Menschen, die gleichsam eine hohe Stufe der Menschlichkeit erreichen, und andere, die sich mit weniger zufrieden geben.
Ich denke, das ist ein wichtiger Gedanke, denn wenn man – wiederum unter platonischem Einfluß – von einer bestimmten monolithischen Auffassung der Hierarchie der Werte ausgeht, kann leicht der Eindruck entstehen, als gäbe es tatsächlich *die* vollkommene menschliche Natur, die dann etwa wie folgt zu beschreiben wäre: erstens christlich, zweitens männlichen Geschlechts, drittens erwachsen, viertens von weißer Hautfarbe, fünftens englisch sprechend usw. In Wirklichkeit ist eine vollkommene menschliche Natur ein Widerspruch in sich. Sie müßte einander gegenseitig ausschließende Eigenschaften in sich vereinen: schnell und langsam in ihren Reaktionen, weiß und schwarz oder braun, was ihre Hautfarbe betrifft, männlichen und weiblichen Geschlechts, des Spanischen und Chinesischen (usw.) mächtig, vom Charakter her introvertiert und extrovertiert zugleich, altersmäßig jung und alt und so weiter und so fort.
Daraus folgt, daß die Suche nach menschlicher Vollkommenheit sich nicht auf einen einzigen Weg im Sinne eines vorbildhaften Modells beschränken läßt. Bei dem Wort »vollkommen« müssen wir einfach an ein sinnvolles, freudvolles oder ganz einfach volles menschliches Leben denken, was immer dabei unter »Fülle«, »Sinn« und »Freude« zu verstehen ist und wo auch immer wir sie zu finden glauben. Jeder Mensch hat seine eigene Weise, die Vollkommenheit des Menschlichen zu verwirklichen. Diesen Kern der Menschheit, der auf so viele Weisen gelebt werden kann, als es Menschen gibt, werde ich künftig *humanum* nennen. Es gibt nur eine menschliche Natur, es gibt aber viele Formen des Humanum, so viele, als Personen existieren, die die Fülle des Wesens »Mensch« auf ihre je eigene individuelle Weise verwirklichen. Selbst wenn diese Fülle als Vereinigung mit Brahman oder gar als völlige Vernichtung zu verstehen wäre, aus der Sicht der

betroffenen Person müßte sie dennoch als Humanum bezeichnet werden.
Jedem Menschen ist es aufgegeben, das Humanum auf seine persönliche Weise zu leben. Alle Religionen sind darum bemüht, Möglichkeiten und Spielräume zu eröffnen, durch die der Mensch (als einzelner oder in Gemeinschaft) die Fülle des Humanum erreichen kann. Wege zu diesem Ziel gibt es viele. »Religion« ist ein traditioneller Name für ein ganzes Netz solcher Wege. Jede Religion ist ein Pfad zum Humanum, heiße das Ziel des Pfades nun Erlösung oder Befreiung oder wie auch immer.
Das Humanum wird aber nicht nur unterschiedlich benannt und interpretiert, es tritt in der Tat auf vielfältige Weise in Erscheinung. Die ganze Reichhaltigkeit und Vielfältigkeit der menschlichen Natur kommt in ihm zum Ausdruck. Dichter, Intellektuelle, Handwerker, Menschen, die den verschiedensten Tätigkeiten nachgehen: sie alle bringen durch ihr Leben verschiedene Seiten des Humanum zum Vorschein. Im allgemeinen wird dabei jeder Mensch versuchen, seine unterschiedlichen Fähigkeiten und Qualitäten in ein ausgewogenes Verhältnis zu bringen, ähnlich jemandem, der mit gutem Geschmack das, was er anzieht, farblich aufeinander abstimmt.
Ein Ideal hat in besonderem Maße das menschliche Streben nach Vollkommenheit auf sich gezogen. Man könnte es das »Übernatürliche« oder einfach die »höhere Ebene« nennen. Weil sie erkannt haben, daß sich viele menschliche Tugenden auf dem Weg zu höheren Zielen als hinderlich erweisen können, und weil sie erfahren haben und immer wieder erfahren müssen, daß sich nicht wenige (als solche durchaus wünschenswerte) menschliche Eigenschaften gegenseitig ausschließen, siedeln die meisten Religionen das Humanum, gerade um es als solches zu bewahren, auf einer höheren als der rein menschlichen Ebene an: im Bereich des Übernatürlichen *(paramārthika)*. Willst du zur Vollendung gelangen? Dann laß alle »natürlichen« *(laukika)* Vollkommenheiten hinter dir und du wirst – gleichsam mit einem Satz – auf einer anderen Ebene die Fülle des Lebens erlangen. Mag sein, daß dieser »übernatürliche« Heilige auf Erden eine eher drollige Erscheinung abgibt; später, im Himmel, wird er strahlen vor Licht und ganz durchdrungen sein von einem Übermaß an Leben und Sein. Es scheint

in der Tat im Humanum, wie wir es erläutert haben, etwas zu geben, das die menschliche Ebene überschreitet und auf eine andere Stufe der Wirklichkeit verweist, die nicht auf rein »natürliche« Weise gefunden werden kann – einmal angenommen, daß »natürlich« hier einfach all das umfaßt, was auf Erden geboren *(natura, natum)* wird, sei es geistlich, geistig oder materiell.

Die meisten religiösen Überlieferungen betrachten das Humanum unter diesem gewissermaßen transzendenten Blickwinkel. Die Suche danach kennzeichnet den *homo religiosus*. Wir sind damit aber noch nicht beim Mönch. Der Mönch ist weder der *homo* auf dem Weg zum Humanum noch der *homo religiosus* auf dem Weg zum Humanum im Sinne des *Übernatürlichen*.

Meine Hypothese ist folgende: *Das Monastische, das heißt der Archetyp, dessen Ausdruck und Erscheinung der Mönch ist, entspricht einer Dimension des Humanum.* Jedem Menschen ist es von seiner Veranlagung her gegeben, diese Dimension zu leben. Das Monastische ist eine Dimension, die zusammen mit anderen archetypischen Prägungen in das Ganze des menschlichen Lebens eingebracht werden muß, soll die Fülle des Humanum nicht verkürzt werden. Der Mensch lebt nicht vom Brot allein.

Wir begegnen diesem Archetyp unter verschiedenen Namen in den meisten Überlieferungen der Menschheit. Es ist nur zu verständlich, daß Traditionen, die diese Dimension des Humanum besonders sorgfältig gepflegt haben, auch mehr als andere darum bemüht waren, sie institutionell zu schützen. Und genau darin liegt das Paradoxe: Sobald das Monastische zu einer institutionellen Größe wird, grenzt es sich von anderen Lebensformen ab und läuft Gefahr, eine Angelegenheit von Spezialisten zu werden. Nicht jeder kann oder sollte überhaupt in ein Kloster eintreten, aber jeder trägt den Archetyp des Mönchs in sich, den es zu pflegen gilt. Das Monastische ist ein Grundbaustein, ein Teil, eine Dimension des Wesens Mensch, eben ein Archetyp; das Kloster dagegen ist ein *totum,* ein geschlossenes Ganzes, eine durchorganisierte Gestalt menschlichen Lebens. Es gibt viele Mönche, die darunter leiden, daß die Impulse, die ihrem Leben die Richtung auf Fülle und Vollkommenheit gegeben haben, beschnitten und unterdrückt werden, weil der Absolutheitsanspruch der Institution ihnen nicht genügend

Raum läßt. Dem Wohl der Institution wird manchmal sogar der Drang des Mönchs, also das, was ihn überhaupt erst zum Mönch gemacht hat, geopfert. Kein Wunder, daß sich, wie die Erfahrung zeigt, nicht wenige Mönche häufig dabei ertappen, außerhalb des Klosters nach jener Lebensfülle Ausschau zu halten, die sie ersehnen. (Ich werde später noch Gelegenheit haben, das Kloster als lebendigen Organismus – und nicht in erster Linie als Organisation – zu verteidigen.)
Institutionen sind notwendig; je tiefer und wesentlicher ein menschliches Bedürfnis ist, desto notwendiger bedarf es des institutionellen Schutzes. Man denke nur an die Ehe, aber auch das Monastische gehört hierher. In dem Augenblick allerdings, in dem die Institution einen Alleinvertretungsanspruch in bezug auf den Wert erhebt, den sie schützen soll, taucht die Gefahr der Überinstitutionalisierung auf. Das Institutionelle besteht in der Regelung und Ordnung bestimmter Mittel zu einem bestimmten Zweck. Sobald die Mittel zum Selbstzweck werden, nimmt die Institution totalitäre Züge an. Liebe außerhalb der Ehe ist jetzt nicht unser Thema, wohl aber das Streben nach Heiligkeit und die Suche nach dem Absoluten außerhalb monastischer Institutionen – welcher Art auch immer.
Meiner Meinung nach beruht die Krise des gegenwärtigen Mönchtums zum Teil gerade auf dieser Art des *quid pro quo,* das heißt darauf, daß eine zur menschlichen Natur als solcher gehörende grundlegende Dimension des Lebens immer dann, wenn sie zum ausschließlichen Inhalt einer Sonderform organisierten Lebens wird, ein gut Teil ihrer Kraft und Universalität einbüßt. Aus dem Monastischen, das richtig verstanden aufgrund seiner engen Verflochtenheit mit anderen Dimensionen menschlichen Lebens eine wesentliche Rolle auf dem Weg zu menschlicher Reife und Vollendung spielen könnte, wird so ein totalitäres Ideal, das seine eigentliche Kraft und Lebendigkeit immer mehr aus den Augen verliert. Dennoch gibt es auf der anderen Seite keinen Organismus ohne ein gewisses Maß an Organisation. Ich wiederhole im Grunde nur, was die Überlieferung immer schon verkündet hat: Der Mönch lebt als Einsamer (was nicht heißt: als Isolierter), vielleicht innerhalb einer (geistlichen) Familie, auf keinen Fall aber als Bürger einer geschlossenen Gesellschaft. Die monastische Berufung ist von ihrem Wesen her eine durch und durch personale.

Vergleichbares geschieht, sobald andere Dimensionen menschlichen Lebens, zum Beispiel Sexualität, Geselligkeit, Heiterkeit, Vergnügen oder gar Kunst usw. in einen institutionellen Rahmen gepreßt werden, der vorgibt, die Gesamtheit des menschlichen Lebens zu umfassen. Das Humanum ist vieldimensional. Eine Dimension allein vermag der Vielschichtigkeit des menschlichen Lebens niemals gerecht zu werden. Wir werden darauf noch zurückkommen.

Aber ich habe noch nicht gesagt, was *das Besondere der monastischen Ausprägung des Humanum* ist. Es ist dies: Bei seiner Suche nach »Vollkommenheit« hat der Mensch immer wieder Ausschau gehalten nach Einheit, nach dem *hen, monos, ekam,* dem *unum necessarium* (der Vulgata). Ich werde mir erlauben, anstelle der verschiedenen, unterschiedliche Akzente setzenden Bezeichnungen ein Wort zu gebrauchen, dessen Bedeutung im übertragenen Sinne beiden Überlieferungsströmen (im Osten wie im Westen) vertraut ist: die *Mitte*. Wer nach Einheit verlangt, sich dabei aber am Rande der Wirklichkeit aufhält, wird kaum in der Lage sein, jene Gelassenheit *(śama),* jenen Frieden zu erreichen, die den Mönch in besonderer Weise auszeichnen. Es wird ihm nicht gelingen, allem, was ist, in heiliger Nicht-Unterscheidung zu begegnen, weil er nicht in gleichmäßiger Ferne beziehungsweise Nähe zu den Dingen lebt. Der Mönch: das ist der Mensch auf der Suche nach der Mitte.

In dem Maße wir versuchen, unser Leben auf die Mitte hin zu einen, trägt jeder von uns etwas von einem Mönch in sich. Die Mitte ist dem Menschen immanent und transzendent zugleich: immanent, weil sie Mitte ist; transzendent, weil sie *als* sie selber, *als* Mitte von allem, noch nicht zum Vorschein gekommen ist. Vergessen wir nicht, daß es sich dabei nicht um eine Besonderheit monastischer Institutionen innerhalb bestimmter religiöser Überlieferungen handelt, sondern vielmehr um eine grundlegende anthropologische Dimension. Das Mönchtum ist keine dem Christentum, Jainismus oder Buddhismus eigentümliche oder gar sektiererische Erscheinung, sondern im Gegenteil eine zutiefst menschliche und von Anfang an zum Wesen der Religion gehörige Größe.

Von einem buddhistischen, hinduistischen, jainistischen oder christlichen Mönchtum zu sprechen, ist natürlich nicht verkehrt. Aber das

Christliche, Buddhistische oder Jainistische ... sind nur besondere Ausprägungen jener Suche nach der Mitte, nach dem Kern der Wirklichkeit, die das Monastische als solches kennzeichnet. Die Berufung zum Mönch geht der Tatsache, Christ oder Buddhist oder Weltmensch (auch darüber werden wir sprechen) oder Hindu oder sogar Atheist zu sein, voraus.
Kurz gesagt, es geht darum, das Monastische als eine grundlegende, zu seinem Wesen gehörige Dimension des Menschen wieder zu entdecken. Wenn unsere These zutrifft, geht es nicht nur einige Auserwählte an, die meinen, es allein für sich gepachtet zu haben. Das Monastische ist vielmehr eine Quelle, von der ein lebensspendender Strom ausgeht, der – je nach Wachheit und Reinheit des Denkens – von den Menschen weitergeleitet oder aber blockiert wird. Jeder Mensch trägt die monastische Dimension in sich. Jeder ist berufen, sie auf diese oder jene Weise zu verwirklichen. Das Mönchtum in seinen geschichtlichen Ausprägungen wäre dann nicht nur als Versuch zu verstehen, diese von Anfang an (primordial) zum Wesen des Menschen gehörige Dimension in besonderer Weise zu pflegen, sondern auch als öffentliches Bekenntnis zu der Verpflichtung, beispielhaft und dem jeweiligen kulturellen Umfeld entsprechend den tiefsten Kern des eigenen Menschseins je neu zur Entfaltung zu bringen.
Ich behaupte, daß es eine ursprüngliche monastische Dimension gibt, die den Besonderheiten des Christ- oder Buddhistseins usw. vorausliegt. Allerdings – diese Unterscheidung ist eine *transzendentale*. Das bedeutet: Es handelt sich um eine wirkliche und nicht nur bewußtseinsmäßige Unterscheidung, und doch gibt es für jeden Menschen nur je einen besonderen Weg des Mönchseins. Ob ich meine monastische Berufung als Jaina, Christ, Atheist oder als Weltmensch lebe – die monastische Dimension geht der besonderen Gestalt meines Mönchseins voraus und ist von ihr zu unterscheiden. Wie soll ich also mein Mönchsein als Hindu leben? Einfach indem ich meine monastische Berufung als Hindu erfülle. Wir sprechen nicht »die« Sprache; wenn wir sprechen, benutzen wir eine Sprache unter vielen.
Wer so weit geht, das Mönchtum in seiner christlichen Ausprägung mit der monastischen Berufung oder mit dem Mönchtum *als solchem* zu identifizieren, begeht einen schweren Fehler, der nicht nur auf theoreti-

scher Ebene Konsequenzen hat. Fanatismus, fehlgeleiteter missionarischer Eifer, Inquisition und »heilige« Kriege gehören hierher, ganz zu schweigen von den selbstzerstörerischen Übungen und Gebräuchen, die man nur zu oft innerhalb monastischer Institutionen antrifft. Bezugpunkt für einen Artikel über das Mönchtum sollte zum Beispiel nicht nur das christliche Mönchtum sein, wie es immer noch im *Dictionnaire de Spiritualité* der Fall ist.

Verweilen wir einen Augenblick beim Gleichnis der Mitte und bei den unterschiedlichen Weisen, sie zu erfahren. Ich will dazu – sehr vorläufig und annäherungsweise – zwei klassische Grundformen herausgreifen, die gewöhnlich als der östliche und der westliche Weg bezeichnet werden.

Wir werden dabei gemeinsam die Entdeckung machen, daß die Hauptunterschiede heute längst nicht mehr in erster Linie zwischen »Ost« und »West« bestehen, wie diese Begriffe üblicherweise verstanden werden, sondern vielmehr überall dort zutage treten, wo sich Tradition und Moderne begegnen und zu überlagern beginnen – wir leben schließlich in einer Epoche der Massenmedien und in einer Zeit, in der sich viele suchende Menschen bereits auf die Erfahrungen »anderer« Überlieferungen eingelassen haben. Ich möchte daher betonen, daß die beiden Ausprägungen der Mitte, die »östliche« und die »westliche«, nicht als geographische, sondern als anthropologische Ortsbestimmungen zu verstehen sind. Jeder von uns trägt seinen »Osten« und seinen »Westen«, seinen Orient und seinen Okzident in sich. »Ost« und »West« sind Symbole, die für zwei unterschiedliche Schwerpunkte stehen, auf die in einigen Überlieferungen stärker als in anderen Wert gelegt wurde, die aber niemals als ausschließliches Eigentum der einen oder anderen Religionsgemeinschaft betrachtet werden dürfen.

Ein erster Punkt: Die Mitte hat ihren Ort in der Mitte unseres Seins. Sie ist der Punkt, der von allem, was unsere Existenz bestimmt und ausmacht, gleich weit entfernt ist. Die Mitte bildet nicht nur unseren gleichsam geometrischen, sondern auch schwerkraftmäßigen Mittelpunkt. Alle Regungen, gute und schlechte, freudige und traurige, treffen sich in diesem Punkt, alle Pfeile zielen auf ihn. Und umgekehrt: alle Impulse und Antriebe entstammen dieser Mitte, sofern unser Leben in ihr verankert ist. Im Maße wir ge-mittete Wesen sind, werden wir –

ungeachtet der Wunden, Schläge und Schrammen, die das Leben uns zufügt – immer wieder, mag es uns noch so hoch durch die Luft wirbeln, auf unseren Füßen landen – wie eine Katze, die es ausgezeichnet versteht, aus jeder Lage heraus ihren Schwerpunkt zu finden. Aus der Mitte heraus wird alles, was wir tun, sagen oder denken, nicht nur mit der Kraft des besonderen Muskels wirken, den wir dabei anstrengen, sondern mit der Wucht unseres ganzen Seins – dem Schlag eines Zenmeisters gleich, der mit seiner Hand Steine zertrümmert.

Ein zweites: die Mitte ist keine meßbare Größe. Letztlich existiert sie überhaupt nicht. Sie ist leer, deshalb verharrt sie in unbeweglicher Ruhe, mag es an der Oberfläche noch so brodeln. Wollte man es noch anders ausdrücken, müßte man sagen: Sie ist ab-solut, das heißt ungebunden, frei von Fesseln aller Art. Gerade deshalb vermag sie sich mit allem zu verbinden, ohne sich an irgend etwas zu klammern.

Aus dem gleichen Grund besitzt die Mitte keinen Wert an sich. Sie ist, was sie ist, rein in bezug auf die Dinge, für die sie Mitte ist. Nimm alles um sie herum weg, dann verschwindet auch die Mitte, oder besser: sie zeigt sich dann in ihrer wahren Gestalt – als Nichts. Man könnte eine ganze monastische Spiritualität aus diesem Gleichnis ableiten. Wir brauchen nur einen Zenmönch zu fragen.

Zur Topologie der östlichen und westlichen Gestalt der Mitte hier nur soviel:

Auch wenn jede Mitte ihren Ort im Inneren haben muß, zeichnet sich die östliche in besonderer Weise durch ihre Immanenz aus. Jede Mitte ist immanent, aber die östliche Mitte ist die Immanenz selbst. Sie darf nicht als Immanenz im Sinne einer inneren Transzendenz verstanden werden, wie es oft geschieht. Das immanente »etwas« wohnt wirklich im Kern des Wesens, dem es immanent ist, es ist gewissermaßen mit ihm identisch – wenn auch ohne Verschmelzung und Vermischung. Viele der in diesem Zusammenhang gebräuchlichen Bilder weisen darauf hin: Höhle *(guhā)*, Punkt, Leere *(śūnyatā)*, Nichtdenken *(mu)*, Schoß, der klare Spiegel, Nicht-sein usw. Der Weg dahin ist die Einkehr in sich selbst, die innere Reise.

Vor dem Hintergrund dieser Immanenzerfahrung der Mitte wird auch die klassische Unweltlichkeit des östlichen Mönchs verständlicher. Dem *saṃnyāsin* bereitet seine Unweltlichkeit keinerlei Kopfzerbrechen, denn in der Mitte hat oder besser »ist« er alles. Er kann die Welt völlig vergessen, denn die eigentliche Wirklichkeit liegt in ihm – nicht außerhalb. Wozu sollte er sich Sorgen machen um eine illusorische Welt?

Die Mitte andererseits, wie sie der westliche Mönch erfährt, liegt sicherlich nicht weniger innen als die östliche, aber sie wird vornehmlich als Transzendenz erfahren. Auch hier muß vor dem verbreiteten Mißverständnis gewarnt werden, Transzendenz sei gleichzusetzen mit Äußerlichkeit oder Fremdheit. Gemeint ist lediglich eine letzte unüberwindbare Unterschiedenheit (so wie Immanenz für eine besondere Form von Einheit steht). Die transzendente Mitte ist *semper maior:* stets sich entziehend, anders, unvereinnahmbar. Sie ruft dementsprechend auch andere Bilder hervor: den Berg, das Unendliche, die Weite, die Fülle, *plērōma* – oder sogar das Bild vom nie endenden Weiterwandern, die – um es mit einem von Gregor von Nyssa eigens geprägten Wort zu sagen – *epektasis* ...: die stete Spannung nach vorn, das unablässige Je-weiter-Auslangen auf das hin, was hinter dem Horizont liegt (der Vater, das Neue Jerusalem).

Vor dem Hintergrund dieser Transzendenzerfahrung der Mitte wird auch das klassische Engagement des westlichen Mönchs im Rahmen der tiefgreifenden religiösen Auseinandersetzungen seiner jeweiligen Zeit verständlicher. Es bereitet ihm keinerlei Kopfzerbrechen, Kreuzzüge zu predigen und »Gebetsschulen« oder überhaupt Schulen zu eröffnen; er kann Bücher schreiben und als »schuldiger Zuschauer«[5] der Welt die Meinung sagen.

Ich will diesen Punkt noch etwas verdeutlichen, auch auf die Gefahr hin, die Dinge zu sehr auf die Spitze zu treiben. Nehmen wir als Beispiel den Mönch im Christentum und im Hinduismus. Das christliche Mönchtum ist ein Lebens*weg:* der Mönch geht ihn in der Hingabe an die kompromißlose Suche nach dem Absoluten, bereit, alle Hindernisse auf dem Weg zu überwinden, alle Widerstände zu brechen. Es ist der Weg zur Mitte, die Gelübde sind die Viatika, die Mittel, die auf der Pilgerschaft zu Gott benötigt werden.

Das hinduistische Mönchtum dagegen, zumindest was die überlieferte

---

[5] Anspielung auf Thomas Merton, Conjectures of a Guilty Bystander, New York 1968 (Anm. d. Übers.)

Auffassung des *saṃnyāsin* betrifft, ist ein *Lebens*weg. Der Mönch lebt ganz einfach das Ende des Lebens, das Ziel der Reise, den *aśrama* jenseits aller *aśramas,* nur unangemessen der vierte genannt. Gründet das christliche Mönchtum auf einer *Berufung* (– der der Mönch zu folgen hat), so das hinduistische auf einer *Antwort* (– die der Mönch gibt). Der *saṃnyāsin* verleugnet die Welt oder was auch immer nicht, um dies zu erreichen oder jenes zu erlangen. Weil er das Wirkliche gesehen und erfahren hat, weil er es *lebt,* kümmert ihn alles andere nicht mehr. Er ist nicht der ahnungslose Neuling, der Novize, der *brahmacārī,* sondern der Wissende, der *comprehensor,* der *jīvanmukta*. Ihm bleibt nichts mehr zu tun: Alles ist bereits getan. Er lebt in der Mitte, friedvoll, ruhig, heiter. Kein Opfer, keine Gelübde, nichts wird mehr von ihm verlangt, nichts gibt es mehr, das noch zu erledigen wäre. Die Texte sprechen eine eindeutige Sprache.

Das sind zwei verschiedene Auffassungen, zwei Wege, denselben Archetyp zu erfahren und zu leben. Der gleiche Grundgedanke zieht sich von der Gottesschau des Alten Testaments über das Symbol des Berges, die Seinssphäre des Parmenides bis zur Lehre von der Fülle Christi, wie sie Paulus verkündet hat. Daneben und dagegen steht der den anderen Weg beherrschende Grundgedanke der völligen Leere, Gedanken-losigkeit, des Rückzugs auf den ruhenden Punkt (bis auch dieser Punkt noch verschwindet), der Höhle des Herzens . . . in die man *ein*tritt, zu der man nicht *voran*schreitet. Auf diesem Weg wird nicht gelehrt, wie man im geistigen Leben *Fort*schritte macht, sondern wie man *ein*geht in die dunklen Tiefen der Nacht; denn in der Mitte, der *guhā,* der Höhle, gibt und braucht es kein Licht.

Doch sehen wir uns die Dinge ein wenig genauer und im einzelnen an. Zuvor aber soll Gelegenheit zu erhellenden Fragen sein.

Fragen zur Diskussion

Warum kommt bei dieser Denkweise das Mönchtum als Institution so schlecht weg[6]*?*
Ich bin nicht gegen Institutionen. Die Gesellschaft könnte ohne Institutionen überhaupt nicht existieren. Aber ich möchte doch einen Unterschied machen zwischen der sinnvollen Aufgabe von Institutionen und dem Problem einer Überinstitutionalisierung, die immer dann eintritt, wenn das Leben innerhalb einer Institution völlig von dieser, das heißt von den institutionalisierten Formen, Verhaltensmustern und Spielregeln beherrscht wird. Eine Institution darf meiner Meinung nach nicht bloß eine Organisation, sie muß auch ein Organismus sein. Aber zwischen beiden Formen besteht eine dauerhafte Spannung, ein Verhältnis, das sehr empfindlich und störanfällig ist. Die Organisation funktioniert, solange das nötige Geld da ist; der Organismus lebt, solange er mit Leben erfüllt ist. Ich meine, das ist mehr als ein Gleichnis. Kein noch so großer Geldbetrag (lies: »Waffen«) wird die Institutionen der Ersten Welt (oder der Zweiten, was das betrifft) schützen können, solange ihr Organismus krank ist. Die Organisation braucht ein Gerüst, einen festen Rahmen, der Organismus einen Leib. Die Organisation ist auf einen Boss, einen Führer, eine treibende Kraft von außen angewiesen, damit sie funktioniert. Der Organismus lebt von seiner Seele, seiner Gesundheit, das heißt dem Zusammenspiel all seiner ein harmonisches Ganzes bildenden Teile. Eine Organisation ist dientropisch, ein Organismus diektropisch. Die Organisation besteht aus der Summe ihrer Teile, jeder Teil ist durch eine gleichwertige Kopie ersetzbar. Ein Organismus ist stets mehr als die Summe seiner Teile, kein Teil kann durch ein gleichwertiges Duplikat ersetzt werden, denn jeder Teil ist einmalig und einzigartig. Wenn überhaupt, muß sich der Organismus, sollte eine Verletzung eingetreten sein, von innen her erneuern. Ein Organismus stirbt, sobald er seine Seele verliert, das

---

[6] Die Fragen sind in der deutschen Übersetzung verkürzt und nur soweit wiedergegeben, als sie zum Verständnis der Antworten Panikkars dienen. Einige wenige Abschnitte der Diskussionsteile, die für das Verständnis der Gesamtaussage des Buches weniger wichtig schienen, sind weggelassen. (Anm. d. Übers.)

Herz zu schlagen aufhört oder die Gehirnschwingungen aussetzen. Eine Organisation ist viel widerstandsfähiger, weil robuster gebaut. Sie bleibt auch bei einem Nachlassen der treibenden Kräfte intakt, sofern ihr nur irgendeine Art von Grund»energie« zugeführt wird. Sie besitzt ein größeres Trägheitsmoment als ein Organismus.

Ich möchte meine Ausführungen nicht dahingehend verstanden wissen, als wollte ich jede Bemühung um ein monastisches Gemeinschaftsleben als überflüssig oder sinnlos abtun. Worum es mir geht, ist folgendes: Wenn ich richtig liege mit meiner Behauptung, daß das Monastische eine konstitutive Dimension des Menschen ist, dann kann diese Dimension ihren vollgültigen oder alleinigen Ausdruck niemals in einer geschlossenen Institution finden, in der zu leben immer das Privileg einiger weniger sein wird. Wenn das Monastische zumindest der Möglichkeit nach in jedem Menschen schlummert, sollte auch das institutionalisierte Mönchtum sich dieser Dimension in allen Menschen öffnen. Ich meine, wir müssen hier einfach zwischen dem Monastischen als einem Element des Humanum und dem Mönchtum als seiner institutionalisierten Erscheinungsform unterscheiden.

Natürlich sollen und dürfen Menschen, die ein gemeinsames Ideal haben, zusammenkommen, um nach sinnvollen und gangbaren Wegen zu suchen, ihr Ideal zu verwirklichen. Das ist mehr als legitim. Aber das läuft eher auf eine Begründung und Rechtfertigung anderer religiöser Gemeinschaftsformen hinaus, nicht aber der monastischen. Eine religiöse Gemeinschaft im kirchenrechtlichen Sinne der römisch-katholischen Kirche zum Beispiel hat zweifellos auch die Heiligung ihrer Mitglieder im Auge, aber ihr *raison d'être* ist der gemeinsame Zweck der Institution, die um eines gemeinsamen Zieles willen ins Leben gerufen wurde: Sorge für die Armen, Unterweisung der Menschen, Verteidigung der heiligen Stätten, Befriedigung der geistlichen Bedürfnisse der Priester, Heilung der Kranken, Beistand für die Pilger, Ausbreitung des Reiches Christi usw. Das Mönchtum als solches kennt keine besonderen Zwecke oder Ideale dieser Art, das heißt es will keine Ziele *ad extra* erreichen, ungeachtet der beachtlichen Weiterentwicklung der Vorstellung vom monastischen Leben, wie sie im christlichen Westen innerhalb der letzten Jahrhunderte zu verzeichnen gewesen ist. Das Kloster ist in diesem Sinne niemals als »Gründung« oder »Einrich-

tung« der Mönche anzusehen, sondern als *schola Domini,* als Schule, in der jene Dimension des Humanum gepflegt und weitergegeben wird.
Dazu noch eine Anmerkung eher philosophischer Art:
Solange der *Logos* gegenüber dem *Mythos* das Sagen hat, bleibt da ein toter Punkt, über den hinwegzukommen fast unmöglich ist. Dann brauchen wir Konstitutionen, Gesetze, Verträge, Grenzziehungen. Wir müssen uns stattdessen um eine neue Unschuld bemühen, die es dem Mythos, dem Geist, unter dem das ganze Unternehmen steht, erlauben würde, ganz von unserem Leben Besitz zu ergreifen. Der Logos ist stark, seine Stärke beruht auf seiner Evidenz. Der Mythos ist zerbrechlich, er nimmt seine Kraft aus dem Glauben. Sobald der Glaube an Kraft verliert, ist es wie mit dem Salz, das seine »Salzigkeit« verliert: Es ist dann nicht mehr haltbar. Dann brauchen wir einen neuen Mythos, der seinerseits einen neuen Logos hervorbringt.
Genau an dieser Stelle jedoch treffen wir auf das weitverbreitete Problem der Überorganisierung, Vorausplanung, Vorprogrammierung von allem und jedem – wobei oft der Blick für das Wesentliche verlorengeht. Mir scheint, die Hauptaufgabe der Erziehung in diesem Land besteht darin, dem Leben eine Zweck- und Zielgerichtetheit zu geben und einen wenn auch noch so diffusen Begriff von Erfolg zu vermitteln. In meinen Augen ist das nicht nur eine Mißachtung des eigentlichen Wortsinnes von Erziehung, zieht man die Etymologie zu Rate: erziehen (*e-ducere,* heraus-ziehen, hervor-bringen), sondern es läuft auch dem eigentlichen Ziel jeder Erziehung, das ich darin sehe, den Menschen aus seinen zahlreichen, ihn einengenden Bedingtheiten, Verhältnissen, Befindlichkeiten usw. zu befreien, zuwider. Deshalb hat der Staat die Erziehung zur zwingenden Pflicht gemacht. Unterweisung und Sozialisation finden in den ersten Lebensjahren statt. Eines der Ziele der religiösen oder monastischen Erziehung liegt darin oder sollte darin liegen, die negativen Auswirkungen dieser Art von Erziehung zu beseitigen oder zumindest zu korrigieren. Dennoch glaube ich – darin sind wir uns einig –, daß wir ungeachtet aller Probleme und Schwierigkeiten ohne ein gewisses Maß an Institutionalisierung nicht auskommen. Nochmals, es ist eine Frage der Ausgewogenheit und des maßvollen Gleichgewichts.

Über eines sollten wir uns im Klaren sein: Eine gewisse Unvollkommenheit all unserer Erfahrungen und Bemühungen wird bleiben, solange das eigentliche Ziel, *mokṣa,* die Befreiung aus der Endlichkeit noch nicht erreicht ist. Die Wege, auf denen das Mönchtum traditionellerweise die Unvollkommenheit der radikalen, das Wesen des Monastischen prägenden Einfalt zu überwinden suchte, führen entweder nach innen oder ganz nach draußen, ins Jenseits. Der erste Weg ist der Weg der Verinnerlichung. Wer ihn geht, »verspeist« gleichsam die äußere Welt, verinnerlicht sie und alles in ihr und glaubt auf diese Weise auch die Unvollkommenheit des Äußeren überwunden zu haben. Die Überwindung geschieht gleichsam in einer Bewegung radikaler Immanenz. Das ist der Weg der Mystik. Der zweite Weg führt über alles hinaus zum Vater des Lichts, zur Quelle des Seins. Dort auf der Höhe jenseits aller Grenzen findet der Mönch alles. Die Überwindung geschieht hier gleichsam als Bewegung radikaler Eminenz. Das ist der Weg der Eschatologie.

Entweder also ergänzt man die erfahrene Unvollkommenheit, indem man zur Mitte im Innersten des eigenen Seins vorstößt, in der alle Radien zusammentreffen und alle Dinge eins sind – und dann ist auch die Welt bereits da. Es gibt keine Trennung zwischen Ich und Welt. Das ist der erste Weg. Oder man blickt und schreitet unablässig nach oben, nach draußen, immer weiter hinauf und hinaus – auch wenn das heißt, auf das Ende der Zeit warten zu müssen – und auch dort gewinnt man alles. Das ist das *panta en pasin* (Gott »alles in allem«) des heiligen Paulus. Doch mir scheint, wir sind mit den beiden Entwürfen, die typisch sind für die östliche beziehungsweise westliche Denkweise, nicht mehr ganz einverstanden. Deshalb meine ich ja auch, daß ein Abheben auf die Spannung zwischen Ost und West allein nicht mehr genügt. Wenn wir heute vom Monastischen sprechen, müssen wir die Herausforderung oder den Angriff, die Offenbarung oder die Versuchung (je nachdem) der Weltlichkeit mit in Betracht ziehen. Ich sehe darin die große Aufgabe unserer Zeit: Der doppelte Weg, das Paradigma der Immanenz und das Paradigma der Transzendenz scheinen beim besten Willen der gegenwärtigen Erfahrung und Geisteshaltung nicht mehr zu genügen. Es reicht nicht mehr, sich aus der Welt nach innen zu verabschieden oder sie alles übersteigend hinter sich zu lassen.

Ich denke, dazu bedarf es jetzt keiner weiteren Ausführungen mehr, das Problem ist klar. Wir werden uns damit noch zu befassen und auseinanderzusetzen haben und es gemeinsam untersuchen müssen, um zu sehen, ob es vielleicht eine andere Alternative gibt.

Läßt sich das Christentum als Verschmelzung beider Wege, des östlichen und des westlichen verstehen?

Das ist in der Tat eine bemerkenswerte Meinung aus der Sicht einer Tradition, wie sie sich *heute* versteht. Ein Hindu oder ein moderner Buddhist würde sich wohl in ähnlicher Weise äußern, und alle hätten sie irgendwie recht. Das ist es gerade, was ich die – ernstzunehmende – Herausforderung der neuen Weltlichkeit genannt habe, die einfach eine gewisse Unzufriedenheit mit beiden Entwürfen hervorruft. Sicher, die Falle der Moderne liegt darin zu sagen: »Machen wir halt eine neue Religion.« Aber das wäre naiv und keine Lösung. Zu sehr sind wir beladen – belastet und beschenkt – mit dem Gewicht und dem Reichtum der Überlieferung, als daß wir einfach alles auf den Müllhaufen der Geschichte kippen könnten. Die Herausforderung der Weltlichkeit könnte allerdings sehr wohl zu der Einsicht führen, daß wir uns um ein besseres Verständnis der Überlieferung bemühen müssen. Dann würde ich als Buddhist nach einem neuen Verständnis von *pratītyasamutpāda* (der radikalen Relativität alles Seienden) rufen, damit ich die buddhistische Botschaft mit neuen Augen sehen kann. Als Hindu würde ich mich um eine neue Sicht des *karma* oder um eine neue Auslegung des *dharma* bemühen, woraus umgekehrt ein ganz neues Bild des modernen *saṁnyāsin* folgen würde. Als Christ würde ich vielleicht versuchen, die alte, von der Spannung zwischen Immanenz und Transzendenz geprägte Begrifflichkeit zugunsten eines ganz neuen Verständnisses der Inkarnation aufzugeben.

Darin also sehe ich die eigentliche Rolle der modernen weltlichen Geisteshaltung. Finden wir etwas Lebensfähiges in dem, was ich die Weltlichkeit nenne, werden wir es als neuen Sproß dem Stamm der jeweils eigenen Überlieferung aufpfropfen. Doch damit seine Lebensfähigkeit erhalten bleibt, muß der Pfropf seine Kraft aus der Wurzel ziehen. Übrigens soll damit keinesfalls die Tatsache geleugnet werden, daß es innerhalb der Überlieferungen selbst bereits deutlich sichtbare

Beispiele für beide Grundhaltungen und bemerkenswerte Anstrengungen gibt, die jeweilige Einseitigkeit zu überwinden.

Was meint die Rede von der »Falle der Moderne«?
Die Falle der Moderne ist ihre Entwurzelung, *déracinement:* die Meinung, die Welt habe erst gestern, allenfalls vorgestern begonnen; das, was man in der Schule lernt oder mit dem normalen Alltagsverstand erkennt, sei schon alles, was es in der Welt gibt; die technologische Megamaschine, in der wir leben, mache bereits die ganze Wirklichkeit aus. Eine derartige Haltung schneidet uns von den Wurzeln des Wirklichen ab, jenen Wurzeln, die tief hinab in die Wirklichkeit im Ganzen reichen. Das nenne ich die Modernität als Falle. Aber ich muß ebenso vor einem Stillstand der Überlieferung warnen, der eintritt, sobald eine Tradition derart überaltert ist, daß sie keinerlei Veränderung, Wachstum oder Wandel mehr zuläßt.
Vielleicht sollte ich hier wenigstens andeuten, was ich unter Modernität verstehe, wenn man von ihrer negativen Rolle als »Falle« einmal absieht. In diesem Fall ziehe ich das Wort Säkularität oder Weltlichkeit vor, denn darin kommt die Überzeugung zum Ausdruck, daß das *saeculum,* die zeitliche Struktur der Welt, etwas Definitives, Bleibendes, Endgültiges ist, von dem wir nicht und niemals absehen können und das deshalb auch auf höchster Ebene mit in Betracht gezogen werden muß.

Sobald der Kontemplative zur Mitte vorstößt – ob die Mitte in der guhā*, der Höhle zu finden ist oder auf dem Berg, im Jenseits – gelangen wir dann nicht an einen Punkt, an dem alle Kategorien, alles Reden von Immanenz und Transzendenz usw. wegfallen und einfach Gott alles in allem ist?*
Ja, natürlich, aber wir beschreiben unsere eigene Erfahrung, das heißt, wir versuchen in Worte zu fassen, was wir von innen her sehen. Da liegt die Herausforderung, die Gefahr wie auch das Anziehende, die Versuchung und die Schwäche kulturübergreifender Studien. Von innen gesehen haben wir alles gefunden, sobald nur die kostbare Perle entdeckt ist. Für uns gibt es dann kein innen oder außen mehr, genau wie mit dem Reich Gottes im Thomasevangelium. Man kann uns zwar

noch fragen, ob wir drinnen oder draußen sind, aber die Frage macht keinen Sinn mehr. Wir können darauf keine Antwort mehr geben; alles kategoriale Sprechen versagt hier.

Und dennoch: Weil die Zeit noch nicht vollendet ist; weil wir an diesem Schnittpunkt der großen Kulturen stehen; weil wir die Erben so vieler und so reicher Überlieferungen sind; weil wir an dieser besonderen Wegkreuzung stehen, an der wir zusammengeworfen (sym-bolon) sind; weil du oder ich nicht die einzigen sind, die eine solche Erfahrung gemacht haben – deshalb und wahrscheinlich aus noch vielen anderen Gründen haben wir noch nicht den Zustand absoluter Freiheit, Unbekümmertheit und Einfalt erreicht. Anderenfalls müßte ich einfach meinen Weg gehen und wir dürften nicht einander einladen, um darüber zu sprechen. Sobald ich von den Erfahrungen anderer Menschen höre, breche ich jene Einheit, jene selige Einfalt, und dann finde ich mich einfach konfrontiert mit Typologien und Begriffen wie Immanenz und Transzendenz, und ich finde sie hilfreich und nützlich. Aber aus der Mitte der Erfahrung her gesehen wird auch das überflüssig.

Das bringt mich zu einem anderen Problem, nämlich der Gefahr, daß wir uns zu Äußerungen wie etwa den folgenden hinreißen lassen: »Ach so, nein, da liegen Sie falsch, das ist ja primitiv. Da haben Sie den Kern der Sache noch nicht erfaßt, wenn Sie einfach von einer Höhle sprechen...« Oder: »Jahwe ist verantwortlich für die vielen Verbrechen, die in seinem Namen begangen wurden.« Dahinter steht eine ganz falsche Haltung, die sich der Sünde des Katachronismus schuldig macht. Anachronismus ist, was unsere Großeltern tun: Sie beurteilen die moderne Welt nach ihren alten Vorstellungen. Wir sind alle sehr schnell bereit, unsere Vorfahren der Sünde des Anachronismus zu bezichtigen. Katachronismus ist genau der umgekehrte Fall eines Irrtums der Perspektive, der dann vorliegt, wenn wir heutige Begriffe und Maßstäbe anlegen, um die Vergangenheit zu beurteilen. Das ist zwar nicht Sache unserer Großeltern, aber der Halbwüchsigen und Heranwachsenden – und es ist nur allzu oft unsere Sache, die wir selber nicht selten Halbwüchsige sind in unserer sich so rasch entwickelnden Welt. Es zeugt von Naivität – abgesehen davon, daß es einfach falsch ist –, die Vergangenheit an heutigen Maßstäben und Verstehensweisen messen zu wollen. Wir brauchen Kategorien und Begriffe, die die

Feuerprobe vergangener Zeiten bestanden haben und die auch vor der Erfahrung der Gegenwart bestehen können.

Hier wurde ein wichtiger Punkt angesprochen, denn es ist ganz entscheidend, sich stets bewußt zu bleiben, daß unsere Art von Typologie und Begrifflichkeit uns kein Urteil – schon gar keine Verurteilung – anderer ähnlicher Versuche in der Geschichte der Menschheit erlaubt.

Was verbinden wir eigentlich inhaltlich mit dem Wort Archetyp?
Etwa *hiraṇyagarbha,* das goldene – kosmische – Ei. Das kann ich nicht in ein paar Worten sagen.

Ich meine, ein Archetyp ist ein Paradigma, das zur Mitte des Mythos wird, in dem du lebst. Mythos ist, woran du glaubst, ohne zu glauben, daß du daran glaubst. Deshalb können wir auch nur über die Mythen anderer Menschen reden.

Das Wort hat eine lange Geschichte und ist erneut von C. G. Jung in Umlauf gebracht worden. Ich möchte es nur teilweise in seinem Sinne verstanden wissen. Ich wehre mich gegen das Wort »Urbild«, das klingt zu objektiv, zu sehr von außen gesehen, zu bewußtseinsmäßig. Ich möchte auch nicht sagen: Überzeugung, Glaube, Lehre oder ähnliches, das könnte sich als zu sehr auf »Wesentliches« reduziert herausstellen oder ebenfalls als zu verstandesmäßig oder begrifflich geprägt.

Archetyp ist für mich wörtlich genommen ein fundamentaler Typos, das heißt ein grundlegender Baustein oder relativ beständiger Grundzug, in unserem Fall des menschlichen Lebens. Ich benutze das Wort im Gegenzug zu allem flüchtigen Erscheinen *(phainomenon)*. Es stellt eine Basis dar, auf der zumindest ein Teil unseres Lebensgebäudes errichtet ist. Von Jung übernehme ich nicht so sehr den Gedanken, daß die Archetypen im kollektiven Unbewußten mehr oder weniger verborgen liegen, sondern die Entdeckung, daß jeder Archetyp eine *dynamis* ist, die menschliche Ideale und menschliche Praxis einerseits leitet und lenkt und andererseits auf sich konzentriert und an sich zieht. Ich habe auch von der konstitutiven Dimension als dem anthropologischen Gegenstück dessen gesprochen, was in der Geschichte des menschlichen Bewußtseins als Archetyp erscheint oder sich herauskristallisiert hat.

Das Wort hat viele Bedeutungen, wie die meisten wirklich lebendigen Worte. Es kann für eine Art platonischen Wesens stehen, für einen Prototyp, der selber unveränderlich allem, was an ihm teilhat, Identität verleiht. Es kann auch auf etwas Verborgenes in der menschlichen Natur hinweisen, denn es ist Ursache und Wirkung zugleich unserer grundlegenden Verhaltensweisen und Überzeugungen. Mit »uns« meine ich hier die Menschheit zu allen Zeiten und in allen Kulturen.

Zweiter Teil
Der Kanon des Schülers

Die folgenden Überlegungen verstehen sich nicht als neue »Magisterregel«[7]. Sie möchten eher dem »Kanon des Schülers« Ausdruck geben, will sagen: Sie versuchen in Worte zu fassen, was den heutigen Menschen bei seiner Suche nach Einheit und Ganzheit angesichts der Vielschichtigkeit seines Seins und konfrontiert mit der zunehmend komplizierter werdenden Wirklichkeit, in der er lebt, leitet und bewegt.
Altem im Osten wie im Westen beheimateten Brauch folgend gehe ich von einem einzigen Prinzip aus, das es zunächst zu formulieren gilt. Auf eine wichtige Folgerung, die sich daraus ergibt, werde ich gleich im Anschluß daran zu sprechen kommen, bevor das Prinzip selbst in neun Leitsätzen weiter entfaltet werden soll. Jedem Leitsatz folgt eine Erläuterung und ein Kommentar. Die Erläuterung stellt den Leitsatz vor, wie ihn die Überlieferung verstanden hat, während der Kommentar ihn im Lichte gegenwärtiger Denkweisen und Verstehenshorizonte betrachtet und vom überlieferten Verständnis abhebt. Die Erläuterung steht im Zeichen der Kontinuität, der Kommentar im Zeichen des Wandels. Beide zusammen umreißen das Feld, auf dem das Neue heranwächst.
Um die Konturen des neuen Mönchs schärfer zur Abhebung zu bringen, werde ich hier und da einige Züge der überlieferten Auffassung überzeichnen, unter bewußter Mißachtung der Tatsache, daß jede lebendige Überlieferung reicher ist als sie bei erstem Zusehen erschei-

---

[7] Die Magisterregel diente dem heiligen Benedikt als Vorlage für seine eigene Regel, aus der er vieles übernommen, vieles bezeichnenderweise aber auch nicht übernommen hat. Der Verfasser ist bis heute unbekannt. (Anm. d. Übers.)

nen mag und im Grunde der Möglichkeit nach bereits enthält, was im Blick auf die Gegenwart an Gestaltwandel zu fordern ist. Man nehme diese bewußte Kontrastierung bitte als das, was sie ist: ein heuristischer Kunstgriff, keine um letzte Genauigkeit bemühte historische Beschreibung.

Ich weiß schon im voraus, wie die Antwort der besten Vertreter überlieferter monastischer Geisteshaltung ausfallen wird: »Aber das ist doch genau das, was wir wollen und worum es uns geht! Warum dann diese Überzeichnungen?« Einer solchen Antwort kann ich nur zustimmen, denn sie betont die Kontinuität in der lebendigen Gestaltung monastischer Berufung. Aber wir dürfen auch nicht die Augen vor dem verschließen, was sich zeigt. Wir dürfen nicht übersehen, daß es da einen Unterschied gibt zwischen dem, was sich zeigt, und dem, wie die Dinge oft gesehen werden. Vielleicht vermögen einige den Konflikt zwischen dem Althergebrachten und dem, was sich an Neuem anbahnt, nicht zu spüren. Wenn aber die einen den Konflikt sehr deutlich zu spüren glauben, dürfen sich die anderen nicht einfach dadurch aus der Affäre ziehen, daß sie ihn glattweg leugnen. Wie ist es denn in Wirklichkeit? Das Unbehagen der jüngeren Generation und die überall entstehenden neuen Formen und Ausdrucksweisen religiösen und spirituellen Lebens untermauern die Feststellung, daß es offensichtlich einen Konflikt zwischen Tradition und Moderne gibt.

Wir werden zu bedenken haben, ob die zeitgemäße Gestalt monastischer Spiritualität, deren Konturen ich zu zeichnen versuche, überhaupt noch »monastisch« genannt werden kann. Wir könnten uns natürlich, wollten wir die Frage unbedingt mit Ja beantworten, auf die unterschiedlichen Bedeutungen berufen, die ein Wort haben kann, aber wir sollten dabei nicht dem Nominalismus verfallen. Namen sind mehr als willkürlich den Dingen angeheftete Bezeichnungen. Dürfen wir weiter von *monastischen* Werten sprechen, obwohl sie gegenwärtig einem tiefgreifenden Wandlungsprozeß unterworfen sind? Dürfen wir vom modernen *Mönch* reden, obwohl er dabei ist, nicht wenig aus vergangenen Zeiten Mitgeschlepptes über Bord zu werfen? Handelt es sich überhaupt noch um denselben Archetyp? Bevor wir diese Frage mit Ja oder Nein beantworten, möchte ich einer Überzeugung Ausdruck geben, und zwar in doppelter Hinsicht: einer allgemeineren zum ersten, einer besonderen zum zweiten.

Zum einen dürfen angesichts der Krise, die durch die Begegnung der Religionen und Kulturen hervorgerufen wurde, Worte, die tiefe und tiefste menschliche Erfahrungen zur Sprache bringen sollen, nicht auf eine begriffliche Auslegung innerhalb einer Kultur beschränkt bleiben und mit dieser identifiziert werden. Im Gegenteil: Es gilt, ihre Nennkraft so zu erweitern, daß sie imstande sind, auch das zur Sprache zu bringen, was die ihnen inhaltlich wie gebrauchsmäßig entsprechenden Worte anderer Überlieferungen meinen. Der Sinn des Wortes »Gnade« zum Beispiel darf nicht darauf beschränkt bleiben, was die christliche Überlieferung zur Zeit des Konzils von Trient darunter verstand. Er muß auch das umfassen, was etwa der Anhänger von *śaivasiddhānta* darunter versteht. Um die Bedeutung eines Wortes zu umreißen, ist vor allem darauf zu achten, wie es gebraucht wird. Mag sein, daß der moderne Mönch sich in vieler Hinsicht, was seine Auffassung überlieferter Werte angeht, gewandelt hat. Wenn die treibende Kraft und die Zielrichtung seines Weges dieselben geblieben sind, dürfen wir ihn auch weiterhin »Mönch« nennen.

Soviel zu meiner ersten grundsätzlichen Überzeugung. Sie wird durch den besonderen Fall, der uns hier beschäftigt, bestätigt. Wenn wir wissen wollen, was ein Mönch, ein *rāhib,* ein *samnyāsin,* ein *muni,* ein *bhikṣu* usw. ist, dürfen wir uns nicht mit dem begnügen, was die jeweilige Überlieferung dazu zu sagen hat. Wir müssen die Beweggründe berücksichtigen, die den, der Mönch geworden ist, bewogen haben, seinen Weg zu gehen.

Möglicherweise wird am Ende unserer Überlegungen die Einsicht stehen, daß es besser ist, auf das Wort »Mönch« ganz zu verzichten und es stattdessen durch ein anderes weniger belastetes Wort zu ersetzen. Damit wäre aber keineswegs erwiesen, daß Ziel und Wegrichtung der heutigen Mönche nicht mehr auf der Linie dessen liegen, wonach ihre Vorgänger suchten. Die Frage bleibt offen; sie läßt sich rein theoretisch auch gar nicht beantworten. Wenn die modernen Mönche – ich meine die wirklich neuen Mönche, nicht diejenigen unter unseren Zeitgenossen, die berechtigterweise an der Überlieferung vergangener Zeiten festhalten – sich selbst »Mönche« nennen, sehe ich keinen Grund,

ihnen diese Bezeichnung streitig zu machen. »Apostolische« Kontinuität zählt hier mehr als äußere Übereinstimmung in Satzung und Dogma. Aber wir werden noch genauer zusehen müssen, ob der monastische Archetyp nicht doch in zweifacher Ausprägung existiert, ob es sich hier um eine Wandlung desselben Archetyps handelt oder vielmehr um eine von Grund auf andere Gestalt religiösen Lebens. Das hängt davon ab, ob es uns gelingt, ein einziges Prinzip sowohl für das Mönchtum in seiner überlieferten Gestalt als auch für deren Neuprägung zu finden. Das Unterfangen ist nicht gerade leicht.
Ich möchte an dieser Stelle daran erinnern, daß der große Gelehrte und Benediktiner Jean Leclerq einmal geschrieben hat, das Mönchtum sei »kein Gegenstand theoretischen Grübelns und Nachdenkens ... das Mönchtum ist kein Problem, es ist ein Geheimnis.« Von dem berühmten Trappisten Thomas Merton dagegen stammt das Wort, das Mönchtum sei »ein Problem und ein Skandal«.
Die Frage ist wichtig nicht nur in bezug auf die gegenwärtige Lage und künftige Entwicklung des Mönchtums, sondern im Blick auf die künftige Möglichkeit religiösen Lebens überhaupt. Es kann durchaus sein, daß in einer Zeit wie der unsrigen, in der religiöse Inhalte und Werte einem tiefgreifenden Wandlungsprozeß unterworfen sind, dem Mönchtum die Bedeutung eines für Religion schlechthin grundlegenden Archetyps zukommt, der dem modernen Menschen einen Anhaltspunkt bietet, nach dem er sich richten und an dem er sich orientieren kann, um ihn davor zu bewahren, nicht nur auf kulturellem Gebiet infolge des Risses, der durch ihn hindurchgeht und sein Wesen spaltet, seit er mit seiner eigenen Vergangenheit gebrochen hat, der Schizophrenie zu verfallen.
Unsere Hypothese, daß das Monastische eine grundlegende menschliche Dimension ist, wird die Probe aufs Exempel zu bestehen haben, sobald wir uns daranmachen, den monastischen Archetyp in seinen verschiedenen Erscheinungen und geschichtlichen Ausprägungen zu untersuchen. Die Geschichte zeigt, daß der Mönch ausnahmslos und in all seinen Erscheinungen ein Zeichen des Widerspruchs gewesen ist. Das Mönchtum wurde als Vorwegnahme göttlichen Lebens auf Erden, der Mönch selbst als *jīvan-mukta,* als erleuchtetes Wesen gepriesen. Aber mit gleichem Überschwang verfluchte man ihn auch als *vulgus pecus* (als

vulgäre, zum Tier degenerierte Existenz), als *novum inauditumque monstrum* (als neues, unerhörtes Monster) und sah in ihm die scheinheilige, heuchlerische und entfremdete Existenz schlechthin.

An dieser Stelle wird deutlich, wie wichtig unsere Unterscheidung zwischen dem *Mönch* als Archetyp, das heißt dem Mönch als beispielhaftem Vorbild religiösen Lebens, und dem *Archetyp* Mönch, das heißt dem menschlichen Archetyp ist, der sich im monastischen Leben vergangener Zeiten konkretisiert hat, der heute aber auch in anderer Weise erfahren und gelebt werden kann.

Wir alle kennen nicht nur die *Magisterregel,* sondern wissen auch um die vielen anderen Lehrmeister der ehrwürdigen monastischen Überlieferungen in Ost und West. Wer aber sind die Schüler? Wer ist der Verfasser des Kanons der Schüler? Wer ist der moderne Mönch, um den es uns geht?

Der Verfasser des »Kanons des Schülers« bleibt so anonym und unbekannt wie der Schreiber der Magisterregel. Der neue Mönch: Dazu gehört die heutige Generation junger Frauen und Männer, die in die bestehenden monastischen Institutionen eintreten und dabei, ohne es eigentlich zu wollen und zu wissen, ihre weltoffene Geisteshaltung mitbringen. Aber auch diejenigen gehören dazu, die nicht einmal im Traum daran denken, sich bestehenden monastischen Institutionen anzuschließen, aber dennoch ein Leben zu führen versuchen, das sehr wohl »monastisch« genannt werden kann. Neue Bewegungen, neue religiöse Lebensformen sind durch solche Menschen entstanden, alte Entwürfe neu belebt worden. Allgemein läßt sich sagen, daß der neue Mönch in seiner Anonymität für die Bestrebung vieler heutiger Menschen steht, junger und alter zumal. Der neue Mönch ist ein Ideal, eine Sehnsucht, die Kopf und Herz der gegenwärtigen Generation erfüllen. Ich selber habe diesen neuen Mönch unter den Armen ebenso gefunden wie unter den Reichen, im Osten wie im Westen, unter sogenannten Gläubigen wie unter sogenannten Ungläubigen. Ich habe ebenso viele Frauen wie Männer getroffen, in weltlichen Institutionen nicht weniger als in religiösen. Der neue Mönch ist sich seiner selbst nicht immer bewußt. Die Schüler wissen oft nicht, daß sie dem Meister folgen. Sie leben in den Slums, auf Marktplätzen und Straßen, aber auch in Bergen und Tälern. Man trifft sie in den Gängen, Versammlungsräumen und

Treffpunkten der modernen Gesellschaft nicht seltener als in den alten Klöstern und Gemeinschaften. Ihr Name ist: »Legion« und ihr Vorname: »Unzufriedenheit mit dem Status quo«. Die Ursprünge des neuen Mönchs bleiben geheimnisvoll wie die Quellen des Wassers: Von allen Hängen rinnt es herab, denn es hat geregnet, schwer geregnet überall auf der Erde, und immer noch hängen die Wolken am Himmel.

Es gilt nun, die Hauptmerkmale des neuen Mönchtums herauszuarbeiten. Zunächst will ich versuchen, jenes grundlegende Prinzip zu formulieren, von dem schon die Rede war.

Die monastische Tradition
Das grundlegende monastische Prinzip: Selige Einfalt

Erläuterung

Auf den ersten Blick erscheint das menschliche Leben als komplexe und vielschichtige Größe. Unser Körper besteht aus einer Vielfalt von Organen und läßt sich zu ganz unterschiedlichen Zwecken gebrauchen. Unser Geist zeichnet sich durch Beweglichkeit und Offenheit aus, die ihn ebenfalls befähigen, ganz unterschiedliche Dinge zu tun. Es gibt so vieles, was uns anzieht, fasziniert, beeindruckt. Unser ganzes Sein ist das Ergebnis unterschiedlichster Momente und Impulse. Wir erkennen die Wirklichkeit, sobald wir zu unterscheiden beginnen. Alles Wissen beginnt mit der Fähigkeit, zu sondern und zu trennen. Die menschliche Person ist keine in sich ruhende Größe, sondern ein Geflecht von Beziehungen. Alles in uns und um uns scheint mannigfaltig und vielschichtig. Wir leben im Zeichen der Vielfalt, und der Fortschritt menschlicher Zivilisation scheint diese Tendenz noch zu verstärken: überall die ständige Vermehrung des Wissens, der Methoden, der immer differenzierteren Erkenntnisse. Das Leben selbst scheint von einer natürlichen Dynamik in Richtung wachsender Vielfalt geprägt. Hinzu kommt, daß die zahllosen Bestandteile des Universums und die Elemente unseres eigenen Seins in nie ruhender Auseinandersetzung, ja im Streit miteinander zu stehen scheinen: Verstand gegen Herz, Geist gegen Leib, Teile des Körpers im Widerstreit gegeneinander, Zwietracht zwischen und innerhalb von Familien, Gruppen und Nationen, die Tierwelt beherrscht vom Gesetz des Dschungels, Naturkatastrophen...
Damit nicht genug scheint alles zudem flüchtig, unbeständig und vergänglich zu sein. Die Zeit und ihr ständiges Kommen und Gehen lassen uns unbefriedigt, Unbehagen befällt uns angesichts ihres unablässig sich fortwälzenden, alles mit sich reißenden Stromes. *Sarvam duḥkham:* alles ist Leiden; *ta panta mataiotēs:* alles ist Nichtigkeit und Haschen nach Wind. Zerstreuung, Hin- und Hergerissenwerden zwischen vielen Dingen, damit werden wir ständig konfrontiert. Wir leben

in einer komplizierten Welt. Die häufige Folge ist eine tiefe Bekümmerung, weil wir mit den vielen Dingen, die uns einerseits zwar interessieren und faszinieren, andererseits aber auch beunruhigen und quälen, nicht fertig zu werden scheinen.

Das Mönchtum ist eine radikale Reaktion auf diesen Zustand. Wenn es zutrifft, daß der Mensch das einzige Lebewesen ist, das in der Lage ist, »Nein« zu sagen, dann läßt sich das Mönchtum als radikale Haltung des Nein zur quälenden Vielfalt des anscheinend Seienden verstehen. Der Mönch ist der Nonkonformist schlechthin. Immer schon wurde er als einer gesehen, der gegen den die Dinge treibenden Wind segelt, auf der Suche nach der Einfachheit des Ursprungs. Der Mönch wagt es, gegen den Strom zu schwimmen *(ūrdhvaṁsrotas)*, flußaufwärts in Richtung Quelle, von der er hofft und erwartet, daß sie einfach und klar ist. Gott ist einfach. Brahman ist äußerste Einfachheit. Der Mönch glaubt an die Einfalt des Absoluten. Ziel des Lebens kann für ihn nur sein, in diese Einfalt zu gelangen. Der Weg dahin mag beschwerlich sein, am Ende gibt es vielleicht keinen Weg mehr, aber alles ist einfach. Nichts Seiendes vermag seinen Durst (Sanskrit: *tṛshṇa,* Pali: *tānha)* zu stillen. Der Mönch wird sich nicht eher zufrieden geben, bis dieser Durst vollkommen verschwunden ist, nicht weil er etwas gefunden hätte, das in der Lage wäre, ihn zu stillen (er würde bald nach etwas anderem Ausschau halten), sondern weil die Ursache des Durstes selbst beseitigt ist.

Die Einfachheit, um die es dem Mönch geht, darf auf keinen Fall mit naiver Beschränktheit verwechselt werden, die nicht in der Lage ist, die Dinge zu unterscheiden. Die monastische Einfalt, darin liegt das ihr Eigentümliche, ist als *selige* Einfalt zu verstehen, das heißt als Einfalt, die unter Einsatz des Lebens erkämpft wird und deshalb den Stempel der Heiligkeit, Ganzheit und Echtheit trägt. Nur solche Geisteseinfalt vermag die Dinge auf ihr Wesen hin zu durchschauen, weil sie sie im Licht der endgültigen Wahrheit sieht. Anders gesagt, der Mönch bahnt sich seinen Weg zur Einfalt nicht, indem er die Wirklichkeit vergewaltigt, echte Werte in ihr mit Füßen tritt oder sich auf Teilbereiche des Wirklichen auf Kosten anderer zurückzieht. Im Gegenteil, er verfolgt sein Ziel, indem er auf die Eigenheiten der Dinge achtet und ihrem Herzschlag lauscht, letztlich davon überzeugt, daß die Wahrheit der

Wahrheiten, gleichsam das Herz, das in allem schlägt *(satyasyasatyam)*, einfach ist.

Zur Verdeutlichung dieser Geisteshaltung möchte ich, ohne im einzelnen auf sie einzugehen, drei zufällig ausgewählte Texte zitieren, denen innerhalb der Tradition, in der sie überliefert wurden, große Bedeutung zukommt. Natürlich sprechen diese Texte nicht vom Novizen, vom Anfänger, sondern vom erwachsenen und reifen Mönch. Das Sehnen und Verlangen ist bereits der Erfahrung der Fülle gewichen.

a) Der erste Text ist der berühmte Hymnus des Mönchs im zehnten Mandala des *Ṛg Veda*[8]:

> *Zuhause in beiden Meeren, in Ost und West*
>
> In ihm ist Feuer, in ihm ist Trank,
> in ihm ist beides: Erde und Himmel.
>
> Er ist die Sonne, die die ganze Welt erblickt,
> er ist in der Tat selber das Licht –
> der langhaarige Asket.
>
> Umgürtet vom Wind, haben sie sich ein Kleid
> aus ockerfarbenem Lehm gemacht. Sobald die Götter
> in ihr Inneres einkehren, folgen sie den Flügeln
> des Windes, diese schweigenden Asketen.
>
> Berauscht von der kargen Einfachheit unseres Lebens
> siedeln wir, behaupten sie, im Wind.
> Ihr gewöhnlichen Sterblichen hier unten
> seht davon nichts, ihr seht nur unsere Körper.
>
> Er bewegt sich fliegend mitten durch die Luft,
> der schweigende Asket,
> dessen Auge die Wesensgestalt der Dinge erblickt.
> Jedem Gott ist er
> Mitarbeiter und Freund geworden.
>
> Reitend im Wind, Gefährte seines Wehens,
> vorangetrieben von den Göttern
> ist er zuhause in beiden Meeren, in Ost
> und West – der schweigende Asket.
>
> Er folgt den Spuren der Geister,

---

[8] Der erste und dritte Text nach der Übersetzung von R. Panikkar; der zweite Text nach Abhishiktananda in der Wiedergabe von R. Panikkar.

>den Nymphen und dem Hirsch des Waldes.
Er versteht ihre Gedanken, er schäumt und sprudelt vor Ekstase,
>er ist ihr Freund, der ihnen gefällt –
>der langhaarige Asket.
Der Wind hat ihm einen Trank bereitet,
>von Kunamnamā ausgepreßt.
Mit Rudra zusammen hat er aus dem Giftbecher getrunken
>– der langhaarige Asket.

b) Der zweite Text ist eine freie Wiedergabe aus der *Bṛhadāraṇyaka* und anderen *Upaniṣaden:*

>In dieser Welt
>außerhalb von ihr
>Seher dessen, was alles Sehen übersteigt,
>geht er geheim und verborgen, unbekannt seinen Pfad.
>Trunken von der nüchternen Trunkenheit derer, die wissen,
>frei in der Freiheit des Geistes,
>erfüllt von Wesensglückseligkeit,
>gründend im Geheimnis
>des Nicht-Zwei.
>Frei von aller Erfahrung der Andersheit,
>das Herz erfüllt von der einzigartigen Erfahrung des Selbst:
>zur Fülle gelangt und – für immer – erwacht.

c) Die folgenden Verse des heiligen Johannes vom Kreuz beschreiben den Weg, der zum Berg der Vollkommenheit führt. Sie warnen zugleich vor Wegen, die nicht kompromißlos und geradeaus ihr Ziel verfolgen.

>*Der Weg, ALLES zu erlangen*
>Um zu erlangen, was du nicht kennst,
>mußt du gehen, wo du nichts kennst.
>Um zu erlangen, was du nicht genießt,
>mußt du gehen, wo du nichts genießt.
>Um zu erlangen, was du nicht besitzt,
>mußt du gehen, wo du nichts besitzt.
>Um zu erlangen, was du nicht bist,
>mußt du gehen, wo du nichts bist.

Der Weg, ALLES zu behalten
Wenn du alles wissen willst,
wolle nichts von etwas wissen.
Wenn du alles genießen willst,
wolle nichts von etwas genießen.
Wenn du alles besitzen willst,
wolle nichts von etwas besitzen.
Wenn du alles sein willst,
wolle nichts von etwas sein.
Der Weg, das ALLES nicht zu hindern
Wenn du bei etwas Einzelnem haltmachst,
verlierst du deinen Drang zum Alles.
Denn um letztlich Alles zu erlangen,
mußt du letztlich alles lassen.
Und wenn du erreicht hast, Alles zu sein,
mußt du es halten, indem du nichts begehrst.
Denn wenn du versuchst, irgendetwas zu haben,
hast du deinen einzigen Schatz nicht in Gott.
Das Zeichen, daß man im ALLES lebt
In dieser Nacktheit findet der Geist Ruhe und Stille,
denn weil er nichts begehrt, treibt nichts ihn
aufwärts, zwingt nichts ihn abwärts:
er ruht in der Mitte seiner Demut.
Denn wonach er begehrt, darin ermüdet er.
Nichts, nichts, nichts, nichts, nichts.
Und auch auf dem Berg: nichts.
Dort gibt es keine Wege mehr – denn es gibt kein
Gesetz für den Gerechten.

Fassen wir zusammen: Selige Einfalt erscheint als das monastische Prinzip schlechthin. Das bestätigten die Zeugnisse aus ganz unterschiedlichen Traditionen. »Suche nach dem Absoluten« ist vielleicht ein anderer Name dafür, wenn wir uns vor Augen halten, daß dieses Absolute »los-gelöst« ist, gerade weil es, von aller Vielfalt frei, uns aus der Verstrickung in Enge und Beschränktheit befreit. Das Absolute steht hier nicht nur für die Befreiung aus vielfältigen Sorgen, sondern auch aus vielfältig Seiendem – mit einem Wort: aus der Vielfalt überhaupt.

Ich nenne es Prinzip, denn es liegt dem monastischen Streben als solchem zugrunde und kennzeichnet das Mönchtum im allgemeinen. Es soll uns dazu dienen, die monastische Dimension des Humanum von jeder anderen zu unterscheiden. Das ist umso wichtiger, als wir darangehen wollen, einige Grundzüge des neuen Mönchs hervorzuheben, die sich auffallend von dem unterscheiden, was die Überlieferung dazu zu sagen hat. Unser Prinzip wird uns als Unterscheidungsmerkmal und zugleich als Zeichen der Verbindung mit der Tradition dienen.

Kommentar

Im Unterschied zum traditionellen Mönchtum, das die Einfachheit *(haplotēs)* auf dem Wege der *Vereinfachung* sucht, ständig begleitet von der Gefahr, das Ganze der Wirklichkeit ungebührlich zu verkürzen, glauben die heutigen »Mönche« dasselbe Ziel eher auf dem Wege der *Integration* zu erreichen, an dessen Rand die andere Gefahr eines alles auf gleicher Ebene ansiedelnden Eklektizismus lauert. Ist der Mönch auf dem ersten Weg versucht, einem unberechtigten Pessimismus zu verfallen, so neigt er auf dem zweiten leicht zu übertriebenem Optimismus. Es muß sich erst noch zeigen, ob der zweite Weg überhaupt zum Ziel führt.
Fuga mundi, contemptus saeculi, kāyotsarga, tyāga, nityanityavāstuviveka oder mit anderen Worten: Verachtung materieller Werte, Geringschätzung des Zeitlichen, Verzicht auf die Erfüllung körperlicher Bedürfnisse, Gleichgültigkeit gegenüber politischen Ereignissen, Hinter-sich-Lassen kultureller Formen, Vernachlässigung – um nicht zu sagen Verdammung – weltlicher Belange, Rückzug aus der Welt, Desinteresse an fast allem, was Menschen für gewöhnlich schätzen und achten usw. usw.: das alles sind wesentliche Elemente überlieferter monastischer Spiritualität, ob im Jainismus, Hinduismus, Buddhismus, Christentum oder wo auch immer. Die einzige Sorge des Mönchs gilt – theoretisch zumindest – dem Übernatürlichen *(pāramārthika, nirvāṇa)*, der Befreiung von allem Leiden *(duḥkha)*.
Um der Wirklichkeit nicht unerlaubt Gewalt anzutun, mußte sich dieser Weg radikaler Vereinfachung dadurch rechtfertigen, daß er alle ande-

ren Werte relativierte. Gegenüber der Suche nach dem Absoluten verblaßt alles andere zu Zweitrangigem. Wahre Vereinfachung schließt also nichts Wirkliches aus, das wäre in der Tat eine unerlaubte Verkürzung. Man muß nur allen Schein, alles Mangelhafte, alles Belastende und Verwirrende von sich abwerfen. Am Ende steht zwangsläufig die Einsicht, daß nichts verloren gegangen ist, weil nichts verloren gehen konnte: Der Mönch hat nur auf alles Überflüssige verzichtet, in Wahrheit ist er »schon da« und am Ziel. »Es gibt nichts zu verlieren, du weißt es nur noch nicht.« Oder, wie das *Tirukkural* sagt: »Worauf der Mensch verzichtet, daran kann er nicht mehr leiden.«

Hier stoßen wir auf die existentielle Bedeutung der Lehre von der Erbsünde, vom *karma,* von der inneren Verderbtheit der Materie, von der Vorläufigkeit des Zeitlichen, von der Hinfälligkeit und Vergänglichkeit alles Weltlichen. Eines ist sicher: Bei der Suche nach dem Einen Notwendigen *(unum necessarium)* hat die traditionelle Spiritualität mehr oder weniger übersehen, das das *unum* durchaus mehrere Dimensionen kennt. Auch der Bereich der Marta gehört – mag der der Maria auch der bessere sein – durchaus zum *hen,* zum Einen, zu dem also, wonach der *monachos* oder *monotropos,* wie der Mönch in der griechisch-christlichen Literatur genannt wurde, sucht. Die Überlieferung hat nicht genügend bedacht, daß, wer zu sehr damit beschäftigt ist, nach dem Eigentlichen hinter aller Wirklichkeit Ausschau zu halten, sehr leicht Gefahr läuft, die Wirklichkeit tatsächlich hinter sich zu lassen. Oder um es mit einem Wort von Abhinavagupta zu sagen: »Das Wesen der Wirklichkeit besteht darin, zu erscheinen.«

Zusammenfassend läßt sich sagen: Preisgegeben wird, was als überflüssig, wenn nicht sogar schlecht oder negativ angesehen wird. Der Mönch verzichtet auf fleischliche und weltliche Freuden, weil diese schlecht oder letztlich unwirklich oder zumindest nichts Endgültiges sind. Echte Mönche (um es mit Dom Colombàs zu sagen) sind nicht daran interessiert, ihre Sache vor der Welt zu bezeugen. Das wäre in ihren Augen nichts als Anmaßung, Stolz und Heuchelei. Demütig geben sie sich damit zufrieden, keinen Anstoß zu erregen.

Die heutige Auffassung ist eine ganz andere: Die Begeisterung für den transzendenten oder immanenten Weg (zu einem transzendenten oder immanenten Ziel) ist der Begeisterung für den integrativen Weg gewichen. Der neue Mönch bemüht sich, alle Werte, Erfahrungen, Begegnungen und Erlebnisse in seinen Weg zu integrieren – im Vertrauen darauf, daß eine letzte Synthese möglich ist. Man muß nicht Eunuch oder gelähmt oder Krüppel sein, um in das Himmelreich zu gelangen – vielleicht weil dieses Reich nicht länger in einem transzendenten Himmel angesiedelt wird. Man fühlt sich an den Ruf des Augustinus erinnert: »Wer sich um des Himmelreiches willen zum Krüppel gemacht hat, ist kein Mensch mehr. Oh seltsame Torheit!« »Wie ist es möglich, Gott ein menschliches Leben zu weihen, wenn wir uns weigern, es zu leben?« Diese überspitzte Formulierung machte vor einigen Jahren in christlichen Klöstern die Runde.

Es ist Sache der Theologen und Exegeten – nicht die unsere –, die alten Texte im Lichte der neuen Auffassung zu interpretieren. Schon ist zu hören, Buddha sei der erste Marxist gewesen und die hinduistischen *saṁskāras* müsse man als früheste Anweisungen auf dem Gebiet der Hygiene betrachten, wie überhaupt das Fasten Leib und Seele reinige und ein fragloser Gehorsam den Willen zu stärken vermöge usw.

Der moderne Mönch will den Dingen nicht länger *entsagen*, außer es handele sich eindeutig um Sündhaftes oder sonst irgendwie Negatives. Ihm geht es vielmehr darum, die Dinge zu *verwandeln*. Wird er erreichen, was er sich zum Ziel gesetzt hat? Er möchte nicht zerstören, sondern aufbauen. Er möchte sich nicht aller Dinge entledigen, sondern ihnen allen gerecht werden. Selbst das christliche Kreuz wird nicht mehr vornehmlich als Zeichen des Leidens und Sterbens gesehen, sondern als Schnittpunkt, in dem sich die vier Dimensionen der Wirklichkeit treffen – in ihrer Mitte, die von allen Enden gleichermaßen entfernt ist. Auch dem neuen Mönch geht es um die Mitte, aber er erfährt sie nicht als ausdehnungslosen Punkt, sondern eher als wohlgerundete, alles umfassende Kugel.

Frischer Wind durchweht die jahrtausendealten monastischen Institutionen. Das gilt für das Christentum genauso wie für den Jainismus, Buddhismus oder Hinduismus. Vielerorts entspringen neue Formen monastischen Lebens. Wir müssen uns fragen: Liegt darin ein Verrat an der monastischen Berufung? Vollzieht sich hier eine Wandlung des im Grunde gleichgebliebenen Weges zum selben Ziel? Oder handelt es sich um eine ganz neue Form geistlichen Lebens, die ihre Geburtswehen im Schoß der alten Institutionen durchlebt, sich dann aber ihren eigenen Weg bahnen muß, sobald sie eine gewisse Reife erreicht hat? Was geht hier vor? Steht die Entwicklung im Zeichen des Bruches oder der Kontinuität?

Wir hätten das Wesen des Monastischen auch als das Bemühen des Menschen fassen können, sein Leben zu einen, um so zur Einheit mit der ganzen Wirklichkeit zu gelangen. Es ließen sich eine ganze Reihe Texte anführen, die diese Auffassung bestätigen. Wir hätten damit eine zwar richtige, aber zu allgemeine (und etwas schmeichelhafte) Definition des Mönchs im Sinne des *monachos,* das heißt eines Menschen gegeben, der vor allem danach strebt, ganz eins zu sein – nicht bloß einsam, allein, sondern all-eins. Der Mönch in diesem Sinne wäre der Mensch auf der Suche nach Einheit in sich selbst und – am Ziel seines Weges – mit dem ganzen Universum. Aber das läßt sich im Grunde von jedem Menschen sagen, der ernsthaft nach Verwirklichung seines Menschseins strebt. Der Sinn des Wortes »Mönch« würde auf diese Weise zu sehr ausgeweitet und auch andere menschliche Bemühungen um Integration umfassen, die – bislang jedenfalls – nie mit dem Mönchtum in Zusammenhang gebracht worden sind.

Die Herausforderung des *modernen* Mönchtums scheint mir im Kern in dem auf den ersten Blick unmöglichen Versuch zu liegen, auf dem Weg der Einfalt zur *Fülle* menschlichen Lebens zu gelangen. Das ist es, was ich eben als Weg der *Integration* bezeichnet habe. Liegt dem aber nicht ein anderer Archetyp, nämlich der einer letzten Vielfalt zugrunde? Um die Bedeutung und eigentliche Herausforderung dieses Versuchs klarer vor Augen zu bekommen, wollen wir zuvor den anderen möglichen Weg bedenken, das *humanum* in seiner Fülle zu verwirklichen.

Die Alternative: Weltlichkeit oder versöhnte Vielfalt

Wir haben die selige Einfalt als das alles Monastische kennzeichnende Prinzip und als Schlüssel zu seinem Verständnis hervorgehoben. Es bestimmt Einrichtung, Organisation und Gestalt des ihm verpflichteten Lebens. Aber wir kennen daneben andere menschliche Bemühungen um ein volles menschliches Leben, die ihre treibende Kraft nicht diesem Archetyp verdanken. Wenn Abhinavagupta zum Beispiel sagt, daß der Mensch, will er zur Freiheit gelangen, alle Weltelemente in sich integrieren und verwandeln muß, scheint er einem Prinzip Ausdruck zu geben, das der monastischen Geisteshaltung fremd ist. Oder wenn Nikolaus von Kues Gott als *»complexio omnium«* versteht, als umfassende Integration aller Dinge, so liegt auch dieser Gedanke nicht mehr auf der Linie der überlieferten monastischen Grundhaltung, sondern verrät bereits den Einfluß des Denkens der europäischen Renaissance. Wenn Teilhard de Chardin, um noch ein weiteres Beispiel zu nennen, das Ganze des Universums als eine einzige Evolution hin zu wachsender Vielfalt versteht, so läßt sich dieser Gedanke ebenfalls nicht mehr mit traditionellen monastischen Idealvorstellungen vereinbaren. Wenn andererseits der heilige Johannes vom Kreuz verkündet, der Weg zur Fülle des Alls bestehe darin, allem zu entsagen, oder wenn so manche Überlieferung uns sagt, daß die eigentliche und letzte Wirklichkeit die Leere, das Nichts, *śūnyatā* ist, so sprechen diese Zeugnisse wiederum alle dieselbe monastische Sprache. Buddha, der Gründer der mächtigsten Mönchsinstitution der Welt, hatte tiefere als auf dem Wege bloß philosophischer Einsicht zu erhellende Gründe, am *anātmavāda,* an der Lehre vom Nichtselbst als dem Dreh- und Angelpunkt des ganzen Buddhismus festzuhalten: Es gibt keine dem Fluß der Ereignisse zugrundeliegende Substanz, kein Beständiges, keinen *ātman*.

Es scheinen in der Tat zwei unterschiedliche Grundhaltungen möglich zu sein, was das Sich-einlassen auf die Wirklichkeit betrifft: Einfalt und Vielfalt.

Angeklungen ist bereits, daß diese beiden Grundhaltungen – die monastische und die weltliche – nicht bloß als Ausdruck der Privatmeinung ihrer jeweiligen Anhänger zu verstehen sind. Sie stehen für zwei grundlegende Wirklichkeitssichten. Wer dem Weg der Einfalt folgt, glaubt zutiefst daran, daß sich die Welt auf einen einzigen Punkt reduzieren läßt, weil der Kern der Wirklichkeit einfach ist, so daß in der Tat im Zuge der Ein-faltung nichts verloren geht und am Ende des Weges nicht nur ein subjektives Wohlbefinden (das Heil der Seele), sondern eine objektive Wahrheit steht. Wer dem Weg der Vielfalt folgt, glaubt an die unüberwindliche Vielschichtigkeit der Welt, denn die Wirklichkeit besteht aus vielen Grundbausteinen, so daß es Aufgabe des Menschen ist, die scheinbar zusammenhanglosen Stücke und Teile seiner selbst und im letzten des gesamten Universums in ein vielschichtiges und vielfarbiges Ganzes zu fügen.

Einfalt, wörtlich genommen, steht für die eine und einzige »Falte« im Stoff der Wirklichkeit: ein einziges Eines, neben dem es kein zweites und keinerlei Zweiheit gibt. Einfalt auf höchster Ebene ist nur möglich, wenn die erscheinende Vielfalt nichts als das Ergebnis des Entfaltungsprozesses der einen Wirklichkeit ist. Der Vielfaltscharakter der Welt gilt als zweitrangig und mehr oder weniger zufällig. Das Ideal der Einfalt setzt den Glauben an eine letzte Reduzierbarkeit der Vielfalt auf Einheit voraus – oder aber die Annahme, daß es für die niederen Elemente der Wirklichkeit gar keine Rettungsmöglichkeit gibt, weil sie der (vergänglichen) Erscheinungsebene der Wirklichkeit angehören. Es ist zwecklos, kostbare Lebenskraft auf utopische Wahnvorstellungen zu verschwenden, die von einem Paradies auf Erden, von einer gerechten Ordnung, in der jeder glücklich ist, oder ähnlichem träumen. Der Grundhaltung der Einfalt liegt ein universaler Pessimismus zugrunde, was die vorletzten Strukturen der Wirklichkeit betrifft. Für sie gibt es keine Erlösung. Und doch muß auch jenen Menschen ein erfülltes Leben möglich sein, die in ungerechten Verhältnissen aufwachsen. Es ist auch möglich – sie müssen diese Verhältnisse nur (zumindest durch innere Emigration) verlassen und Bürger einer anderen Welt werden. Wir haben bereits auf den unterschwelligen monistischen Grundzug des Weges der Einfalt hingewiesen: die eigentliche Wirklichkeit – das, worauf es letztlich ankommt – ist monistisch, will sagen, von unzweideutiger Einheit. Freilich liegt diese innere Konsequenz der Wirklichkeitssicht der Einfalt nicht immer offen zutage, denn zunächst und zumeist leben wir unsere Grundhaltungen nicht kompromißlos und mit letzter Konsequenz. Oft werden sie von anderen kulturellen oder religiösen Faktoren beeinflußt, deren klar formulierte dualistische Anschauungen ein Gegengewicht zu den latent vorhandenen monistischen Tendenzen bilden. Das Leben bedarf schließlich, um zu leben, keines Handbuches der Logik; zumindest vollzieht es sich faktisch nicht immer nach den Gesetzmäßigkeiten logischer Konsistenz.

Auf ihren nackten Kern reduziert beruht die Grundhaltung der Einfalt auf dem monotheistischen Glauben an einen vollkommenen und deshalb einfachen Gott als Quelle aller Wirklichkeit. Sinn, Ziel und Bestimmung des Lebens ist die Rückkehr zu dieser Quelle.

Auf der anderen Seite steht (letzte) *Vielfalt,* wörtlich genommen, für das Ergebnis eines Zusammenfügens aller Elemente, so daß sie in einem höheren Ganzen, einer übergeordneten, alles versöhnenden Einheit zueinander passen. Vielfalt in diesem Sinne ist nur möglich, wenn die allen einzelnen jeweils eigentümlichen Neigungen und Bestrebungen miteinander vereinbar sind und alle zusammen letztlich Teile eines Ganzen bilden, dem sie entsprungen sind, aus dem sie hervorgegangen sind oder aus dessen Schoß sie sich – wie auch immer – gelöst haben. Das Ideal der Vielfalt setzt den Glauben an eine höchste Einheit voraus, die alles zusammenhält. Ihm liegt ein universaler und letzter Optimismus zugrunde, was die Möglichkeit betrifft, alle Elemente der Welt – auf kosmischer wie auf personaler Ebene – miteinander zu versöhnen. Ein tragischer Grundzug ist diesem Ideal fremd. Es geht von der grundsätzlichen Übereinstimmung alles dessen, was ist, von einem möglichen Einklang des Wirklichen aus, mag dieses als einzelnes noch so schrill seine Stimme erheben. Das Böse spielt innerhalb dieser Weltsicht nur eine untergeordnete Rolle.

Die Anhänger der Vielfalt glauben an eine im letzten pluralistische Struktur der Wirklichkeit. Wer versucht, alles auf ein einziges Prinzip zurückzuführen, begeht in ihren Augen eine schwere Sünde, weil er die Wirklichkeit in unerlaubter Weise verkürzt. Sie ist vielschichtig, und der Prozeß der Verwirklichung zielt nicht auf wachsende Einfalt, sondern auf ein Höchstmaß an Differenzierung und Vielfalt.

Auf ihren nackten Kern reduziert beruht diese zweite Grundhaltung auf einem pluralistischen, mit dem Symbol eines monotheistischen Gottes als vollkommen einfacher Wirklichkeit letztlich unvereinbaren Glauben.

Der Glaube an eine Pluralität von aufeinander unzurückführbaren Elementen gehört wesentlich zu dieser Grundhaltung. Es lohnt sich, daran zu arbeiten, die verschiedenen Bausteine der Wirklichkeit zusammenzufügen, denn es handelt sich tatsächlich um echte Steine. Das Puzzlespiel wird am Ende ein geordnetes Bild ergeben, was sehr wohl bedeuten kann, daß die Ebene, auf der sich die Lösung schließlich ergibt, eine transzendente ist: als andere, spätere Welt oder als kommende eschatologische Größe. Beide, Einfalt und Vielfalt, sind dynamische Haltungen, die nicht von der unmittelbaren Verwirklichung ihres Ideals auf der jetzt gegebenen Ebene unserer Alltagsexistenz ausgehen. Dieser Bezug auf einen das bloß Menschliche übersteigenden Bereich kommt in den beiden Eigenschaftswörtern zum Ausdruck, die den beiden Grundhaltungen vorangestellt sind.

Selige Einfalt unterstreicht die Tatsache, daß der Prozeß der Einfaltung nicht automatisch verläuft, sondern an den Einsatz aller Kräfte und an eine Hingabe gebunden ist, die eine außerordentliche Gnade voraussetzt, denn sie allein ist imstande, die Gesetzmäßigkeit der Wirklichkeit zu durchdringen und zu verwandeln. Die monastische Spiritualität ist nicht so naiv, uns auf eine Reise zu schicken, von der es am Ende heißen muß: außer Spesen nichts gewesen. Im Gegenteil, sie verheißt uns, daß am Ende nichts verloren, sondern alles gewonnen ist, freilich auf einer höheren, geheimnisvoll unbegreiflichen Ebene, auf der die Dinge endlich erscheinen, wie sie in Wirklichkeit sind. Es stimmt nicht, was der Novize anfänglich glauben mag, daß die Berge und Flüsse am Ende des Weges *wieder* Berge und Flüsse sind. Nein, zum ersten Mal werden Berge und Flüsse als *wirkliche* Berge und Flüsse erscheinen und als solche erkannt werden – denn ihre Wirklichkeit ist mehr als das, was die Geologie von ihnen weiß.

Versöhnte Vielfalt bedeutet, daß es vor allem darum geht, alle Dinge zu verwandeln, damit sie sich in ein Ganzes zusammenfügen lassen. Verwandlung steht hier nicht für einen bloß ontologischen Wandel, gleichsam von Seiendem in Sein, sondern für eine durchgängige Steigerung und Erhöhung der tatsächlichen Wirklichkeit – obwohl es sich sprachlich kaum verschieden ausdrücken läßt, ist doch etwas ganz anderes gemeint.

Beide Wege sind also als Prozeß, als Werden, als Wandel zu verstehen. Der Unterschied wird wiederum deutlich, wenn wir uns vor Augen halten, daß es auf dem ersten Weg vornehmlich um eine Veränderung des Bewußtseins geht, auf dem zweiten dagegen vor allem um eine Veränderung von Strukturen. Die monastische Spiritualität ist in erster Linie um eine Erweiterung und Veränderung des Bewußtseins, um eine Verwandlung des Selbst bemüht. Die weltliche Spiritualität dagegen ist hauptsächlich daran interessiert, die Umstände, die Verhältnisse, die Bedingungen der Umwelt zu ändern.

Wir könnten hier fortfahren, die beiden offenbar nicht aufeinander zurückzuführenden Weltsichten oder besser Wirklichkeitserfahrungen zu beschreiben. Ich möchte stattdessen kurz auf ihre möglichen Beziehungen zueinander eingehen, um dann im letzten Kapitel des dritten Teils eine Synthese beider Wege zu versuchen.

An erster Stelle ist hier ihre gegenseitige Unzulänglichkeit zu nennen. Das Ganze der Wirklichkeit kann nicht auf ein einziges Prinzip zurückgeführt werden. Trotz aller feinsinnigen ontologischen Unterscheidungen in bezug auf die höchste Ebene der Wirklichkeit: die Einheit des einen Prinzips würde alles übrige erdrücken und verschlingen. Es muß auch innerhalb der höchsten Einheit eine Art von Dynamik, eine gewisse Form von Pluralität geben. Auf der anderen Seite kann die Wirklichkeit auch nicht aus lauter beziehungslosen pluralen Elementen bestehen. Trotz aller notwendigen Unterscheidungen und Unableitbarkeiten: schon die Erkenntnis der Vielfalt setzt eine höhere Einheit voraus. Es muß eine innere Beziehung zwischen den letzten Bausteinen der Wirklichkeit geben. Das Dogma von der Trinität verweist meiner Ansicht nach ebenso darauf wie die Advaitalehre. Ich habe in diesem Zusammenhang vom *kosmotheandrischen*[9] Charakter der Wirklichkeit gesprochen. Es läßt sich aber auch mit jenen bemerkenswerten Worten sagen, die am Beginn der westlichen Überlieferung niedergeschrieben und dem Parmenides zugesprochen worden sind: Die Wirklichkeit, so

---

[9] Vgl. R. Panikkar, Der Mensch – ein trinitarisches Mysterium, in: R. Panikkar, W. Strolz (Hrsg.), Die Verantwortung des Menschen für eine bewohnbare Welt in Christentum, Hinduismus und Buddhismus, Freiburg 1985, S. 147–190, bes. S. 178 ff. (Anm. d. Übers.)

sagt er, ist stets als Ganzheit *(pân),* Einheit *(hen)* und Vielfalt *(synechēs)* zugleich gegeben. So sprechen wahrscheinlich die meisten Mystiker. Wir werden darauf noch zurückkommen, nachdem wir wie angekündigt die neun sūtras (Leitsätze) mit ihren zugehörigen *bhāṣyas* und *ṭīkās* (Erläuterungen und Kommentaren) vorgestellt haben.

Neun Sūtras

1. Die Ursehnsucht des Herzens

Erläuterung

Die Grundhaltung der Einfalt ist niemandem in den Schoß gelegt. Sie muß erkämpft, den zahlreichen Erscheinungsformen der Welt abgerungen werden, deren zerstreuende Vielfalt es zu überwinden gilt. Betäubt vom verwirrenden Glanz der Dinge um uns, verloren im Wechselspiel der Wünsche und Bedürfnisse in uns gilt es zur Wesenseinheit der Dinge und unserer selbst zurückzufinden, wollen wir sein, was wir wirklich sind. Sind wir bei unseren Beutezügen in Sachen Leben nicht oft genug enttäuscht oder gar verwundet worden?

Der monastische Archetyp liegt unter der Oberfläche verborgen, auf der sich die Dinge für gewöhnlich zeigen und auf der sich menschliches Leben zunächst und zumeist abspielt. Er ist kein Gegenstand vorübergehender Launen oder flüchtiger Stimmungen. Wer sich auf die Suche nach seliger Einfalt macht, darf nicht meinen, er könne damit beginnen, einfach alles über Bord zu werfen und ziellos umherzuwandern, um so der Last und Pflicht und Verantwortung, die er zu tragen hat, zu entfliehen. Die Weltliteratur, kommt sie auf das Thema »Mönch« zu sprechen, urteilt hart über solche Versuche. Die härtesten Äußerungen gegenüber Schwindlern und Scharlatanen stammen von den Mönchen selbst. Man nehme nur die *Magisterregel* und lese sie einmal unter diesem Gesichtspunkt. Von den dort genannten vier Mönchsarten verdienen nur zwei den Namen »Mönch«, die beiden anderen werden mit den krassesten Worten verurteilt. Wer bloß den frommen Wunsch in sich verspürt, Mönch zu werden, ist es dadurch noch lange nicht. Dazu gehört ein Durchbruch, eine Initiation, eine wirkliche Neugeburt im Geist *(dīkṣā)*. Ein zweimal Geborener *(dvija)* muß sein, wer auch nur damit anfangen will, Mönch zu werden. Alle monastischen Überlieferungen betonen die Wichtigkeit der *compunctio cordis,* der *conversio morum,* der wahren *metanoia,* immer wieder weisen sie auf die entscheidende Bedeutung hin, die dem festen Entschluß zukommt, alles Weltliche hinter sich zu lassen, nicht nachzulassen im Drang nach

Befreiung und in der Übung der Tugenden. Śaṅkara's *Vivekacūḍāmani* kann hier als klassisches Beispiel dienen. Das Verlangen nach Befreiung *(mokṣa), mumukṣūtva,* muß wie ein verzehrendes Feuer sein. Wer Mönch werden will, muß wieder und wieder an die Klosterpforte pochen oder die Füße des Meisters berühren, um endlich ernst genommen zu werden. Nicht alle, die »Herr, Herr!« rufen, werden in das Himmelreich gelangen.

Ein Bruch der (Lebens-, Bezugs-, Daseins-) Ebenen gehört unabdingbar zu jeder Initiation. Der Ort, an dem sich dieser Bruch vollzieht, ist das Gewebe des eigenen Herzens.

»Herz« steht hier natürlich für die Mitte der ganzen Person. Dort muß der Bruch geschehen – will sagen: einmal aufgebrochen, kann man damit beginnen, es wieder ganz zu machen, tiefer und weiter als zuvor. Das gebrochene Herz ist Folge der die Welt vergiftenden und Leid schaffenden Sünde *(hamartia, duḥkha),* Verblendung *(avidyā)* und Ungerechtigkeit: »Rette mich vor dem Tod, denn ein unauslöschliches Feuer verzehrt mich,« lautet, wie Śaṅkara schreibt, die typische Bitte des Kandidaten, der im Hinduismus den Mönchsweg beginnen will. Das Mönchtum ist keine fromme Verlängerung der gewöhnlichen Alltagsexistenz. Am Beginn des Mönchswegs steht die Initiation. Sie vollzieht sich nicht automatisch, sondern als – einmal entdeckt – unauslöschliches Sehnen, das einem brennenden Feuer gleicht: die ursprüngliche Sehnsucht des Menschen, das zu werden, was er in Wahrheit ist oder sein soll oder wozu er berufen ist. Sie muß aus der Tiefe des Herzens hervorbrechen. Eine Entdeckung oder Offenbarung, mag sie noch so verschwommen und undeutlich sein, geht ihr voraus. Die christliche Überlieferung kann nur von der Begierdetaufe sprechen, weil das Verlangen nach Reinigung und Erlösung wesentlich zur christlichen Initiation gehört. Die frühen Mönche zum Beispiel beanspruchten nichts anderes, als radikal und konsequent ihrer Initiation als Getaufte entsprechend zu leben: ihrem Hinabgetauchtsein in die Wasser des Todes und ihrer Auferstehung, mit dem das Wachsen und Reifen des neuen Menschen im Reich Christi beginnt, von dem der erneuerte Schöpfungsleib seinen Ausgang nimmt. Die christlichen Mönche wollten keine besonderen Christen sein, sondern einfach Christen. Erst als man spürte, daß die Befolgung der evangelischen

Räte allgemein nachließ, wurden die Mönche als Vorbild für alle Christen hingestellt – nicht weil sie etwas Besonderes taten, sondern weil sie versuchten, als Christen zu leben und die christlichen Tugenden zu üben – jene Tugenden, die Paulus an zwei Stellen seiner Briefe als *haplotēs kardías, simplicitas cordis,* als Einfalt des Herzens zusammenfaßt. Schon damals war mit »Einfalt« auch die Reinheit der ganzen Person von ihrer Mitte und von ihrem Ursprung her gemeint.

Der Bruch muß sich sowohl auf personaler als auch auf gesellschaftlicher Ebene, also vor den Augen der Öffentlichkeit vollziehn. Es genügt nicht, im stillen Kämmerlein des eigenen Herzens die alles durchdringende Wirklichkeit von *duḥkha,* das Gefängnis des *saṁsāra,* die *hamartia tou kosmou,* die Sünde der Welt erfahren zu haben. Wer Mönch werden will, muß sich auch dem Meister zu Füßen werfen, Haus oder Familie verlassen, in die Berge gehen, der Welt den Rücken kehren, öffentlich ein Entsagender werden, in den *saṁgha* eintreten, *xeniteia* üben, in die Fremde gehen oder ähnliches. Er muß mit der Gesellschaft brechen, auch wenn das bedeutet, nicht länger an den heiligen Riten teilnehmen zu können. Die monastische Literatur gießt erbarmungslos ihren Spott über jene aus, die es für möglich halten, Mönche zu sein, ohne ihre Familie oder die Marktplätze und Städte zu verlassen. Die *fuga mundi* ist mehr (natürlich auch nicht weniger) als eine rein geistige Angelegenheit. Der Habit macht noch keinen Mönch, aber sicher macht der Mönch den Habit. Er kann die gefundene Perle eine Zeitlang verheimlichen, aber zu gegebener Zeit muß er alles, was er besitzt, verkaufen, um die Perle zu erwerben. Der Mönch geht *extra mundum.* Die monastische Askese hat zwei Seiten, eine innere *und* eine äußere.

Dieser erste Leitsatz kann nicht genug betont werden, nicht nur, weil er zum Kern des Monastischen gehört, sondern weil er dessen sichtbarsten und vielleicht eigentümlichsten Wesenszug zum Ausdruck bringt. Dieses *sūtra* fordert Konsequenzen gesellschaftlicher Art, die kennzeichnend für alles Monastische sind.

Seine Bedeutung zu unterstreichen ist umso notwendiger, als es einerseits vielen Mißverständnissen unterworfen ist und andererseits nicht geringe Schwierigkeiten bereitet, sobald man daran geht, es in die Praxis umzusetzen.

Ohne die Erfahrung der Bekehrung, der Wende, der Einkehr in sich selbst, ohne ein Abstreifen der vielen Dinge, die an uns kleben und an denen wir haften, ohne ein Ablegen des »Üblichen« und »Normalen«, ja sogar des Sicheren und oft Vernünftigeren gibt es kein Mönchtum. In einer der *Upaniṣaden* heißt es: »An dem Tag, an dem dir das Herz bricht, wirst du zum Mönch.« Der Mensch mit gebrochenem Herzen, das ist der Mensch ohne Illusionen, der allen weltlichen Erscheinungen gelassen und gleichmütig begegnet. Diese Erfahrung kann offenbar auf vielerlei Weise gemacht werden. Sie muß nicht immer die Gestalt einer tiefen psychologischen Erschütterung annehmen, aber auf jeden Fall ist sie ein Bruch, hinter den es, das bestätigen die Texte in Ost und West, kein Zurück gibt. *Vairāgya* bedeutet Abscheu vor der Welt, wörtlich sogar: der Welt feindlich *(vaira)* gesinnt sein. Ein Mensch (ein Held, *vīraḥ*) sein heißt also, betrachtet man das Wort rein etymologisch: die Welt bekämpfen.

Beim »gebrochenen Herzen« handelt es sich um ein Bild, das nur die eine Seite des Geschehens zum Ausdruck bringt, nämlich seine negative, wie sie sich vom diesseitigen Ufer, das heißt von der Ebene der Geschöpflichkeit aus darstellt. Das alte Herz wird aufgebrochen, oft gewaltsam, damit es dem neuen Herzen des geheilten Menschen Raum gibt, das im Rhythmus des neuen Lebens pulsiert, durchströmt von tiefem Mitleid, wahrer Liebe und echtem Verständnis. Das Bild ist einseitig, denn vom anderen Ufer des neuen Lebens aus betrachtet handelt es sich nicht mehr um ein gebrochenes, sondern um ein erneuertes Herz. Das monastische Leben ist auch ein Leben im Zeichen des Friedens, der Freude, der Heiterkeit. Das Herz, das gebrochen worden ist, gebrochen werden durfte und mußte, war ein verwundetes, ein sündiges Herz, ein Herz aus Stein. Es mußte gebrochen werden, weil der Mensch inmitten von Ungerechtigkeit, Verblendung und Sünde aufwächst. Der Mönch muß die dicken Wände dieses Herzens durchbrechen, die Mauern der Gefühllosigkeit und der Selbstsucht in ihm selber und um ihn herum. Er muß alles bloß Irdische, Zeitliche, Weltliche, alles Trügerische und Unechte durchbrechen, um sich seinen Weg ins Freie zu bahnen. *Ahamkāra* und *abhimana,* Selbstsucht und Eigendünkel müssen gleichsam entblößt und aufgebrochen, in aller Offenheit dargelegt werden, damit der wahre *ātman,* das wirkliche »Ich« zum Vorschein kommen kann.

Mit dem Durchbruch zur Ursehnsucht des Herzens beginnt alles geistliche Leben. Aber die Sehnsucht allein vermag, so notwendig sie ist, ihr Ziel nicht zu erreichen. Das Sehnen und Wollen allein genügen nicht. Die Sehnsucht ist nur die notwendige Bedingung dafür, daß etwas geschieht. Sie bringt das Gute nicht selbst hervor, nach dem sie verlangt ... dazu bedarf es eines anderen. Wer ist es denn eigentlich, der das Herz öffnet? Das steht nicht in seiner eigenen Macht, es mag es noch so sehr versuchen. Auch kein noch so schweres persönliches Leid oder die Erfahrung sozialer Ungerechtigkeit allein genügen hier. Darunter leiden viele, aber ihre Reaktion heißt Flucht oder Verzweiflung. Ihr Herz bleibt verschlossen. An diesem Punkt rühren wir an das Geheimnis des ersten *sūtra*. Jemand, Etwas, Gott, der *ātman,* der Meister, der Guru, Gnade, Liebe ... müssen mein Herz anrühren oder treffen, damit es sich öffnet. Ich selber bleibe dabei eher passiv. Es widerfährt mir. Warum und wieso? Ich kann es letztlich nicht begründen – es ist ein Geschenk, auch wenn es nicht selten als Last, ja als Fluch erfahren wird.

Zudem vollzieht sich die Herzensöffnung bei den meisten Menschen – mit Ausnahme einiger weniger, aber selbst diese außergewöhnlich Begnadeten müssen wieder und wieder daran arbeiten, ihr Herz offen, rein und einfach zu halten – als ein dauernder Prozeß wachsender Offenheit und je neuer Reinigung des Ich, das immer wieder in seinen alten Zustand zurückfallen will, aus dem es verstoßen wurde. Hier zeigt sich, welche Rolle dem Opfer als einem Wesenselement der Wirklichkeit in ihrer wahren Gestalt zukommt. Im Opfer und durch das Opfer geschieht der Herzenstausch, die Lebensöffnung, der Bruch der Ebenen, das Abwerfen der Banalität, einer bloß von Instinkt und Impuls beherrschten Existenz.

Einige der klassischen indischen *sūtras* beginnen, gerade weil es in ihnen um *mokṣa,* um Befreiung und Erlösung geht, mit dem Beiwort *atha:* hier, jetzt. Die Überlieferung hat darin einen Hinweis auf den Neubeginn, den Anfang des Weges der Befreiung gesehen, der immer auch den Bruch mit der Vergangenheit und allem bisher Gelernten und Angeeigneten voraussetzt. Die Texte des *yoga-sūtra,* des *brahma-sūtra* usw. beginnen alle so.

Aus Gründen, die ich hier nicht näher erläutern kann, habe ich diese aus ursprünglichen Tiefen quellende Dynamik des menschlichen Herzens »Sehnsucht« genannt – als Frucht des Geistes, deren Wurzeln tief in die

Geistnatur des Menschen hinabreichen – und nicht »Wunsch« oder »Verlangen«, weil ich einem möglichen Mißverständnis von seiten einiger monastischer, insbesondere buddhistischer Überlieferungen von vornherein begegnen wollte, die geradewegs jede Form von Verlangen, auch wenn es sich auf etwas Gutes richtet, verdammen. Alles Verlangen und Begehren entspringt dem empirischen Ich. Die Sehnsucht dagegen ist das Wehen – ja, der Herzschlag – des Geistes in uns.

Kommentar

Der moderne Mönch kommt an der Notwendigkeit der Bekehrung nicht vorbei, auch er beginnt seinen Weg, indem er einen initiatischen Wandlungsprozeß durchläuft. Jede Initiation ist nicht nur der Beginn eines neuen Lebens, sie setzt auch den Bruch mit früheren Existenzweisen voraus. Aber es gibt zumindest zwei gewichtige Verschiebungen in der Art, wie diese *vairāgya, compunctio cordis, penthos* oder Buße heute erfahren wird.

Erstens: Viele Übungen und Gebräuche scheinen in ihrem altertümlichen Stil nicht nur überholt und veraltet, sondern sogar schädlich und in ihrer Wirkung eher negativ zu sein. Körperliche Züchtigung, Abtötung und Kasteiung zum Beispiel und das Desinteresse an weltlichen Angelegenheiten erscheinen den heutigen Mönchen oft als unvereinbar mit ihrer geistigen Grundhaltung. Die »Welt«: das sind nicht mehr »Bischöfe und Frauen« (um einen Ausspruch der frühen Mönche zu zitieren, über den man heute nur lachen kann), das heißt der Inbegriff der damals drohenden Gefahren des gesellschaftlichen Lebens religiöser oder bürgerlicher Art. »Welt« steht heute für politische, gesellschaftliche und wirtschaftliche Strukturen, die es zusammen mit Ideologien aller Art in der Tat zu bekämpfen und zu überwinden gilt. Der Kampf gegen die Welt und ihre Dämonen, vielleicht heißt das heute: Widerstand gegen das System und seine Technokraten.

Diese Verschiebung, was die Parameter des Weltlichen betrifft, ist umso mehr zu betonen, als viele der überlieferten monastischen Lebensformen institutionell auf den alten Gleisen weiterfahren, obwohl anthropologisch gesehen der Zug der Zeit längst die Spur gewechselt hat. Unnötige, vermeidbare Konflikte und Spannungen sind die Folge.

Es ist ja durchaus nicht so, als gelte fortan nicht mehr, was jahrhundertelang gegolten hat: »nein« zur Welt und ihren Werken zu sagen. Aber »Welt«: das steht nicht mehr für Theater, Schulen, profanes Wissen, Sexualität oder politisches Handeln. »Welt« ist stattdessen, wie wir noch sehen werden, zum Inbegriff weltlichen Geistes geworden, jener Geisteshaltung und Grundeinstellung, die sich heute vornehmlich in den verschiedensten Spielarten sozialer Ungerechtigkeit, politischer Machenschaften und ganz allgemein im herrschenden System einer Leistungsgesellschaft zeigt, in der die Menschen, weil nun einmal nicht alle die gleichen Mittel und Möglichkeiten zur Verfügung haben, sich aneinander messen und gegeneinander behaupten müssen. Vielleicht ist das Geld, der Mammon *(mamōnas)* hier dasjenige, was sich nicht geändert hat.

Zum Thema Weltbejahung oder Weltverneinung ist schon viel gesagt und geschrieben worden. Nur selten hat man aber die unterschiedlichen Auffassungen dessen, was da angeblich bejaht oder verneint wird, genügend bedacht. Wenn zum Beispiel eine bestimmte Spielart des vedantischen Mönchtums glaubt (ob uns das paßt oder nicht, ändert nichts an der Tatsache als solcher), daß die Welt eine einzige große Täuschung ist, dann steht hinter der entsprechenden Weltverneinung eine im Grunde lebens- und wirklichkeitsbejahende Einstellung. Die modernen Mönche interessieren sich für viele Dinge dieser Welt, weil sie der Meinung sind, daß ihre Gestaltung eine religiöse und sogar kontemplative Aufgabe ist, die der monastischen Berufung durchaus nicht fremd oder zuwider ist. Die alten Gegensätze zwischen dem Zeitlichen und Ewigen, Weltlichen und Heiligen, rein Humanistischen und Hinduistischen oder Christlichen oder Religiösen überhaupt, zwischen dem Natürlichen und Übernatürlichen usw. werden von vielen Menschen heute als im Großen und Ganzen nicht mehr gültig betrachtet. Ich sehe in dem, was sich da an neuen Denkstrukturen und Erfahrungshorizonten meldet, den Anbruch einer Spiritualität der Weltlichkeit. Ich will später versuchen zu erläutern, was ich damit meine.

Während mit anderen Worten das traditionelle Mönchtum stets die Sündhaftigkeit der Welt und den deshalb notwendigen Bruch auf Herzensebene betont hat, möchte der heutige Mönch eher die positive

Seite der Ursehnsucht des Menschen nach unendlicher Fülle und vollkommener Freude leben und zur Geltung bringen – wobei er fast zu selbstverständlich davon ausgeht, daß es natürlich Hindernisse zu überwinden und Widerstände zu brechen gilt.

Der moderne Mönch weiß sehr wohl um den Unterschied zwischen der *Ursehnsucht* des Menschen als dem Auslöser der Bewegung seines ganzen Seins auf Freiheit, Gerechtigkeit und Frieden hin und den *Wünschen* des Menschen, die sein Leben so oft in Kleinlichkeiten, Banalitäten, Selbstsucht und Sünde verstricken. Manchmal kommt es ihm allerdings so vor, als laufe bei der dauernden Betonung der Wichtigkeit der Unterdrückung allen Wünschens und Verlangens auch seine Ursehnsucht Gefahr, abzustumpfen und irgendwie matt und träge zu werden. Mehr als einmal ist es vorgekommen, daß junge Kandidaten das Mönchsleben aufgegeben haben und fortgegangen sind, weil sie die langen Gesichter und den Mangel an Freude nicht mehr ertragen konnten, die sie bei den Älteren feststellen zu müssen glaubten, bei denen also, die ihnen Vorbild und Ansporn sein sollten. Die Tatsache, daß die meisten Gurus als ständig lächelnde Figuren auftreten, findet durchaus nicht meinen uneingeschränkten Beifall. Ich sage nur, daß Freude, *ānanda,* auch eine monastische Tugend ist und wesentlich zu der gelebten Ursehnsucht des Menschen gehört. Darin sind sich Tradition und Moderne sicher einig, nur erscheint diese Freude manchmal entweder zu hoch aufgehängt, weil auf ein anderes Leben verschoben, oder zu tief angesetzt, weil unter zu vielen Vorbehalten, Warnungen oder ganz einfach einem wenig einnehmenden Äußeren verborgen.

Die *zweite* Verschiebung, die die heutige Geisteshaltung im Gefüge des ersten Leitsatzes bewirkt hat, betrifft das Band, das den einzelnen Mönch mit der übrigen Welt verbindet, einschließlich aller gesellschaftlichen Wertvorstellungen, Zielsetzungen und Zweitursachen, die das Geschick der Menschheit offensichtlich beeinflussen. Mit anderen Worten: der Schüler, gebrochenen Herzens oder im Verlangen nach unendlicher Fülle, sucht den Meister auf und bittet um Unterweisung und geistliche Führung. Aber nur zu oft fühlt er sich unbehaglich und wird vielleicht sogar aufbegehren, weil er das Gefühl hat, was der Meister verlangt, ziele nur darauf ab, seinen Willen dadurch zu brechen, daß er ihm zum Beispiel aufträgt, unvernünftige Dinge zu tun.

Das berühmte Bewässern eines toten Stockes kann hier als extremes Beispiel dienen. Der neue Mönch hat vor allem seine Unschuld und Naivität verloren, die nötig sind, um die psychologischen Motive des Oberen nicht klar zu durchschauen. Zudem fühlt er sich gedemütigt – nicht in seinem Stolz, aber in seiner Würde –, derart unnatürlich behandelt zu werden. Und nicht zuletzt gilt sein Interesse auch dem Stock und der wirklichen Pflanze: Zu sehr empfindet er ein solches Verhalten als Verhöhnung der Erde, der möglichen Pflanze und des Stockes, um darüber einfach hinwegzugehen. Oder soll er den Befehl als Versuch verstehen, seinen Sinn für Humor auf die Probe zu stellen? Der Zenmeister oder Wüstenvater darf auch weiterhin unvernünftige Dinge befehlen, der Schüler muß nur einsehen können, daß dahinter die vernünftige Absicht steckt, ihm zu helfen, die rein verstandesmäßige Ebene zu überschreiten.

Das Brechen des Herzens bedeutet auf keinen Fall, daß anderen die Aufgabe zufällt, mein Herz auf künstliche und unnatürliche Weise zu brechen. Es kann nur heißen, daß ich selber aufgrund echter und schmerzlicher Erfahrung zu dieser geläuterten Herzenseinstellung gelangt bin – nicht mittels künstlicher Experimente. Zweifellos möchte der Mönch seinen Willen in Einklang bringen mit dem Willen Gottes oder des Meisters oder einfach mit der Natur der Dinge und der Wirklichkeit. Aber er möchte auf keinen Fall seinen Willen rein um des Brechens willen gebrochen sehen – mit dem Ergebnis, am Ende ein williges Werkzeug in der Hand des Befehlenden zu sein. Gewiß, ich habe beim Nachzeichnen der Konturen einer bestimmten Form überlieferter Spiritualität die Farben zu dick aufgetragen, um der Verschiebung größeres Gewicht zu verleihen, aber vielleicht ist so deutlicher geworden, worum es geht.

2. Sage mir, wer du bist...

Erläuterung

Sein ist – zumindest der Möglichkeit nach – eins, gleichsam aus einem Guß, ganz. Tun und Haben dagegen bringen unweigerlich Zerstreuung und Vielfalt mit sich. Die monastische Spiritualität setzt bei ihrer Suche nach Einheit und Einfalt auf die höhere Würde des Seins. Ob es als leer *(śūnya)*, ja eigentlich als Nichtsein *(asat, mu)* oder aber als volles, erfülltes *(plērōma)*, als höchstes oder absolutes Sein erfahren wird, dem Sein wird auf jeden Fall eine größere Bedeutung zugemessen als allem Tun und Haben. Es gibt Überlieferungen, die das Sein als mehr oder weniger statisch verstehen, andere betonen stattdessen seinen reinen Aktcharakter. Wie dem auch sei, worauf es ankommt, ist immer dasselbe: zu *sein*, und zwar vom Grund der Wirklichkeit her.

Eines der durch lange Überlieferung geheiligten Worte, die als Überschrift über diesem Leitsatz stehen könnten, heißt Kontemplation. Kontemplation bedeutet ungeachtet seiner Herkunft aus einem ursprünglich anderen Bereich dasselbe wie *theoreia, jñāna,* ein Wissen, das einem Wissend*sein* gleichkommt. Kontemplation besagt eigentlich ein Sich-in-ein-Offenes- (einen offenen Raum oder Kreis)-Versetzen, von dem aus der Lauf des Universums nicht nur beobachtet, sondern – durch das Verhalten des Kontemplativen – mitbeeinflußt werden kann. Oder wie es die *Gītā* ausdrückt: Kontemplation ist ein Verhalten, das sich am Wohlergehen aller Wesen erfreut und dadurch den Zusammenhalt *(lokasaṁgraha)* der Welt wahrt.

Kontemplation verstand sich anfänglich als letztes Mittel zur Erreichung des endgültigen Zieles des menschlichen Lebens, zur Erhaltung des Kosmos oder – mit den Worten der christlichen Mystik – zur Mitschöpfung, Miterlösung und Verherrlichung (Vergöttlichung) der ganzen Welt, im Einklang mit dem Wirken Gottes. Aber schon bald erkannte man, daß sich die menschlichen Verhältnisse nicht so ohne weiteres aufheben lassen. Was ursprünglich als Mittel gedacht war, wurde nun selbst zum Zweck und Ziel des Lebens, zur einzig gültigen Vollform der Existenz. Anders gesagt: die Mittel verflüchtigten sich, geblieben ist, was anfänglich bloß als Weg gedacht war und nun zum eigentlichen Ziel geworden ist. Für den Kontemplativen macht es deshalb keinen Sinn, von einem Vorbild oder Weg zu sprechen, das er nachzuahmen bzw. dem er zu folgen habe. Das kontemplative Leben ist das Leben selber, Leben in seinem vollsten, erfülltesten Sinn. Für manche kommt das der Entdeckung der Person, der Eigentlichkeit des Menschseins gleich, für andere ist es eher die Entdeckung des Seins alles Seienden, auf jeden Fall gilt: Der Wert jedes Wesens liegt in dem, was es *ist,* nicht in dem, was es hat oder tut. Das reine Sein in seiner ureigensten Fülle und Lebendigkeit, frei von allen äußeren Antrieben und Anreizen, das ist es, was dem Mönch als beglückende Ahnung vor Augen steht. Wir brauchen unsere Existenz nicht durch das zu rechtfertigen, was wir tun oder indem wir vorweisen können, wie nützlich wir sind. Leben darf nicht instrumentalisiert, das heißt als Mittel für bestimmte Zwecke mißbraucht werden, für eine bessere Zukunft etwa in horizontaler oder vertikaler Perspektive. Leben ist sich selber Ziel und Zweck. Die Kontemplation geriet so immer mehr in Gegensatz zur Aktion. Auf diese Weise wurde auch der Mönch zum Kontemplativen schlechthin im Gegensatz zu den aktiven Religiosen. Der *saṁnyāsin* vollzieht keinerlei Riten, der christliche Einsiedler lebt über lange Zeiten hin ganz ohne Sakramente. Der Mönch beteiligt sich normalerweise nicht an irgendwelchen Aktionen.

Es gibt viele andere Worte, die ebenso dazu dienen könnten, diesen Grundzug monastischer Spiritualität zum Ausdruck zu bringen. Der Mönch wird zum Beispiel Mönch, weil er Erleuchtung sucht. Sein ganzes Leben zielt darauf ab. Und doch weiß er, daß gerade das Verlangen nach Erleuchtung der Erleuchtung selbst im Wege stehen kann. Paradox gefaßt könnte man sagen, Erleuchtung ist zwar das, worum es im Mönchtum geht, aber sie ist nicht das direkt angestrebte Ziel des monastischen Lebens. Es geht in der Tat um *satori,* um es zu finden wird einer Mönch; aber er hält gleichsam nicht ständig danach Ausschau. Er ist offen und vielleicht voller Hoffnung, aber er hat keine Erwartungen.

Wie dem auch sei, das Mönchtum ist in erster Linie nicht darum bemüht, irgend etwas zu tun oder zu haben. Entscheidend ist die Sorge um die Entfaltung der Mitte der menschlichen Person zu voller Reife – was auch immer unter dieser Mitte oder dieser Reife zu verstehen ist.

Kommentar

Aber worin besteht eigentlich dieses Leben? Die Überlieferung verstand den Vorrang des Seins vornehmlich als Vorrang vor dem Tun: der *theoreia* vor der *praxis;* der *jñānavadins* vor den *karmakāṇḍins;* der Kontemplation, die wichtiger ist als alle Aktion. Oder wie es die

Scholastik formuliert hat: *operari sequitur esse* (alles Tun und Handeln erwächst aus dem Sein). Zudem zeigt dieses Sein die Tendenz, zum absoluten Sein zu werden, in dem es keinen Unterschied zwischen Haben und Tun, Sein und Werden mehr gibt – oder sogar zwischen »Sein« und »Nichtsein«.

Die heutige monastische Geisteshaltung verteidigt ebenfalls die höhere Bedeutung des Seins, aber darunter wird nicht bloß eine rein theoretische Schau, *Gnosis* oder *darśana* verstanden. Sein, das ist keine intellektuelle Operation, die dem praktischen Leben nur eine untergeordnete Rolle zuweist. Um nochmals auf den oben zitierten Satz der Scholastik zurückzukommen, seine Umkehrung wird heute ebenso betont: *esse sequitur operari*. Praxis und Theorie stehen nicht in einem dialektischen Gegensatz zueinander. Es geht nicht darum, ob erstere letztere bestimmt oder umgekehrt, denn letztlich gibt es beides nicht getrennt voneinander. Jede Praxis trägt einen theoretischen Kern in sich und jede Theorie ist Frucht einer bestimmten Praxis. Wahres Handeln ist kontemplativ und echte Kontemplation handelt, ist selbst schon Tun, Vollbringen (ins-Volle-bringen) der Wirklichkeit. Es gibt keine Kluft zwischen beiden.

Der neue Mönch legt Wert auf die Einheit von Sein und Tun. Umsomehr betont er den Unterschied zwischen Sein und Haben. Haben ist nicht nur gleichzusetzen mit Besitz und Reichtum, sondern zum Beispiel auch mit Macht und Verfügungsgewalt über bestimmte Mittel. Haben kann sich wie Blei auf das Sein legen und es unter sich begraben. Sein leicht machen, damit es wirklich und wahrhaft sei: das ist die Aufgabe, die sich die monastische Spiritualität gestellt hat. Haben steht für alles, was noch nicht in Sein verwandelt ist. Ich habe eine Menge Vorräte auf Lager, aber das tägliche Brot ist kein Gegenstand des Habens: es gehört zum Sein. Haben: das ist der ganze künstliche Kram, den wir um uns herum anhäufen; das Wissen, das wir im Gedächtnis speichern oder aus Büchern beziehen, ohne es wirklich in Sein zu verwandeln; die vielen Dinge, die ursprünglich zu einem bestimmten Zweck angeschafft worden sind, nun aber, nachdem sie ihn erfüllt haben, nur noch dazu dienen, uns ob der verwirrenden Unübersichtlichkeit der Mittel daran zu hindern, unser wahres Ziel zu erreichen. Haben ist alles, was unseren Proviantsack unnötig schwer macht. Es hindert uns daran, in allem Tun und Lassen kontemplativ zu handeln. Zum Haben gehören auch die vielen künstlich erzeugten Interessen und Neigungen, die jene wirklich befreiende und reinigende Aktion verhindern, die in manchen Augen, fände sie nur statt, geradezu revolutionären Charakters wäre. Das eucharistische Brot soll vor allem gegessen und nicht in Gold gefaßt betrachtet werden; den Buddha gilt es in sich selbst zu entdecken, nicht als smaragdene Figur in einem *Stūpa*. Der heutige Mönch möchte seine Hände nicht aus allem Tun heraushalten, wohl aber vom Haben befreien *(parigraha)*, damit sie ihre eigentliche Aufgabe erfüllen können. Er möchte keine Ketten an den Füßen tragen. Er möchte gehen können, wohin der Geist ihn führt – mit seinem ganzen Sein, das nicht länger dessen bedarf, dies oder jenes zu »haben«, denn es ist reiner Akt.

Der moderne Mönch möchte sich nicht demselben Vorwurf ausgesetzt sehen wie sein Vorgänger, dem oft vorgehalten wurde, er verberge hinter dem Vorwand reinen Seins seine soziale Untätigkeit, als sei beides miteinander unvereinbar. Der neue Mönch betrachtet es als natürliche Folge seines Seins, sich aktiv an der Gestaltung der Welt zu beteiligen. Die Armut des Habens ist ihm wichtig um der höheren Freiheit des Tuns willen. Ob ihm gelingt, was er sich vorgenommen hat?

3. Reden ist Silber, Schweigen ist Gold

Erläuterung

Worte gibt es viele, das Schweigen ist einfach, einfältig, eins. Streng genommen müßte diese Erläuterung aus leeren Seiten bestehen, aber Vorrang bedeutet nicht Ausschließlichkeit. Im Umfeld trinitarischen Denkens könnte man sagen, der Mönch achtet mehr auf den Geist als auf das Wort, ohne daß damit ein absoluter Vorrang gemeint wäre. Gemeint ist allerdings ein unablässiges Aufmerken auf den Geist *in* allen Worten. Im Umfeld philosophischen Denkens müßte man sagen, es handelt sich um den Vorrang des Mythos vor dem Logos. Im Zusammenhang moralischer Überlegungen wäre zu sagen, der Leitsatz handelt von einer neuen Unschuld, die nichts mehr zu sagen hat, weil sie spürt, daß alles bereits gesagt ist, daß Reden die Wirklichkeit eher verhüllt und nur zu oft sogar erstickt. Wer das Schweigen, aus dem die Worte kommen, entdeckt hat und auf es zu lauschen vermag, braucht meist keine Worte mehr. Wer dieses Schweigen noch nicht entdeckt hat, vor dem werden es die Worte gerade verbergen. Der *kevala-jñānī* oder *kevalin,* der vollkommene Jaina-Mönch, der bereits Allwissenheit erlangt hat, denkt und spricht und predigt nicht mehr. Die drei *yogas* Bewußtsein, Sprache und Körper verflüchtigen sich mehr und mehr. Er hat es sogar aufgegeben, die erlösende Botschaft zu verkünden, mit Ausnahme der *tīrthānkara,* deren Aufgabe gerade die Predigt ist. Die Mönche sprechen und schreiben wenig, und selbst wenn sie es tun, unterzeichnen sie ihre Schriftstücke nur in den seltensten Fällen. Meistens kennen wir ihre Namen nur durch ihre Schüler. Der Buddha empfiehlt das edle Schweigen, »der Schweigende« ist ein anderes Wort für den Mönch. Jedes Wort geht aus dem Schweigen hervor und bleibt wenn möglich von ihm umfangen.

Die Erfahrung des Schweigens vollzieht sich selber schweigend. Sie tritt daher überhaupt nicht in Konkurrenz zum Wort. Schon die Rede von einem Vorrang täuscht. Von seiten des Schweigens gibt es keinerlei Vorrang. Das Schweigen stellt keine Behauptungen auf. Aber auch von seiten des Wortes zeigt sich kein Vorzug. Für den *logos* wäre es ein Widerspruch in sich, mit seinen Mitteln zu bestätigen, daß ihm etwas anderes übergeordnet ist. Dennoch spricht menschliche Erfahrung seit Jahrhunderten davon, daß das Tao, das sich in Worte fassen läßt, nicht das wahre Tao ist; daß die Wissenden nicht sprechen und die Sprechenden nicht wissen; daß versteht, wer nicht versteht und nicht versteht, wer versteht; daß nur die Armen im Geiste Gott schauen werden usw. Es gibt eine Erfahrung des Geistes, die sich ihrer selbst nicht bewußt ist. Es gibt ein Meditieren ohne Gedanken: es denkt nichts und denkt auch nicht, daß es nicht denkt; und doch handelt es sich keineswegs um Träumerei oder etwas völlig Unbewußtes. Etwas ist in uns erwacht, was sich vielleicht später in Worte fassen läßt. Es läßt uns sehen und erkennen, daß das Wort nur Wort ist aus der Gnade des Geistes, durch die es Gestalt annimmt.

Wahre »Orthodoxie« erschöpft sich nicht in der korrekten Formulierung der Lehre. Gemeint ist vielmehr die echte Erfahrung der *doxa,* der »Lichtwucht der Wahrheit«, und als solche ist Orthodoxie nichts als die andere Seite der Orthopraxis. Mit lehrmäßigen Auseinandersetzungen, die keinen Sitz im Leben haben, weiß der Mönch nichts anzufangen. Die Mönche haben immer schon erfahren und gelebt, was heute von der sogenannten »Wissenssoziologie« untersucht wird, daß nämlich alle Aussagen und Formulierungen, alles Reden von einem Netz ganz unterschiedlicher Faktoren abhängt, in deren Kontext es überhaupt erst seinen Sinn bekommt.

Um mehr als nur eine Überlieferung zu zitieren: »Am Anfang war das Wort.« Aber das Wort war nicht selbst der Anfang, denn aus ihm ist es hervorgegangen. Das darf nicht so verstanden werden, als gäbe es da ein unsagbares, unaussprechliches »etwas« hinter dem *logos*. Schweigen spricht nicht und hat nichts zu sagen. Schweigen hat keine Botschaft. Echtes Schweigen ist nicht die Unterdrückung des Wortes, sondern eher das unreflektierte Bewußtsein des Schoßes, aus dem der *logos* geboren wird. Das gilt, solange die Nabelschnur, die beide verbindet, nicht zerrissen wird – sonst kommt es zur Fehlgeburt: das Schweigen flieht, das Wort stirbt. Deshalb kann die Pflege und Kultivierung des Schweigens nicht anbefohlen werden. Sie kann auch nicht darin bestehen, das Wort einfach zu unterdrücken. Will man sich die klassische Unterscheidung zwischen Natur und Kultur hier zunutze machen, so gehört das Wort zur letzteren, das Schweigen dagegen zur Natur. Es gibt keine Kultur des Schweigens: es ist natürlich oder es ist kein Schweigen. Wer nichts zu sagen hat, bleibt von Natur aus still.

Es ist paradox und doch auch wieder verständlich, wenn der traditionelle Mönch im Gebet – allein und still für sich oder in Gemeinschaft – Erholung von seinem Schweigen sucht. Es scheint, als werde das Schweigen durch das »Sprechen« zu Gott oder durch das wiederholte Aufsagen endloser Mantras eher vertieft denn unterbrochen. In zönobitischer Umgebung gehört das Gebet zu den auffälligsten Merkmalen des traditionellen Mönchslebens. Im Gebet erblüht gleichsam das Schweigen zu seiner Vollgestalt. Der Mönch spricht nur selten mit anderen Menschen, dafür singt, rezitiert, studiert und meditiert er ohne Unterlaß. Sein *politeuma,* seine *conversatio,* sein »Gemeinwesen«, seine »Staatsangehörigkeit« ist der Himmel. Es sind die anderen, die von unten zu den Höhen der Mönche emporsteigen, um sie um Rat zu fragen. Der Mönch spricht nicht von sich aus, er wartet, bis er gefragt

wird. Neugier ist eine Sünde. Er bemüht sich nicht einmal eigens darum, durch sein Beispiel zu predigen. Er hat alles Gott, dem *dharma*, dem, was ist, anheimgestellt. Er möchte sich nicht von sich aus in den Lauf der Dinge einmischen. Sein Schweigen ist Ausdruck seiner Unweltlichkeit. Nicht alles muß man in Worte fassen; Leben, Gesten, Haltungen – alles das kann ebensogut zum beredten Zeugnis werden. Aber nicht alles muß überhaupt bezeugt und ausgedrückt werden. Manche Dinge gelangen dadurch an den ihnen zukommenden Platz, daß man sie einfach in den Abgrund des Schweigens fallen läßt.
Schweigen heißt nicht, taub oder stumm zu sein. Das monastische Schweigen ist, was und wie es ist, weil es die Ebene des rein Verstandesmäßigen, den Raum der Worte und Gedanken hinter sich gelassen hat. Deshalb fühlen sich Mönche unter Intellektuellen nicht wohl. Und natürlich empfiehlt die monastische Disziplin das Schweigen auch als Heilmittel gegen Zerstreuung.

Kommentar

Der Schüler von heute hat die Lektion seiner Vorgänger gründlich gelernt. Er wird kaum der Versuchung erliegen, die Massenmedien dazu benutzen zu wollen, sich selbst ins Rampenlicht zu stellen oder Einfluß auf andere zu nehmen. Dennoch ist er sich ebenso klar des unaufknüpfbaren Bandes bewußt, das Schweigen und Wort miteinander verbindet. Er befürchtet eine Verkümmerung des Schweigens, wenn es sich nicht im *logos* verkörpert und Gestalt annimmt, wenn es nicht zu den Marktplätzen der Menschen hinabsteigt und zumindest auf sie hört. Er fürchtet einem Kurzschluß zu erliegen, wenn er sich vom Geschrei seiner Mitmenschen fernhält, das nach Brot und Gerechtigkeit und Frieden ruft, von ihrem Tanzen und Singen im Kreislauf der Sonne, des Mondes, der Sterne, der Jahreszeiten, der religiösen oder weltlichen Feste und Ereignisse ihrer Zeit. Der Schüler möchte auf die Welt hören, auch wenn das sein späteres Schweigen stören und beunruhigen wird. Vielleicht wird es dadurch ja auch lebendiger und fruchtbarer. Die Dämonen und *asuras* der Wüste haben sich in die Rufe und Schreie der Menschen drunten verwandelt. Und so steigen sie hinab, die neuen

Mönche ... Die Tageszeitungen mit ihren Nachrichten und Meldungen werden ihnen zur geistlichen Lesung, denn darin finden sie den Stoff für ihre Meditation.

Das Schweigen des modernen Mönchs steht nicht nur am Beginn, es lebt nicht nur an der Quelle der Worte. Der Mönch von heute mag keine hohen Mauern, keine abgeschlossenen Klausuren und einsamen Plätze, an denen die Aufregung und der Lärm der modernen Welt ihn nicht erreichen können. Er bemüht sich, das Schweigen auch am Ende eines jeden Wortes wiederzufinden. Er möchte den lauten Überschwang der Welt im Schweigen ausklingen lassen, damit die *perichoresis,* die *circumincessio,* der Kreislauf des Wortes im Schweigen seine Vollendung findet. Im Grunde hat es diesen Hinabstieg der Mönche von den Gottesbergen zu den tiefer gelegenen Wohnorten ihrer Mitmenschen auch früher schon immer wieder gegeben.

Dieser Leitsatz zeigt deutlich, wo (neben anderem) die Verschiebung, der Sprung oder einfach die Entscheidung zugunsten der Vielfalt zum Tragen kommen und sichtbar werden. Die Gefahr besteht, daß der moderne Mönch den Vorrang des Schweigens zwar noch mit den Lippen bekennt, aber nicht mehr wirklich von ihm überzeugt ist. Das Bild vom »Lippendienst« ist hier ironischerweise besonders angemessen: Über das Schweigen sprechen heißt bereits, Verrat an ihm zu üben. Schweigen spricht nicht, bezeugt nicht, verweist nicht – auf nichts –, denn letztlich *ist* Schweigen nicht. Im Anfang *ist* das Wort. Das Schweigen ist ganz und gar unweltlich. Schweigen ist die Abwesenheit des *logos.* Schweigen ist nicht einsehbar, nicht faßbar, nicht begreifbar. Es verbirgt sich nicht, denn es hat nichts zu verbergen. Schweigen begünstigt nicht das Schweigen, es begünstigt überhaupt nichts. Es verteidigt und rechtfertigt sich auch nicht selbst, denn da gibt es nichts zu verteidigen: Schweigen ist kein Gegenstand von Streitgesprächen. Schweigen ist nicht gegen den *logos;* es ist einfach vor ihm da. Der *logos* ist das Opfer des Schweigens, seine Aufopferung im Wort. Schweigen ist der Vater, Quelle und Ursprung der ganzen Gottheit – wenn ich die christliche Trinität richtig verstehe –, aber es handelt sich hier nicht um Erfahrungen, die auf das Christentum beschränkt wären.

Tatsächlich sind es nur sehr wenige monastische Bewegungen, die kompromißlos und radikal den *muni,* den Schweigenden als den vollkommenen Mönch betrachten. Die Jaina- und Zenmönche sind wohl die bekanntesten Vertreter dieser Auffassung, von einigen hinduistischen *samnyāsins* und christlichen Einsiedlern abgesehen. Kein Zweifel, von den wahrhaft Schweigenden werden wir nie etwas hören oder erfahren. Sie wissen nicht einmal selbst um ihr Schweigen. Aber auch ohne allzu extreme Positionen zu vertreten, verehrt der traditionelle Mönch das Schweigen sehr und schätzt es höher als das Wort.

Der moderne Mönch wird von dieser Spannung zwischen Schweigen und Wort hin- und hergerissen. Er liebt das Schweigen wirklich, er möchte dem Apophatischen und Kataphatischen gleichermaßen gerecht werden, aber es fällt ihm schwer zu glauben, daß er nicht sprechen darf, wenn das darauf hinausläuft, seinen Gedanken und Worten zu verbieten, seine Umgebung zu durchdringen und zu verändern. Er ist sich eines Auftrags, einer Sendung bewußt und allein dies macht ein totales Schweigen unmöglich. Zugegeben, er hat wahrscheinlich seine Unschuld verloren, die allein noch in der Lage wäre, die »Narren in Christus«, die *mauna,* Eremiten oder Wandermönche früherer Zeiten auch weiterhin kritiklos zu bewundern. Aber eine verlorene Unschuld ist eben unwiederbringlich verloren. Eine *zweite* Unschuld ist ein Widerspruch in sich. Vielleicht ist ihm aufgetragen, nach einer *neuen* Unschuld zu suchen, aber diese neue Unschuld hat die Schwelle des *logos* bereits überschritten und bewegt sich zusehends weiter in Richtung noch unbekannter Gegenden. Einfacher ausgedrückt: der moderne Mönch kann lesen und schreiben; er kann nicht mehr so tun, als sei er noch Analphabet.

Wir wissen sehr wohl, daß es diese Spannung nicht erst seit vorgestern gibt. Das zeigt zum Beispiel auch ein Blick auf die buddhistische Überlieferung. Aber was einst die persönliche Berufung einzelner gewesen ist, wird heute zur allgemeinen Aufgabe vieler, ja der Mehrheit der Mönche. Die Tatsache, daß so viele christliche Mönche auch die Priesterweihe empfangen haben – und eine wesentliche Aufgabe des Priesters ist die *diakonia tou logou,* der »Dienst am Wort« –, verweist auf dasselbe Problem.

4. Mutter Erde und ihre Kinder

Erläuterung

Die Erde ist eine, Menschen gibt es viele. Der Mensch ist ein komplexes Wesen, die Erde ist einfacher. Wenn es zutrifft, daß der Mönch seinen Blick auf das Nichterscheinende (oft »Jenseits« genannt), auf die Mitte, auf das Transzendente, Gott, *ātman, nirvāṇa,* usw. richtet, so trifft auch zu, daß er zugleich mit beiden Beinen auf dem Boden der Erde steht. Der Mönch lebt gewissermaßen, beiden Polen zugewandt, zwischen Erde und Himmel. Die Folge ist, daß er ständig Gefahr läuft, die zwischen den Polen liegende Umwelt seiner Mitmenschen zu vernachlässigen. Fast alle religiösen Überlieferungen kennen die drei Welten *(triloka)* des Himmlischen, Menschlichen und Irdischen. Der Mönch scheint sich mehr in der unteren Welt der Geister, Dämonen und *asuras,* mehr in der tellurischen Welt zuhause zu fühlen als in derjenigen Welt, in der die sogenannte zivilisierte Menschheit ihren lärmenden Geschäften nachgeht. Typisch für den Mönch ist sein ausgeprägt chthonisch-tellurisches Bewußtsein. Er gehört nicht wie die Bienen, Ameisen oder die anderen Menschen einer Leistungs- und Produktionsgesellschaft an, sondern er gehört wie die in freier Wildbahn lebenden Tiere, wie die Jahreszeiten zu einem lebendigen Kosmos – mag dieser auch das »innere Königreich« heißen. Der Mönch hütet und pflegt die Erde – mitsamt den Geistern, die sie bevölkern. Er lebt in einer kosmischen Gemeinschaft, in ständiger Fühlung mit dem Lebenssaft, der alles Irdische durchströmt, mit seinen guten und bösen Geistern. Zugleich blickt er unablässig zum Himmel auf und richtet seinen Blick auf das Jenseits, auf die erste Welt, und es scheint, als ob er dabei die zweite Welt der Menschen, die häufig als vorläufig, vergänglich und deshalb unwichtig und zweitrangig, wenn nicht sogar als pure Illusion ohne Wirklichkeit abgetan wird, einfach links liegen läßt. Wie dem auch sei, uns interessiert hier zunächst nur die Verwurzelung des Mönchs in der letzten der drei genannten Welten.

Sicher ist es kein ausschließliches Privileg der Mönche, im Rhythmus der Jahreszeiten zu leben und die Ankunft von Frühling, Advent und Neujahr, die in irdischen, astrologischen oder atmosphärischen Kreisläufen wiederkehrenden Feste zu feiern. Aber es ist der Mönch, der

diese Feste von Anfang an gefeiert hat, ohne Rücksicht auf die möglichen Aus- und Nebenwirkungen, die sie in gesellschaftlicher, landwirtschaftlicher oder sonstiger Hinsicht haben. Die Existenz des Mönchs ist kosmisch geprägt, von daher fühlt er sich berechtigt, die geschichtliche Seite des menschlichen Lebens zu vernachlässigen oder gar ganz zu vergessen. Sich in gesellschaftliche Auseinandersetzungen oder Streitigkeiten einzumischen, war nie seine Stärke, geschichtlich gewachsene und geschichtlich bedingte Belange, Probleme und Verhältnisse haben ihn nie sehr interessiert. Zwischen Himmel und Erde lebend scheint die einzige Lebensrichtung des Mönchs die Vertikale zu sein, aus der heraus er sich der Mutter Erde zuneigt, um sich besser zum Himmel strecken zu können: hinauf zu Gott oder den Göttern oder dem namenlos ihn überragenden Geheimnis. Er will bewußt in der Einsamkeit leben, denn er spürt den gewaltigen Kreislauf des Lebens, der von oben herab noch die tiefsten Tiefen der Erde umfaßt. Dagegen interessiert ihn kaum, was horizontal gesehen zwischen den Menschen seiner Zeit hin und her kreist. Nur wenn Himmel und Erde sich zu begegnen scheinen (wie zur Zeit der Kreuzzüge im Europa des 12. und 13. Jahrhunderts), zeigt der Mönch Interesse an Politik. Oft tritt dabei seine krasse Fehleinschätzung geschichtlicher Zusammenhänge (auch das zeigt das Beispiel der Kreuzzüge) zutage. Der Mönch ist ein kosmisches Wesen, das versucht, die Grenzen des Kosmos zu sprengen. Er ist kein Sozialarbeiter. Er setzt sich lieber mit den Elementen des Kosmos auseinander, nur ungern mit seinen Mitmenschen.
Die Alchemie war, mehr noch als die Astrologie, eine Domäne der Mönche. Die echten Alchemisten haben ihre Wissenschaft nie als Jagd nach Reichtum oder Macht verstanden, sondern als den Beginn (nämlich bei der materiellen Welt) einer Verwandlung des ganzen Kosmos. Alchemie ist »die Kunst, etwas zu vollenden, was noch nicht vollendet ist«, sagt Paracelsus und gibt damit dem Glauben seiner Zeit Ausdruck, daß die Dinge unvollkommen und unvollendet geschaffen sind. Der Mönch unterzieht sich dieser Aufgabe der vollendenden Verwandlung, indem er bei Mutter Erde und ihren Elementen beginnt: nicht nur bei ihren physischen, sondern auch bei ihren – modern gesagt – psychischen. In Wirklichkeit – in der Wirklichkeit, wie der Mönch sie sieht – sind alle Elemente spiritueller Natur.

Kommentar

Der Kanon des Schülers folgt in diesem Punkt getreu der Magisterregel: *ora et labora,* wobei Arbeit die Arbeit an sich selbst und das Hüten und Pflegen von Mutter Erde bedeutet. Was allerdings die Ureinwohner der Erde betrifft – *bhūtas,* Engel, *asuras,* Elfen, *yakṣas* und herumstreunende Dämonen – ihre Zahl soll erst kürzlich sehr geschrumpft sein.

Dem modernen Mönch wichtig und ein Herzensanliegen ist die wie vieles andere der Gier und Habsucht der Menschen zum Opfer gefallene Erde. Menschen haben die Erde mehr mißbraucht als alle anderen Lebewesen zusammen. Sie haben nicht nur das ihnen zum Leben Nötige von der Erde genommen, sie haben sie darüber hinaus beim Versuch, den Himmel zu ersteigen, ausgebeutet und vergewaltigt, ungeachtet der Tatsache, daß auch dieser Turm von Babel bereits zu bröckeln beginnt, kaum daß sein Bau in Angriff genommen wurde. Nicht um die Geistwesen, die immer noch die Erde bevölkern, sorgt sich der neue Mönch, während er versucht, eine neue, von Harmonie und Rücksichtnahme geprägte Beziehung zur Erde aufzubauen, sondern um die Erde selbst. Die Erde zu bearbeiten, das kann für ihn nicht heißen, sie um des eigenen Profites willen auszubeuten. Es kann für ihn nur heißen, sie zu hüten und zu pflegen, wie man eine Freundschaft oder einen Garten pflegt – nicht wie man eine Goldader plündert. Das traditionelle Mönchtum bietet dafür eine Fülle von Beispielen: die Herstellung von Käse, Wein, Honig; die Ausübung der verschiedensten Handwerke. Unter solcher Pflege erwacht die Erde zum Leben und zeigt, daß sie, was die Menschen schon immer von ihr geglaubt haben, eine Seele besitzt: *anima mundi.*

Die Haltung, die der Mönch der Erde gegenüber einnimmt, darf nicht mit einer ästhetischen Pose verwechselt werden. Mehr als die Schönheit eines gepflegten Gartens fasziniert ihn das pulsierende Leben des Waldes, mehr als der atemberaubende Anblick einer schönen Landschaft ziehen ihn die Freiheit des Wassers, das spontane Leben im Kreislauf der Natur in ihren Bann. Mönchsleben ist kein »primitives« Leben, aber ein Leben, das *ursprünglich* und ganz sein will, nicht beschränkt auf die rationale, ästhetische oder soziale Seite des Lebens. Der Mönch versucht nicht nur seinen Körper zu heilen, er möchte die ganze Mutter Erde retten. Es geht hier nicht um eine franziskanische oder zenbuddhistische Haltung und Einstellung zur Natur, sondern viel grundsätzlicher darum, daß wir unsere Schicksalsgemeinschaft mit der Erde erkennen und den großen Verwandlungsprozeß teilen und mitvollziehen, in den alles irdische Leben eingebunden ist. Kult und Opfer haben zum großen Teil kein anderes Ziel, als eine Verbindung zwischen Mutter Erde und ihren Elementen zu schaffen, um auf diese Weise eine Neugeburt des Lebens in Gang zu setzen – vom vedischen *yajña* bis zur christlichen Eucharistiefeier ließen sich viele Beispiele dafür anführen. Der vedische *keśin* und der jainistische *digambara* leben nicht nackt, im Gegenteil: ihr Gewand ist der Wind, ihre Kleider sind die Lüfte der Erde. Wie heißt es doch im Hymnus aus dem *Ṛg Veda,* den ich oben zitiert habe: Mutter Erde beschützt sie.

Das Ziel: die Einheit des Lebens kann nicht ohne Mitarbeit der Erde, nicht ohne ihre Einbeziehung in den Weg erreicht werden. Nicht nur der Leib des Mönchs streckt sich zum Himmel, es ist die ganze Erde. Der Mönch liebt und sucht einsame Orte, aber er begibt sich nicht in die Fremde. Er flieht die Erde nicht, er verwurzelt sich in ihr. Viele Mönche legen das Gelübde der Stabilität, des beständigen Wohnens an ein und demselben Ort ab, andere tragen die Erde mit sich; die meisten liebkosen sie mit ihren bloßen Füßen. Der *sādhu* wird nach seinem Tod nicht eingeäschert, sondern in den Schoß der Mutter Erde gelegt oder den Tiefen des Wassers anvertraut.

Doch damit allein gibt sich der moderne Mönch nicht zufrieden. Gelingt es ihm, in enger Verbundenheit mit Mutter Erde, zugleich aber auch in Gemeinschaft mit seinen Mitmenschen zu leben? Das Verlangen, sich in die Wüste zurückzuziehen, kennt auch er, aber er weiß inzwischen auch, daß die Wüste zum Übungsgelände atomarer Vernichtungsinstrumente geworden ist. Der Schwerpunkt seines Interesses scheint sich vom Kosmischen zum Menschlichen zu verlagern. Er neigt dazu, das Göttliche eher im Menschen als im Kosmos zu suchen. Der neue Mönch liebt die Erde, er fühlt sich ihr tief verbunden, aber er kann und will sich der Gemeinschaft der Menschen nicht entziehen. Die Wissenschaften haben die Erde entzaubert. Der moderne Mönch wird nicht mit allen Ergebnissen und Konsequenzen dieses Prozesses einverstanden sein, aber ganz entziehen kann er sich seinem Einfluß nicht.

Seine Antwort liegt darin, sich weniger dem Kosmos und mehr dem Menschen zuzuwenden.
Das ist auch der Ort, den der Kanon des Schülers dem monastischen Gebet zuweist. Der Mönch galt in allen Überlieferungen als Mensch des Gebetes, aber seine Riten waren ebenso kosmisch wie menschlich geprägt. Nicht das Bittgebet spielte die wichtigste Rolle, sondern der Lobpreis. Viele Traditionen haben das Gebet als Teilnahme am Rhythmus des Kosmos empfunden, nicht als vereinzeltes Lob oder als Schrei um Hilfe. Das monastische Gebet des Schülers umfaßt dies alles, aber in erster Linie versteht es sich als Beitrag zu den wechselseitigen Beziehungen der Elemente des Kosmos untereinander, als aktive Teilnahme am Erlösungsprozeß der Welt, als Wiederbelebung der geistig-geistlichen Gehalte des Kosmos, als gleichsam grundlegende Klimaverbesserung der gemeinsamen Atmosphäre, die alle Wesen atmen. Kult ist die Feier der Grundordnung der Wirklichkeit.

5. *Freiheit im nicht-räumlichen Jetzt*

Erläuterung

Das monastische Leben spielt sich weder allein noch vorrangig in Raum und Zeit ab. Nicht raumzeitliche Bestimmungen, sondern Innerlichkeit auf der einen und Transzendenz auf der anderen Seite sind die klassischen monastischen Kategorien. Sich mit Raum-Zeitlichem näher zu befassen, liegt dem Mönch fern. Die Wirklichkeit, in der er lebt, hat ihren eigenen Ort jenseits von Raum und Zeit. Der Mensch erfüllt seine Bestimmung nur unvollkommen, wenn er seine Ziele allein in zeitlich-räumlichen Dimensionen zu verwirklichen sucht. Auch hier ist wieder das Prinzip der Einfalt am Werk.
Wahres, eigentliches Leben, würde die monastische Überlieferung sagen, hat wenig mit dem weltlichen, sich in Raum und Zeit entfaltenden Leben zu tun, wie wir es kennen. Der Mönch lebt als Zeuge des Jenseits, der alle weltlichen, zeitlichen, vergänglichen Sorgen und Aufgaben hinter sich gelassen hat. »Das Leben, das von oben kommt, ist das eigentliche Leben.« Das Leben hier auf Erden dient

bestenfalls dazu, unsere Augen für das wahre Leben zu öffnen und uns reif werden zu lassen für den Eintritt in seine Dimensionen.
Natürlich gelingt es dem Mönch nicht von heute auf morgen, seine raumzeitliche Bestimmtheit abzuschütteln. Die monastische Erziehung und Bildung trägt dem Rechnung und begleitet deshalb den Kandidaten auf einem langen Reinigungs- und Erleuchtungsprozeß. Wachsen und Reifen im geistlichen Leben brauchen ihre Zeit, das weiß die monastische Tradition, doch das Ziel ist klar: die völlige Herauslösung aus den Strukturen des Kosmos, *saṁsāra,* dieser Welt.

Kommentar

An diesem Punkt melden die modernen Ausleger der monastischen Spiritualität ebenfalls ihren Widerspruch zur klassischen Auffassung an. Während letztere das »Übersteigen« raumzeitlicher Bedingtheiten als Hintersichlassen aller materiell bestimmter Parameter verstand, um auf diese Weise das endgültige Ziel des Lebens zu erreichen, interpretieren erstere dasselbe »Übersteigen« als Entdeckung einer neuen Dimension der Wirklichkeit, die deren materielle Seite nicht als im Grunde überflüssiges Beiwerk preisgibt, sondern vielmehr ergänzt und verwandelt. Die erste Haltung betont den transzendenten Charakter des Übersteigens, die zweite mehr den immanenten. Ich habe bereits darauf aufmerksam gemacht, daß Immanenz nicht einfach als negative Transzendenz, das heißt als dem Seienden innewohnende Transzendenz verstanden werden darf. Immanenz ist nichts einem Seienden derart Innerliches, daß es dieses irgendwie bereits wieder transzendiert hat, sondern eher etwas, das im Kern des Seienden wohnt und als so Wohnendes mit zu dem gehört, was dieses Seiende überhaupt erst zu dem macht, was es ist, ohne jedoch ganz mit ihm identisch zu sein.
Der moderne Mönch sucht nach einer Spiritualität, die nicht *nur* spirituell und vergeistigt ist. Er möchte das raumzeitlich Bestimmte des menschlichen Lebens nicht von seinem Weg ausschließen, sondern es in ihn integrieren. Seine grundlegende Kategorie heißt Verwandlung, Metamorphose, Verklärung. Wir leben nicht vom Brot allein, aber sicherlich auch vom Brot, ohne das wir gar nicht leben könnten. Aber das Brot muß gegessen und verdaut, das heißt *verwandelt,*

umgewandelt werden in die Materie unseres Seins. Ich habe schon erwähnt, daß der moderne Mönch an die Ziele der alten Alchemie anknüpfen möchte. Er greift damit bestehende, aber irgendwie vernachlässigte Fäden der Tradition wieder auf. So mancher Mystiker in Ost und West erweist sich unter diesem Gesichtspunkt als erstaunlich zeitgemäß.

Die Wirklichkeit, die der Mönch zu entdecken und nach der er sein Leben auszurichten versucht, liegt weder jenseits noch rein diesseits der Grenzen des Zeitlichen. Vielleicht dürfen wir sie trans-temporal nennen in dem Sinne, daß sie in der Zeitlichkeit selbst zu finden ist, obwohl sie sie immanent übersteigt. Die gelebte Erfahrung des Ewigen im Zeitlichen eines *tempiternalen* Bewußtseins ist nicht die eines Lebens, das auf eine außerzeitliche und letztlich nachzeitliche Ewigkeit blickt, sondern eher die der in Ewigkeit bleibenden Augenblicke inmitten zeitlich-räumlicher Existenz. Der Mönch von heute ist Kind seiner Zeit und teilt viele Einsichten einer Spiritualität – das ist vielleicht der beste Name dafür – »geheiligter Weltlichkeit«. Er wartet nicht auf ein »anderes« Leben, sondern er hofft darauf, in »diesem« Leben seine Seele, das heißt das eigentlich Lebendige in allem Leben, einschließlich seines eigenen, entdecken zu können. Heutige monastische Erziehung zielt darauf oder sollte darauf zielen, das »dritte Auge« des Menschen zu öffnen, das heißt unsere Sinne für eine Wirklichkeit aufzuschließen, die in den gewöhnlichsten Dingen und Ereignissen verborgen ist; für eine Schau, die sich spontan ergibt, solange unser Blick rein und unser Herz unbefleckt ist. Der Mönch huldigt nicht einer übertriebenen Zukunftserwartung, sondern er hofft auf die Gegenwart. Er möchte nicht auf Vergangenes zurückblicken, sondern den Becher der Gegenwart bis zur Neige trinken – mit seinem ganzen transtemporalen Inhalt. Die Erlösung von Zeit und Raum bedeutet eine ganzheitliche Verwandlung, ein »opus« spiritueller Alchemie. Darin bestehen seine ganze Askese, *sādhana, tapas,* seine Übungen, sein Training, sein Eifer. Viele geistliche Strömungen, alte und neue, sind sich in diesem Punkt einig.

Hier bekommt die Einswerdung des Seins, um die es im monastischen Leben geht, Hand und Fuß. Der Mönch wird nicht nur nichts dem Menschen Wertvolles verdammen, sondern im Gegenteil bemüht sein,

alles zu voller Entfaltung zu bringen. Dennoch ist er jederzeit zu einem Opfer bereit, nicht um etwas der Vernichtung preiszugeben, sondern um es zu verwandeln. Das ist wahre Weisheit: die verklärende Verwandlung alles dessen, was ist. Deshalb auch liebt der Mönch alles, was ist, alles Menschliche zumal, ohne das Materielle und Zeitliche von seiner Liebe auszuschließen. Je vergänglicher gewissermaßen etwas ist, desto eher wird es sein Interesse und seine Aufmerksamkeit wecken: umso dringender und wichtiger wird doch die Bemühung sein, es zu retten und zu erlösen – bevor es wieder verschwunden ist. Der moderne Mönch begeistert sich für die Blume, die heute blüht und schon morgen dahinwelkt.
Was der neue Mönch sich da vorgenommen hat, ist gewagt und in der Praxis schwer zu verwirklichen, denn nicht alles ist Gold, was glänzt. Es kommt hier sehr auf die Unterscheidung der Geister, *viveka* an. Es gibt Pseudowerte und es gibt Verlockungen, die uns den letzten und eigentlichen Sinn des Lebens aus den Augen verlieren lassen. Es steht geschrieben, daß niemand zwei Herren dienen kann; das *nitya* (das Bleibende) nicht *anitya* (das Vergängliche) ist; daß *paramārthika* (die unwandelbare höhere Ordnung) nichts mit *vyavahārika* (der natürlichen niederen Ordnung) zu tun hat, die Welt nichts mit Gott, das Fleisch nichts mit dem Geist: »Gebt Gott, was Gottes ist, und dem Kaiser, was des Kaisers ist« und hört auf, ein gespaltenes Leben zu führen. »Beeilt euch, denn es ist besser, verkrüppelt in das Himmelreich einzugehen, als für immer von ihm ausgeschlossen zu sein.« »Ich bin nur gekommen, um euch den Weg zu lehren, der euch vom Leiden befreit. Alles andere ist überflüssig und ein Hindernis auf dem Weg ins *nirvāṇa*.« Die meisten monastischen Spiritualitäten lehren so oder ähnlich, daran ändern auch die geistreichen Erläuterungen nichts, die den dringlichsten Bedürfnissen der menschlichen Natur entgegenzukommen suchen.
Das gegenwärtige religiöse Bewußtsein bemüht sich um die Verwirklichung einer Integration, ohne einem faulen Kompromiß zu erliegen; um ein Einswerden, ohne einem gleichgültigen Alles-Gelten-Lassen zu verfallen. Wird der Versuch gelingen? Die theoretische Antwort, die schon vor langer Zeit gegeben wurde, gilt noch immer: Auch der Teufel ist ein Diener Gottes; das Zeitliche ist nichts als die Erscheinung des

Ewigen oder sein Schatten; die Welt ist Schöpfung oder Leib Gottes und als solche gut; der wahre Geist des Menschen ist inkarnierter Geist; der Kaiser selbst gehört Gott; wahre Einfalt zeigt sich in der Integration aller Elemente der Wirklichkeit; deren verkürzende Beschneidung ist nicht notwendig, solange der Organismus lebendig bleibt und seine regenerativen Kräfte behält; Freiheit vom Leiden ist nur die andere Seite jenes ersten Schrittes, der zum Finden des Glücks gehört; es sind die Hindernisse selbst, die es uns ermöglichen, sie und uns im Verlauf des Weges zu überwinden, usw. Die Wirklichkeit ist weder monistisch noch dualistisch, sondern *advaitisch,* trinitarisch, vital, das heißt pluralistisch, aber ohne Trennung.

Aber Theorie ist nicht Praxis. Die heutige monastische Askese versucht sich an etwas, was bislang als unmöglich galt. Die Frage an sie lautet: wie soll möglich sein, was du willst, da du doch den Menschen nicht kennst? Ist der Glaube des neuen Mönchs stark genug, eine solche Harmonie und Integration wirklich werden zu lassen? Was ihn auf seinem Weg ermutigt, ist das Wort: »Nichts ist unmöglich für Gott.« Genau das ist die Aufgabe: zu verwirklichen, was auf den ersten Blick unmöglich scheint: Himmel und Erde, Geist und Fleisch, Gott und Welt, Mann und Frau, Heiliges und Weltliches zu versöhnen und zu vereinen. »Der Weg des Buddha ist unbegehbar; ich gelobe, ihn zu gehen«, lautet das letzte der vier Gelübde der Rinzai-Überlieferung im Zen-Buddhismus.

Der moderne Mönch bringt das Dilemma der modernen Spiritualität ohne Beschönigung und in letzter Konsequenz auf den Punkt: Entweder ist die Vollkommenheit, nach der wir jahrhundertelang gesucht haben, ein verwerflicher und entfremdender Traum, der nicht verwirklicht werden kann, oder aber wir müssen in der Lage sein, sie zu leben – indem wir die raumzeitliche Natur unseres Seins zwar nicht ablegen, aber doch überwinden. Eine Vollendung, die nicht auch irgendwie körperlich ist, hört auf, menschlich zu sein; ein Glück, das auf später verschoben werden muß, hört auf, diesen Namen zu verdienen. Gibt es einen Mittelweg zwischen einem offensichtlich unbefriedigenden bloßen Humanismus (den es letztlich gar nicht gibt) und einem gleichermaßen unrealistischen Angelismus? Der Mönch stellt das Problem in seiner ganzen Schärfe, um uns von unseren Halbwahrheiten und kurzatmigen Lösungen zu befreien. Darin liegt die Herausforderung der heutigen monastischen Spiritualität. Viele beten »auf Erden wie im Himmel«, aber manchmal verstehen sie darunter »weil nicht auf Erden, dann zumindest im Himmel«. Der moderne Mönch betet anders: »wenn nicht auf Erden, dann auch nicht im Himmel«, denn »dem, der hat, wird gegeben werden« – denn alles, was wir haben, ist, was wir sind. Auch der Mönch hat »gehört, daß gesagt worden ist« *(ittivutaka):* Das Himmelreich ist weder innen noch außen, sondern *zwischen* uns – im Zwischenreich kosmotheandrischer Interaktion. Im Hinblick auf dieses Ziel bemüht er sich darum, »sich selber Licht zu sein«, wie Buddha am Ende seines Lebens sagte.

Fragen zur Diskussion

Es scheint, sobald die östliche oder westliche Geisteshaltung, wie sie hier geschildert wurden – ob immanent oder transzendent – der Moderne begegnen, geschieht ein Zusammenprall, der eine gewaltige Veränderung in Gang setzt. Könnten wir noch ein paar konkretisierende Worte dazu sagen, zum Thema moderne Welt und moderner Mönch?

Ich wollte das Thema eigentlich erst später ausführlicher angehen, aber da die Frage aus dem gerade Vorgetragenen erwächst, möchte ich die Gelegenheit nutzen, das, was ich als das Wesen der Moderne betrachte, in seinen Hauptzügen kurz anzusprechen.

Zweifellos besitzt jede Überlieferung ihre eigene Vergangenheit, Gegenwart und Zukunft. Jede weiß zudem mehr oder weniger ausgeprägt um ihre Gegenwart, so daß man sagen muß, in jeder Überlieferung gibt es ein Bewußtsein dessen, was gerade »modern« ist. Es gibt gar keine Überlieferung ohne ein Wissen darum, was es heißt, im Heute zu leben, sich zu erneuern, zu modernisieren oder sonst etwas zu tun, um den Weg der Tradition für die Zukunft offenzuhalten. Lebendige Überlieferung ist nur, wo etwas weitergegeben, überliefert wird, wo Altem neuer Sinn abgewonnen und dafür anderes zurückgelassen wird – genau das meint das Wort »Tradition«. In diesem Zusammenhang von Modernität zu sprechen, wäre also durchaus nichts Außergewöhnliches. Doch es ist richtig, daß ich dort, wo ich im Verlauf meiner Darlegungen das Wort »modern« gebraucht und vom modernen Mönch, von der modernen Nonne, von Modernität gesprochen habe, diesen Sinn, der sich auf die jeweilige Vergangenheit bezieht, gerade nicht meine. Ich möchte dem die These entgegensetzen, daß es eine alles durchdringende Säkularität oder Weltlichkeit ist, die den Grundzug der heutigen Moderne oder Modernität bildet.

Mit Säkularität meine ich nicht den Vorgang der Säkularisierung in der Geschichte der europäischen Kirchen, den wir alle kennen. Ich meine auch nicht den Bereich des Profanen. Für mich besteht ein grundlegender Unterschied zwischen dem Weltlichen oder Säkularen einerseits und dem Profanen andererseits. Das Profane ist vom Wort und Inhalt her das, was nicht sakral ist, was vor und außerhalb des *fanum* steht, eben das *pro-fanum*, außerhalb des Tempels, nicht umschlossen vom Kreis des *sacrum*. Die Dialektik zwischen sakral und profan sollte man sorgsam von der Dialektik zwischen dem Weltlichen und was auch immer unterscheiden. Die Unterscheidung sakral – profan ist Sache der Priester. Das Reich des Priesters *als* Priester ist das *fanum*, der Tempel, das Numinose, das Sakrale. Das Reich des Laien, des Nichtpriesters, ist das Profane. Der Mönch hat mit dieser Dialektik wenig zu tun – obwohl es in der *Magisterregel* heißt, daß die Tonsur es verbietet, den Mönch einen Laien zu nennen. Mönche sind im allgemeinen keine *purohitas*, keine Priester. Die Neigung der Mönche, auch die Priesterweihe zu empfangen, ist eine Besonderheit der christlichen Geschichte, die letztlich daher rührt, daß es infolge der christlichen Inkarnationslehre eine nie ganz überwundene Spannung zwischen Christentum und Mönchtum gegeben hat. Die Inkarnation scheint in der Tat das Absolute zu relativieren. Vielleicht war der geschichtliche Vorgang der Säkularisierung notwendig, um das Verständnis für den vollen Sinn der Säkularität oder Weltlichkeit, wie ich sie sehe, zu wecken und zu fördern.

Bis heute hat man das Weltliche mehr oder weniger mit dem Profanen gleichgesetzt. Das hat viele Gründe, auf die ich hier nicht näher eingehen will. Ich denke, es ist an der Zeit, das Weltliche aus der Gleichsetzung mit dem Profanen zu befreien und in seiner eigenen Bedeutung zu entdecken.

Das ist wieder so ein Punkt, an dem ich mich gerne an die versammelte und verdichtete Weisheit der Worte selber halte: *saeculum* stammt wahrscheinlich aus dem Etruskischen und weist Verbindungen zum griechischen *aīon* und zum Sanskritwort *āyus* auf, was soviel wie *Lebensspanne* bedeutet. *Saeculum* ist die Zeit, besser die Zeit-spanne, die Lebensspanne der Welt. *Per omnia saecula saeculorum:* was heißt das? Nicht »für immer und ewig«, entweder in einer außerzeitlichen Ewigkeit oder in einer unendlich weiterlaufenden linearen Zeit, sondern »für alle Zeitspannen aller Lebensspannen der Welt«: eine Art Zeit zweiter Potenz, die ich *tempiternitas* genannt habe. Säkularität oder Weltlichkeit und in diesem Sinne auch Modernität meinen das *Saeculum* in diesem Sinne, die zeitliche Spanne, das heißt die Zeitlichkeit, also *Zeit,* den Zeitfluß, den zeitlichen Charakter der Dinge. Diese Zeitlichkeit wird fortan nicht nur als etwas verstanden, worauf es auch ankommt, sondern als etwas, das von endgültiger Bedeutung ist. Die zeitliche Struktur der Welt stellt ungeachtet ihres fließenden, vergänglichen, kurzlebigen Charakters einen Baustein der Wirklichkeit dar, der nicht übergangen werden kann und darf. Der wichtigste Vorgang, der eine Veränderung unseres ganzen bisherigen Weltbildes erzwingt – mit allen positiven und wohl auch negativen Konsequenzen –, ist diese Verschiebung in der Betrachtung der zeitlichen Struktur der Wirklichkeit, die nicht länger als etwas angesehen werden darf, auf das man verzichten kann oder das man benutzen (das heißt manipulieren) darf, um damit etwas anderes, vermeintlich Wichtigeres zu erreichen. Die Zeitlichkeit der Dinge kann und darf nicht länger als bloßes Instrument und Mittel zum Zweck oder was auch immer mißbraucht werden.

Weltlichkeit heißt also der Grundzug der heutigen Moderne, und – nachdem ich mich schon so weit vorgewagt habe, fügen wir auch das noch hinzu – es ist die advaitische Sicht, die mich davor bewahrt, einem puren Säkularismus oder einer anderen Spielart agnostischer, atheistischer oder wie auch immer einseitiger Wirklichkeitsvorstellungen zu verfallen. Die Wirklichkeit als solche ist reich genug, das Leben in sich zu tragen, und als lebendige besitzt sie eine Integrität und Ganzheit, die ich aus meiner begrenzten Sicht nur als Vielfalt erkennen kann, obwohl es in Wahrheit vielleicht nicht so ist.

Vorausgesetzt das Monastische ist eine Dimension des Humanum, wie vorhin gesagt wurde, drei Fragen drängen sich dazu auf: Ist es jedem Menschen möglich, dieser Dimension seines Lebens Ausdruck zu verleihen? Wie weit ist das überhaupt notwendig? Und drittens: Wer findet den richtigen Ausdruck, wer hilft dabei, ihn zu finden?

Ich möchte nicht spitzfindig sein und mich mit einer Wortspielerei aus der Affäre ziehen. Ich meine, es ist notwendig und wichtig für jeden Menschen, diese Dimension zu leben, zumindest den Versuch zu machen, sie zu leben.

Wenn wir das Bild von der vertikalen Dimension, soweit es hilfreich ist, einmal heranziehen, so meine ich, diese Dimension gehört zu jedem menschlichen Leben, so daß die Fülle des Humanum nur findet, wer

den Versuch unternimmt, sein Leben zu einen und ganz zu machen – etwas von einem Mönch hat jeder von uns zu sein, etwas Religiöses steckt in jedem Menschen.
Nun, Ausdruck dieser anderen Dimension, wenn das Wort nicht eingeengt wird, meine ich: ja, auch er ist unabdingbar und notwendig. Wird er unterdrückt oder nicht zugelassen, sind nicht nur Magengeschwüre und psychische Störungen die Folge, sondern noch ganz andere Probleme. Ich wage zu behaupten, daß jede Kultur, die die äußere Erscheinung und die sichtbaren Zeichen dieses innersten Kerns des menschlichen Wesens unterdrückt oder zu unterbinden versucht, irgendwann mit einem gewaltsamen Ausbruch von innen her rechnen muß.
Aber bei dieser äußeren Erscheinung muß es sich nicht um eine bewußte Form handeln. Der Mensch besteht nicht nur aus Verstand und Vernunft; das Wesen des Menschen ist mit seiner Logoshaftigkeit noch nicht erschöpft; Kulturen dürfen und können nicht allein auf dem *logos* errichtet werden, sie bedürfen auch des *pneuma,* der Mythen oder wie immer wir es nennen wollen. Ausdruck muß also nicht bewußter Ausdruck sein, mit dem ich mich zu den Lehrsätzen einer Kirche bekenne oder als Mitglied einer religiösen Organisation ausweise oder einfach mich selbst als religiös im geläufigen Sinne des Wortes bezeichne. Die äußere Erscheinung der monastischen Dimension des Humanum kann auf tausend andere Weisen geschehen. Müßte ich sagen, die Dirnen werden eher ins Himmelreich gelangen als wir, das wäre so ein Fall. Ihre Existenz stellt wohl kaum ein anerkanntes Vorbild religiösen Lebens dar, aber es scheint, daß ihnen dennoch eine gewisse Vorrangstellung zukommt – zumindest im christlichen Himmelreich. Soviel zu der zweiten Frage.
Die dritte Frage zielt auf die – laßt uns, um es deutlich zu machen, ein eigentlich unpassendes Wort gebrauchen – Spezialisten, die Verrückten, wie es von den *keśin* heißt, die von Gott Berauschten, wie wir in Indien sagen. Gibt es solche Menschen? Ich denke, ja, zweifellos. Es gibt Menschen, deren Leben ganz auf dieser Bahn verläuft, die unbeirrt auf die Mitte zielt, auf die monastische Dimension (das herabsetzende Wort »Spezialisten« unterstreicht nur die Schwierigkeiten, die manche vielleicht haben, mit dem, was ich sagen will, einverstanden zu sein).

Es gibt Menschen, deren Hauptsorge, Hauptaufgabe, Hauptberufung darin besteht, die beiden anderen Elemente oder Ebenen der wohlgeordneten Frage zusammenzubringen, so daß die unbewußte, unformulierte, unartikulierte Erscheinung – die erste Ebene, die unabdingbar notwendig ist – und die zweite, der bewußte Ausdruck, tatsächlich in dir, in deinem Leben institutionell Wirklichkeit werden und sich inkarnieren. Das »du« kann hier ein einzelner sein, es kann auch eine Gruppe von Menschen meinen, dann haben wir das Mönchtum *strictu sensu*. Das setzt eine bestimmte Art von Institution voraus, ich verweise hier nochmals auf meine Gedanken zu diesem Thema, Institution als Organismus und nicht nur und nicht notwendigerweise als Organisation.

»Spezialist« ist, wie gesagt, ein unpassendes Wort. Über persönliche Berufungen läßt sich nicht spekulieren. Sie lassen sich auch nicht institutionalisieren. Es würde sie gerade zerstören, wollte man sie »normalen«, »gewöhnlichen«, »üblichen« Maßstäben unterordnen. Aber es gibt sie. Man kann nicht umhin, manchen *sādhu* zu bewundern, aber es wird nicht erwartet, sein Leben nachzuahmen. Wehe ihnen, wenn sie sich dessen bewußt werden, daß sie Ziel der Verehrung und Bewunderung sind. Dennoch gleicht das Ideal des vollkommenen Mönchs, wie es die Tradition verstand, oftmals eher einer Ikone, vor der man staunend steht, als einem Vorbild, dem es nachzueifern gilt.

6. Die Ruhe im Eschatologischen und das Leiden an der Geschichte

Erläuterung

Obwohl die *avatāras* des Mönchtums, die göttlichen Inkarnationen die Geschichte ihrer Völker in nicht geringem Maße mitbestimmt haben, ist das eigentliche Zuhause des Mönchs doch ein außergeschichtliches Reich. Sicher sind auch die Vorstellungen und Begriffe, die wir uns vom Absoluten oder von der Wirklichkeit als solcher machen, den Bedingungen geschichtlichen Werdens und Vergehens unterworfen, doch das ewige Zuhause des Mönchs ist keine begriffliche Konstruktion. Im Gegenteil, es tritt eher als unlöschbares Verlangen nach ungebrochener Einheit in Erscheinung, das sich mit der geschichtlichen

Ereignissen als solchen innewohnenden Spaltung, Trennung, Aufsplitterung usw. niemals abfinden kann und will. Zeit als solche ist bruchstückhaft, am liebsten würde der Mönch alle drei Weisen der Zeit in einem leben, aber seine geschichtliche Bedingtheit erlaubt es ihm nicht. Kein Ereignis, das in sich abgeschlossen und vollendet wäre, immer geht ihm etwas voraus, immer folgt ihm etwas nach. Friede und Geschichte passen nicht zusammen: Geschichte steht für das unablässig ruhelose Weiter, Friede für die Ruhe des Angekommenen- und Zuhauseseins. Friede ist eine ungeschichtliche Kategorie. Und doch gibt es in uns ein Bewußtsein, das über alles Geschichtliche hinausreicht. Man mag es mystisch, übernatürlich, intuitiv oder mit Namen wie Weisheit, *anubhava, prajñā, jñāna, dhyāna, samādhi,* Liebe oder wie auch immer nennen: es gibt jedenfalls etwas neben und außerhalb der Geschichte, für das der Mönch schon immer Zeugnis abgelegt hat. Was nützt es, ein Königreich zu erobern, dabei aber seine Seele zu verlieren?
Wiederum kommt hier das Prinzip der Einfalt zu Geltung. Nicht nur ist alles Zeitliche dreifaltig, die Geschichte als solche ist mannigfaltig und vielgestaltig. Der monastische Drang zielt auf die Überwindung solcher Vielfalt. Die Frage ist nur, wie.

Kommentar

Während die alten Regeln stets das Ewige, Bleibende, Unveränderliche, *Nirvānische,* mit einem Wort den Bereich des *Suprahistorischen* betont haben, zielt der Kanon des Schülers auf ein *transhistorisches* Bewußtsein der Wirklichkeit. Erstere Haltung erlaubte es dem Mönch, sich über alle Streitigkeiten und geschichtlich bedingten Auseinandersetzungen der Menschen erhaben zu fühlen. Er verstand sich selbst als eschatologisches Zeichen, als Symbol für alle, die – auf diese oder jene Weise – an die Bedeutung des Eschatologischen glauben. Schwindet der Glaube, verliert auch das Zeichen von seiner Überzeugungskraft. Zeichen und Symbole sind stets Zeichen und Symbole *für* jemanden. Symbole sind immer transsubjektiv und transobjektiv zugleich. Ihre (subjektive) Interpretation ist ebenso notwendig wie ihre (objektive) Gültigkeit. Wird ein Symbol von niemandem mehr als solches erkannt, hört es auf, Symbol zu sein.

Das transhistorische Bewußtsein, dessen Spuren sich bereits in bestimmten Ausdrucksformen der Mystik aller Zeiten finden lassen, kennt kein Königreich »oberhalb« oder »jenseits« dieser Welt. Vielmehr deckt es eine verborgene Dimension der Wirklichkeit auf, die gewissermaßen alles Geschichtliche übersteigt und dennoch zu ihm gehört. Das ist die Erfahrung der *tempiternitas*, von der ich bereits kurz gesprochen habe. Darunter ist weder eine mehr oder weniger vollkommene Zeitlichkeit zu verstehen noch eine Ewigkeit, die für das Zeitliche unerreichbar wäre, sondern die vollkommene und deshalb hierarchische Integration dessen, was auf den ersten Blick zweierlei zu sein scheint (nämlich Zeit und Ewigkeit) in die eine und ganze *tempiternitas*. Erlösung, *mokṣa, nirvāṇa* und andere Worte, mit denen das letzte Ziel des menschlichen Lebens umschrieben wird, stehen nicht für eine Projektion in eine irgendwie von allem Unvollkommenen gereinigte Zukunft, sondern für etwas, das sich in der Fülle dessen, was wir hier und jetzt – und nicht erst später – erfahren, erschließt. Dieses Bewußtsein entdeckt *im* Zeitlichen und *durch* das Zeitliche den tempiternalen Kern der Fülle unseres Seins – oder wie auch immer wir diese Wirklichkeit nennen wollen.

Die Konsequenzen dieses Ansatzes für eine zeitgemäße Spiritualität sind noch nicht abzusehen. Es geht nicht einfach darum, in eine lineare Zukunft zu projizieren, was früher in vertikaler Richtung projiziert worden ist. Gewisse Spielarten des dialektischen Materialismus bewegen sich immer noch auf diesem Holzweg. Es geht auch nicht darum, die Existenz des anderen, jenseitigen Lebens (in vertikaler Hinsicht) mittels neuer kosmologischer und/oder metaphysischer Parameter zu erschließen. Die Crux dieses Ansatzes liegt vielmehr in der Erfahrung des *anderen* inmitten der alltäglichen Wirklichkeit, die sich uns normalerweise als raumzeitlich bestimmte darbietet. Erlösung bedeutet für den Menschen nichts anderes, als die größtmögliche Fülle, das größtmögliche Glück, dessen er fähig ist, zu erkennen und zu verwirklichen, und zwar »während« er lebt, ungeachtet dessen, daß damit auch die Überwindung einer bloß zeitlichen Dauer gemeint ist. Wir können es die Erfahrung des LEBENS im Leben nennen, wenn ich mir erlauben darf, hier nochmals die Propheten Israels zu zitieren. Der Mönch möchte in dieser Wirklichkeit leben, sein Leben soll andere daran erinnern, daß der Sinn des Lebens nicht in erster Linie darin besteht, ängstlich dem nachzujagen, was wir noch nicht *haben,* als vielmehr darin, intensiv sich darauf zu konzentrieren – bis der Durchbruch gelingt und wir entdecken oder sogar erobern – was wir *sind.* Nicht auf den geschichtlichen Sieg des einzelnen oder seiner Gemeinschaft kommt es an, sondern auf das persönliche (und deshalb auch gemeinschaftliche) Glück, auf die Enthüllung, die die Hülle der Unechtheit von uns nimmt, so daß wir uns an der wahren Wirklichkeit, die dann erscheint, erfreuen können.

Das christliche Symbol par excellence für diese Tiefendimension und -erfahrung der Wirklichkeit ist die Verklärung. Die Apostel sehen, fühlen und sprechen mit einer Christuswirklichkeit in Zeit und Raum, die zugleich und unübersehbar die Sphäre des Raumzeitlichen überschritten hat. Nicht nur die Vergangenheit ist gegenwärtig (in Moses und Elias), sondern auch die Zukunft, denn der, den sie bei sich haben, ist nicht der historische Jesus, sondern der auferstandene Christus. In der Tat dreht sich das Gespräch ganz um zukünftige Ereignisse. Die Taborerfahrung ist in meinen Augen ein ausgezeichnetes Beispiel für das, was ich unter *heiliger Weltlichkeit* verstehe. Die Verklärung Jesu auf dem Berg – nicht im Tempel – reißt die Trennmauer zwischen dem *profanum* und dem *fanum* nieder, zwischen dem Weltlichen und dem Heiligen. Die alltäglich gelebte Wirklichkeit ist selber der Ort der Verklärung, man muß nur das »eine Auge« haben, es zu sehen. Dieses Sehen ist das Reich Gottes – hier und jetzt. Das buddhistische Symbol, das dieselbe Ahnung zum Ausdruck bringt, ist die Buddha-Natur aller Dinge, die es nur als solche zu entdecken gilt. Die Mahāyāna-Tradition drückt dies aus, wenn sie davon spricht, daß *samsāra nirvāṇa* ist und *nirvāṇa samsāra.* Der vedantische Hinduismus betont, daß wir bereits *Brahman* sind, auch wenn wir es (noch) nicht wissen. Der Jainismus und der Gnostizismus sagen uns, daß *ātman,* das (eigentlich) Wirkliche, in *karman,* der Materie, begraben und eingeschlossen ist, wir müssen es nur von seinen materiellen Verdunklungen befreien.

Die vielen kosmologischen, anthropologischen und theologischen Entwürfe der Religionen sind sehr unterschiedlich und oft unvereinbar miteinander. Die tiefste Ahnung jedoch zielt stets auf dasselbe. Modern gesagt heißt sie: Die Geschichte ist nicht die einzige Dimension des

Humanum noch gar die zentrale Dimension der Wirklichkeit überhaupt. Daraus folgt aber nicht, die Wirklichkeit der Geschichte oder der zeitlichen Geschehnisse gänzlich zu leugnen, wie es einige der erwähnten Überlieferungen getan haben. Es geht auch nicht an – darin liegt das relativ Neue unserer Zeit –, auf das Gebäude der zeitlichen Wirklichkeit ein zweites, unzeitliches und unräumliches ewiges Stockwerk zu setzen und diesem als dem höheren oder jenseitigen das endgültige, eigentliche Leben zuzuordnen. Gefordert ist vielmehr, uns selbst und unser Leben der (Tabor-)Offenbarung zu öffnen, daß die Wirklichkeit nicht aus zwei Stockwerken besteht, sondern nicht-dualistisch, trinitarisch und einfach ist, in einer Einfalt allerdings, die zugleich viele Gesichter hat und deren Verständnis und Auslegung – *perichoresis* – nicht immer in den Bereich unserer Erfahrungsmöglichkeiten fallen.

Vielleicht ist die Lehre, die wir aus der sechstausendjährigen Geschichte des historischen Bewußtseins ziehen müssen, die, daß wir endlich einsehen, daß alle Geschichte unvermeidlich zum Krieg führt. Vielleicht ist der Mönch gesellschaftlich gesehen der Vorbote des Bewußtseins, daß wir uns nicht auf das rein Geschichtliche beschränken können und dürfen, ohne dabei mehr oder weniger schizophren unser Leben zwischen einer Welt hier unten und dem eigentlichen Reich dort oben aufspalten zu müssen.

Das transhistorische Bewußtsein weist, wie wir später noch genauer sehen werden, dem Mönch im Bereich des Weltlichen eine unersetzbare Aufgabe zu. Es geht nicht nur um die Betonung personaler und intimer, nicht nur um transzendente Werte wie – traditionell gesprochen – das »Heil der Seele« oder den »Frieden des Geistes«. Der transhistorische Ansatz fordert den Mönch heraus, jenen verborgenen Kern des Menschlichen zu hüten und zu pflegen, der dafür steht, daß der Mensch nicht weniger, sondern mehr als ein bloß geschichtliches Wesen ist. Vielleicht steht die Menschheit heute an der Schwelle einer neuen radikalen Mutation: vor dem Ende einer Epoche, in der der Mensch ein animalisches Wesen mit einem historischen Bewußtsein gewesen ist. Ich verstehe unter »historischem Bewußtsein« mehr als die bloße Erinnerung an Vergangenes. Es handelt sich um ein geistiges Gedächtnis, mit dessen Hilfe es dem Menschen möglich ist, seine Vergangenheit gleichsam verdichtet bei sich zu tragen, sie je neu zu leben und sich geistig anzueignen, zur Bereicherung seiner Gegenwart. Vielleicht geht heute *die* geschichtliche Epoche überhaupt und nicht bloß eine geschichtliche Periode zu Ende: Die nukleare Katastrophe scheint auf die Dauer unvermeidlich, die ökologische Verwüstung unausweichlich, der Zusammenbruch des gegenwärtigen technologischen und Weltwirtschaftssystems nur zu wahrscheinlich. Nach der Katastrophe wird der Mensch nicht mehr vorausblicken auf die Zukunft, er wird die Zeit nicht mehr so erfahren, wie es die westliche Welt heute gewohnt ist, das heißt als Folge mehr oder weniger gleichförmiger und daher berechenbarer Zeitfragmente, sondern als je neue und spontane Schöpfung, deren einzige Gewähr die unmittelbare Erfahrung des transtemporalen Augenblicks ist. Die für monastische Spiritualität charakteristische Dimension der Verinnerlichung wird hier in ein bewußtes Aufbrechen der zeitlichen Schale unserer Existenz überführt, um deren tempiternalen Kern zu verkosten, und das nicht nur auf individueller, sondern auf menschheitlicher Ebene. Man muß nicht Anhänger tausendjähriger, Joachimistischer, Teilhardscher, Aurobindoscher, eschatologischer, messianischer, evolutionistischer oder anderer Lehren und Theorien sein, um dem zuzustimmen, worauf ich hier hinauswill – obwohl alle diese Theorien als konkrete Einsichten in die Tatsache verstanden werden können, daß der gegenwärtige Mensch nicht das Ende der Schöpfung ist, nicht die volle, ganze Wirklichkeit dessen darstellt, was der Mensch an Möglichkeiten in sich trägt. Klöster könnten die »Hochburgen« dieser verwandelnden Alchemie des Menschen sein, des Menschen, der sich aufmacht, seine kosmotheandrische Wirklichkeit zu entdecken, die ihn umgibt und die er selber ist, obwohl sie ihn zugleich weit überragt.

Das transhistorische Bewußtsein öffnet uns die Augen dafür, daß der Sinn des Lebens darin besteht, das höchstmögliche Glück zu erreichen, dessen jeder von uns fähig ist, und zwar in jedem gegebenen Augenblick. Es befreit uns vom Wahn, das Glück an einem Ort zu suchen, an dem es niemals zu finden ist. Erlösung, so sagt es die überwältigende Mehrheit der Überlieferungen, heißt Freude, *chara, ānanda, sukha, nirvāṇa,* Himmel usw. Die Tatsache, daß die Erfahrung dieses Glücks sich im Leben der meisten Sterblichen nicht einzustellen scheint sowie der Einfluß einer bestimmten kosmologischen Interpretation von Raum und Zeit haben dazu geführt, dem Glück cinen anderen, außerweltlichen Ort zuzuweisen. Das ist auch der Grund, warum die meisten Überlieferungen der Überzeugung sind, daß nur wenige gerettet werden: Nur sehr wenige finden in diesem Leben das vollkommene Glück und den wahren Frieden. Die übrigen sind entweder Fehlgeburten, die das wahre Leben niemals erreichen (und dieses Versagen heißt Hölle), oder sie müssen den Kreislauf des unechten Lebens von neuem beginnen, in der Hoffnung, sich irgendwann daraus zu befreien – oder ganz ohne solche Hoffnung, wie zum Beispiel in der jainistischen *abhavyatva* oder in der calvinistischen Prädestinationslehre. Im nichtdualistischen Ansatz sind es ebenfalls nur wenige, die diese Fülle erreichen – im Vergleich zu denen, die sie hätten erreichen können, wären die Umstände nur günstiger gewesen. Von daher kommt auch den gesellschaftlichen Strukturen eine religiöse (wenn auch niemals endgültige) Bedeutung zu. Der Mönch ist genau derjenige, der Zeugnis dafür ablegt, daß wir den Frieden und die Fülle auch im schmutzigsten Slum erreichen können. Sogar in einem Konzentrationslager liegt das Heil nicht außerhalb unserer Reichweite. Nicht ohne Grund sehen viele Denker unserer Tage in der *Hoffnung* das zentrale Lebensproblem des konkreten einzelnen in der industrialisierten Welt.

Es scheint zwei Antworten des menschlichen Herzens auf die nahezu universale Erfahrung einer letzten Enttäuschung der meisten Sterblichen zu geben. Enttäuschung: damit ist nicht unbedingt eine bewußte psychologische Frustration gemeint, die sich in Neid, Haß oder Depressionen äußert, sondern die unleugbare Tatsache, daß wir tief im Inneren spüren, daß wir nicht die passenden Gelegenheiten gefunden haben, alle unsere schlummernden Talente zu wecken und zu entfalten. Die eine Antwort heißt Eschatologie: Später, in einem (oder mehreren) anderen Leben wird uns Vergeltung und eine neue Chance zuteil. Das ist der Weg einer transzendenten Transzendenz. Die andere Antwort ist der Weg der Innerlichkeit, sei es der der individuellen Person des einzelnen oder der der korporativen Person der Gemeinschaft (*dharmakāya*, Leib Christi, Gemeinschaft der Gläubigen, Menschheit usw.). Die erste Antwort lebt von der Erfahrung, daß wir in bestimmten Augenblicken unserer Existenz, zumindest im Augenblick des Todes, jene menschliche Tiefe erreichen und bis zur Mitte vorstoßen, die uns für ein ganzes nur halb gelebtes Leben entschädigt. Im zweiten Fall ist es das korporative Selbst, die stellvertretende Natur der korporativen Person, die Ganzheit des Kosmos..., die die Mängel des einzelnen ausgleichen. Das ist der Weg der immanenten Transzendenz. Im ersten Fall erreicht der Einzelne das »Heil« in sich selber. Im zweiten Fall erlangen er oder sie es im »wirklichen« oder größeren Selbst. Ungeachtet einzelner kultureller Strömungen und Glaubensrichtungen, die sich für die eschatologische Sicht der Wirklichkeit entschieden haben, sollte klar sein, daß das Mönchtum stets den Weg der Innerlichkeit bevorzugt hat.

7. Personale Erfüllung oder Selbstverwirklichung des Individuums

Erläuterung

Ein Individuum ist in meinen Augen das Ergebnis eines Abstraktionsprozesses, durch den im Hinblick auf Zweckmäßigkeit, Berechenbarkeit und Überschaubarkeit aus dem Ganzen der menschlichen Person ein faßbarer und handhabarer Teil herausgeschnitten wird, um den Menschen zu einer manipulierbaren Größe zu machen. Meistens fällt dieser abstrahierte Restbestand des Menschen mit seiner (in ihren Grenzen mehr oder weniger scharf bestimmten) körperlichen Existenz zusammen. Ein Individuum ist das Ergebnis eines rein pragmatisch vorgenommenen Querschnittes durch eine bestimmte (kaum vollständige) Zahl der verschiedenen, den Menschen als solchen konstituierenden Beziehungen und Dimensionen, um auf diese Weise eine steuer- und manipulierbare Größe zu bekommen. Das Individuum ist eine Abstraktion im genauen Sinn des Wortes: Alles, was zu kompliziert, unüberschaubar und unbeherrschbar am Menschen ist, wird von ihm ab-gezogen. Das Individuum ist eine klar konstruierte, berechenbare Größe, ein ganz auf sich selbst gestelltes, von allem anderen klar unterscheidbares Stück Wirklichkeit, eindeutig identifizierbar durch Personalausweis (eigentlich eine falsche Bezeichnung, denn die Person ist gerade nicht das, was sich auf diese Weise ausweisen ließe) und Sozialversicherungsnummer.

»Person« dagegen steht für das vielschichtige Netz der den Menschen konstituierenden Beziehungen, deren Grenzen, wenn überhaupt, nur spontan von Fall zu Fall bestimmbar sind. Ein *Ich* ist Person in dem Maße, als es sich nicht in sich selbst verkapselt: ein *Du* muß sein, damit überhaupt ein *Ich* sein kann und umgekehrt. Zudem bedürfen beide eines Entfaltungsspielraums, der von der sogenannten dritten Person mitbestimmt wird, auch wenn es sich dabei nur um ein Ding, ein Etwas, ein Es handelt. All dies spielt sich natürlich nicht nur im Singular, sondern auch im Plural ab. Auch das *wir, ihr* und *sie* gehören gleichermaßen zur Person, die in ihrer Ganzheit weder Singular noch Plural, weder Femininum, Maskulinum noch Neutrum ist. Das Geschlecht der Person ist das *utrumque*. Es umfaßt alles, was wir in echter Weise sind, das heißt alles, an dem wir wirklich teilhaben, ohne es ausschließlich für uns zu beanspruchen. Die Person kann bis zu den Grenzen der Wirklichkeit reichen; sie erfüllt und umfaßt den ganzen Ort, an dem sie steht, vorausgesetzt ihr Stand ist echt und authentisch, das heißt der wahre Wohnort *(estancia)* ihres Seins. *La persona es, en donde está*. Die Person ist dort, wo-sie-ist, in ihrem *Dasein*. Das Maß der Person bestimmt sich aus nichts anderem als den unterschiedlichen Grenzen ihres Standortes. »Achte darauf, wo du stehst«, lautet ein bekannter Zen-Spruch. Der isolierte Mensch besitzt keine Personalität, er erstickt an sich selbst. Die Person des *bodhisattva* oder Heiligen dagegen umfaßt alle Orte, an denen ihr Wirken spürbar ist, denn ihr Herz ist bei allem, was sie tut. Ihre Wirkung kann bis zu den Grenzen des Universums reichen. Das monastische Ideal sucht keine egoistische Vollkommenheit (das heißt die Vollkommenheit des Individuums), sondern sie sieht den eigentlichen Sinn des Lebens in der Vollendung der Person, deren gute Taten ihren Widerhall im Ganzen der Wirklichkeit finden. Monastische Spiritualität versucht nicht, die Welt durch direktes Handeln und unmittelbare Einwirkung zu verändern, sie möchte zuerst den Menschen verwandeln in der Überzeugung, daß eine derartige Verwandlung nicht nur seine selbstgefällige Individualität betrifft, sondern den Menschen als Person, die einerseits das Ganze der Wirklichkeit in ihrem eigenen Sein widerspiegelt, andererseits auch selber beeinflußt. Darin unterscheidet sich monastische Spiritualität wesentlich von anderen Spiritualitäten. Die Betonung liegt auf der Person und nicht auf der Veränderung von Strukturen – gesellschaftlicher, materieller oder auch intellektueller Art.

Traditionellem Mönchtum fiel dieser Ansatz nicht schwer, denn dem einzelnen und seiner Individualität kam noch nicht die Bedeutung zu, die ihnen heute zugemessen wird. Personale Entfaltung und Erfüllung fand der Mönch im *saṁgha,* in der Gemeinschaft, im Leib Christi, in der Ganzheit der Wirklichkeit.

Das ist ein hervorstechendes Merkmal traditioneller Spiritualität: Die Person ist die Gemeinschaft – auch wenn der Mönch als Einsiedler lebt. Das Kloster ist mehr als eine Familie im modernen soziologischen Sinn des Wortes. Das Kloster ist die eigentliche Person. Der *saṁgha* ist eines der drei Kleinodien des Lebens, die unabdingbar zum Erlösungsweg gehören. Das Band zwischen den Mitgliedern des *saṁgha* ist stärker und enger als das Band zwischen Blutsverwandten. Die Beziehung zwischen Meister und Schüler *(guru – cela)* ist die bindendste und stärkste auf Erden. Der Abt ist *abba,* das heißt Vater; der *saṁgha* ist ein *saṁskāra;* die monastische Gemeinschaft ist ein Sakrament. Ebenso wie sich in traditionellen Gesellschaften Gattin und Gatte nicht selber wählten, sondern füreinander bestimmt wurden, sind auch die Mitglieder des *maṭha* oder Klosters durch ein gleichsam ontologisches Band miteinander verbunden. Das monastische Leben ist mehr als ein Gemeinschaftsleben im üblichen Sinne, es ist mehr als eine Verbindung zum Zwecke der Verwirklichung gemeinsamer Ziele. Nur wenn die Grenzen meiner Person mit den Grenzen meiner Welt zusammenfallen, kann ich wirklich allein leben, all-eins, als Einsiedler, als *muni,* in Schweigen und Einsamkeit.

Zwischen der Mitgliedschaft in einer anderen Art von Verbindung und der *koinonia* des Klosters, der Bruderschaft des *saṁgha* oder auch – allgemeiner gesprochen – der Zugehörigkeit zum *dharmakāya,* zum *buddhakāya* oder zum Leib Christi besteht ein grundlegender innerer und äußerer Unterschied. Der äußere liegt auf der Hand: Während die erste Art von Verbindung die Menschen zum Zwecke der Verwirklichung eines Teilzieles menschlichen Lebens zusammenführt (Wohlstand, Erziehung, Gesundheit, politische Belange usw.), beansprucht letztere eine ganzheitliche zu sein, die den Menschen noch in seiner letzten Vollendung, seinem letzten Ziel, seiner Erlösung und Befreiung betrifft. Der innere Unterschied ist noch wichtiger, aber nicht ganz so leicht zu fassen. Er liegt in dem Grad des Vertrauens und Glaubens, mit dem sich die betroffene Person der Gemeinschaft unterstellt. Die Mitgliedschaft in der *ecclesia, umma* oder *maṭha* dient nicht der Verwirklichung eines bestimmten Tuns, sondern geschieht im Blick auf das Sein: das vollkommene Ganzsein dessen, was ich (gemäß meinem Glauben) sein soll. Es handelt sich um eine gleichsam natürliche Beziehung im Unterschied zum technisch-pragmatischen Charakter anderer Verbindungen. Als Mitglied einer Zweckgemeinschaft sind wir einzelne, die die Verbindung eingehen und wieder lösen können, ohne ihr und sich selber größeren Schaden zuzufügen. Wir sind Teil eines größeren Ganzen, der ohne weiteres durch einen anderen Teil ersetzt werden kann. Wir sind Mitglied einer Organisation. Ganz anders bei der Mitgliedschaft in einer religiösen Gemeinschaft monastischer Prägung. Dort bin ich nicht nur *pars in toto,* sondern immer auch *pars pro toto*. Ich bin einzigartig und unentbehrlich. Die Mönche des tibetanischen Klosters, mit denen ich einmal eine Zeitlang gelebt habe, würden es nicht verstehen, daß man in ein Kloster »eintritt«. Man tritt nicht in eine Familie ein, man wird in sie geboren. Das Ganze geht seinen Teilen voran. Verlasse ich es, töte ich mich selbst und füge auch der *ecclesia* oder dem *saṁgha* einen Schaden zu, der nicht wiedergutzumachen ist. Für mich bedeutet das die Hölle und für den Organismus der Gemeinschaft eine unheilbare Wunde. Die Hand kann weder getrennt vom Körper leben noch einfach durch das Auge ersetzt werden – obwohl es zu gegebener Zeit vielleicht doch die Möglichkeit einer Regeneration (*kalpas* und das Gesetz des *karma*) und Wiederversöhnung (Vergebung und Erlösung) gibt. Das berühmte Wort *extra ecclesiam nulla salus* (außerhalb des *saṁgha,* der Natur, des *buddhakāya,* des *dharmakāya,* der Kirche ... kein Heil) ist ein Wesenszug dieser Gemeinschaft der Heiligen. Allerdings: wenn eine besondere Gruppe Alleinvertretungsansprüche auf die *ecclesia* erhebt oder glaubt, ihre genauen Grenzen zu kennen, ist das eine ganz andere Frage. Die Gemeinschaft, außerhalb derer es kein Heil gibt, kann offensichtlich keine für jedermann sichtbare Organisation sein. Sie ist ein Sakrament, ein *saṁskāra,* ein *mysterion*. Wer seinen Paß verbrennt, kann damit seiner Ablehnung der staatlichen Organisation (ihres Schutzes oder

ihrer Unterdrückung) Ausdruck geben. Aber er gibt damit nicht seine Muttersprache oder seine Nationalität auf.
Der Mönch weiß um seine Wurzeln im Ganzen der Wirklichkeit. Seine Treue gilt deshalb dem Ganzen, der Erde, wie wir gesagt haben, um zu betonen, daß es nicht die Menschheit allein ist, der er ontologisch verbunden ist. Personsein bedeutet in diesem Zusammenhang, lebendige Mitte der ganzen Wirklichkeit zu sein.
Das Prinzip der Einfalt kommt hier in besonderer Weise zur Geltung. Es fordert, die aufgeblasene Kompliziertheit des Individuums abzulegen zugunsten der Einfachheit der Person. Ein Individuum ist ein geschlossenes System. Seine Grenzen sind klar und scharf gezogen. »Mein« und »dein« sind unverwechselbar. Eine Person ist ein offenes System. Seine Grenzen beruhen allein auf der Ausstrahlungskraft der Mitte. Jede Person ist eine sich ständig erweiternde Welt. Sie hat es nicht nötig, etwas für sich zu behalten, denn das wahre Selbst gehört nicht ihr allein.

Kommentar

Wir sind heute Zeuge eines tiefgreifenden anthropologischen Wandels, was das Wissen um die Grenzen des personalen Seins betrifft. Die neue Erfahrung spiegelt sowohl das neue Verständnis des Absoluten als auch der Welt, in der der Mensch als Person lebt. Das monastische Bewußtsein hat sozusagen universale Züge bekommen, indem es sich auf seine Wurzeln besann, auf das eigentlich Monastische unabhängig von der geschichtlich bedingten Zugehörigkeit zu einer bestimmten Nation, Rasse oder Religion. Buddhistische und christliche Mönche zum Beispiel lassen sich durch die Tatsache, daß sie zufällig verschiedenen Religionen angehören, nicht von dem Versuch abhalten, ihre monastische Erfahrung auszutauschen und miteinander zu teilen.
Der grundlegende Unterschied zwischen dem überlieferten und dem modernen Verständnis des Mönchtums liegt jedoch in dem heimlichen Dualismus der überlieferten monastischen Anthropologie im Vergleich zum unterschwelligen Monismus der heutigen Auffassung – ungeachtet der Tatsache, daß beide bemüht sind, den Fallstricken ihrer jeweiligen Einseitigkeit zu entgehen. Der Mönch im traditionellen Sinne ist ein

monachos, weil er kein *dipsychos* ist, kein Wesen mit gespaltener Seele, das ein Doppelleben mit Blick auf ein doppeltes Ziel führt. Vor die Wahl zwischen *parāmarthika* und *vyavahārika, sat* und *māyā,* Gott und Welt, Ewigem und Zeitlichem, *nirvāṇa* und *saṁsāra* usw. gestellt, hat der Mönch sich für das jeweils erste entschieden und dem zweiten den Rücken gekehrt. Moralisch gewendet heißt das: Gier, Neid, Ärger, Sünde – all dies gehört zur Welt. Der Mönch kennt nur eine Sehnsucht: an das andere Ufer zu gelangen, an den Ort, der von allem Weltlichen frei ist. Wer das nicht glaubt, möge nur die einschlägigen buddhistischen, jainistischen oder christlichen Texte zu diesem Thema lesen, um sich zu überzeugen. Es gibt zwei Städte oder Reiche: die Stadt Gottes und das Reich des Teufels. Sicher, der Mönch ist noch kein *arhat,* kein *boddhisattva,* kein Heiliger, aber er ist auf dem besten Weg dahin. Nun wird die monastische Spiritualität, um den Dualismus der zwei Menschen, zwei Ufer, zwei Reiche zu umgehen, zwar zugeben müssen, daß Vollkommenheit letztlich mit der Erkenntnis verbunden ist, daß *saṁsāra nirvāṇa* ist; daß man zumindest der Möglichkeit nach bereits angekommen, bereits *comprehensor* und nicht länger *viator* ist; daß wir alle *jīvan-muktas* und nicht *mumukṣūs,* Heilige und nicht bloß Kandidaten sind, die sich noch nicht aus ihren Verstrickungen in die Welt befreien konnten; daß die Vereinigung mit Gott, der alles in allem ist, jedem zugedacht ist. Aber diese Vollkommenheit steht erst am Ende des Weges, sie fällt mit der Vollendung des *sādhana* zusammen. Sie erreicht nur, wer entschlossen das Absolute in den Blick nimmt und alles Relative hinter sich läßt, wer Gott allein sucht, wer sich auf das Eine konzentriert, das *ekam,* mit einfältig reinem Herzen, *ekāgratā,* ohne Kompromisse. Auf die Befreiung, *mokṣa,* allein kommt es an. Alles, was das Herz zerstreut und seiner Einfalt beraubt – *amerimna*: Frauen (was die Männer betrifft, Männer, was die Frauen betrifft), Leidenschaften, Vergnügungen, nicht zuletzt die lieben Mitmenschen überhaupt – wird sorgsam gemieden. Man muß frei von allen Sorgen und Bekümmerungen leben, entblößt und unberührt von allem Irdischen, Zufälligen, Vergänglichen. Die Person reift im Kontakt mit dem Absoluten. Gott allein genügt *(»Sólo Dios basta«), kaivalya.*

Zu den Grundbegriffen der klassischen monastischen Spiritualität gehören Gehorsam, *vinaya,* Disziplin. Durch die Demut steigt der Mönch auf der Leiter der Vollkommenheit empor, erobert der *bhikṣu nirvāṇa,* erreicht der *muni* sein Ziel. Treue zum Weg, zum *dharma,* zur Regel, zum Ideal zeigt und äußert sich vor allem im Gehorsam, im *ob-audire*: im Wissen um das Hören auf die geheimnisvolle Stimme, auf die allein es ankommt, die sich im Tao, im *dharma, in den śastras* oder im Willen des Guru, des Abtes, des Vaters äußert. Was sie objektiv heißt oder befiehlt, interessiert erst in zweiter Linie, entscheidend ist ihre subjektive Annahme. So gesehen macht es kaum einen Unterschied, ob man einen Besenstiel bewässert oder einen Kranken pflegt. Auf die Absicht kommt es an, wichtig ist allein die subjektive Hingabe in der Treue zum Meister, denn durch sie allein bleiben wir auf dem Weg, der uns von uns selbst befreit, finden wir das Sprungbrett zum anderen Ufer, denn letztlich ist es der Wille, in dem *ahamkāra,* der Egoismus, und *abhimāna,* die nichtige, eitle Meinung, die jeder von sich selber hegt, sich festklammern. Im Kommentar zum ersten Leitsatz habe ich bereits darauf hingewiesen, daß es sich bei diesem Gehorsamsverständnis nicht um einen überzogenen Irrationalismus handelt: Der Mönch soll und muß einsehen, daß er zum Gehorsam verpflichtet ist, das heißt, er sollte in der Lage sein, aus dem Befehl, der an ihn ergeht, jene Macht herauszuhören, die ihn (seine »*potentia oboedientialis*«) zum Gehorsam ruft. Dagegen muß er den Sinn dessen, was ihm befohlen wird, nicht unbedingt einsehen. Die Grenzen des Gehorsams ergeben sich nicht aus der Einsicht in die Vernünftigkeit des Befehls, sondern aus meiner Zustimmung zur Gehorsamswürdigkeit des Befehlenden, das heißt, ich muß die Gründe kennen, warum ich gehorche, auch wenn ich den Grund für den einzelnen Befehl nicht immer verstehe. Der Gehorsam will kein blinder sein, sondern im Gegenteil ein ein-sehender. Alle Gelübde, *vratas,* lassen sich auf diese »Treue um jeden Preis« zurückführen. Sie ist die Basis dafür, alle objektiven Urteile dem Oberen zu überlassen und sich selbst mit der subjektiven Einsicht in den Sinn der Gehorsamsgelübde zu begnügen, die von der Notwendigkeit des Gehorsams überzeugt ist – gegenüber der Regel, dem »Willen Gottes«, dem *dharma,* dem Absoluten, jener Stimme in uns, die nur dann deutlich und klar zu uns spricht, wenn wir ihr Echo auf den Lippen des Meisters vernehmen, *ācārya,* oder wie immer wir es nennen wollen. Daß dieser Gehorsam von innen kommen muß, daß es keine echte

Fügsamkeit gibt, es sei denn sie kommt ungezwungen aus der Tiefe des Geistes und Herzens, das sind eindeutige Wegmarken, die beim Aufstieg zum Berg der Vollkommenheit passiert werden müssen, »bis der Morgenstern aufgeht in unseren Herzen«.

Die die Segel der gegenwärtigen Spiritualität treibenden Winde mögen zwar derselben Quelle entspringen: Gott, *Vāyu, Pneuma,* aber ihre Richtung scheint entgegengesetzt zu sein. Gleichgeblieben ist das Ziel: die erfüllte, vollendete Person, aber der Weg dahin führt nicht mehr über das Ablegen alles nicht unbedingt zur Person Gehörigen mit dem Ziel, ihre Selbstgenügsamkeit herauszustellen, sondern vielmehr über die hütende Sorge um alles, was die Person mit den unaussprechlichen Schätzen und Reichtümern der ganzen Schöpfung verbindet. Der Mönch möchte nicht im Abseits leben, sondern von der Mitte aus im Ganzen. Vollkommenheit setzt nicht die Aufopferung der Person auf dem Altar des Gehorsams voraus, um das Ziel der *apatheia,* der »heiligen Indifferenz« zu erreichen, wohl aber die Möglichkeit, alle in unserem Wesen schlummernden Anlagen verwirklichen zu können – durch Gehorsam dem Geist gegenüber, der als immanenter und transzendenter zugleich die eigentliche Triebfeder unseres Lebens ist.

Die neue Geistesströmung macht sich besonders in drei Bereichen bemerkbar, die sich auf den ersten Blick fremd gegenüberzustehen scheinen, im Grunde aber einander ergänzen: der Bereich des Leiblichen, der Bereich intimer personaler Beziehungen und der Bereich politischen Bewußtseins. Das berühmte plotinische Wort »Allein mit dem Alleinigen« bringt im modernen Mönch keine Saite mehr zum Klingen. Er hat zwar auch den *monachos* als ganzheitliches Wesen vor Augen, aber diese Ganzheit ist für ihn keine individualistische. Ihre Verwirklichung setzt die Annahme unseres ganzen Seins voraus, die Einswerdung unserer geteilten Existenz, die Versöhnung der Ziele unseres eigenen Lebens mit den Zielen der Gemeinschaft. Mit anderen Worten, Leiblichkeit, Sexualität und Politik sind Bereiche, die von der Vollendung der menschlichen Person nicht ausgeklammert werden dürfen. Ich möchte versuchen, diese neuen Strömungen zu beschreiben, ohne sie vorschnell zu beurteilen oder in eine bestimmte Richtung zu lenken. Was ich hier vortrage, sind keine fertigen Lösungen. Ich versuche nur, die Probleme klar vor Augen zu stellen.

Folgerungen

Leiblichkeit

Selbst wenn man von Extrempositionen gnostischer, angelischer oder *arhat*-ähnlicher Art, die die Verachtung oder radikale Vernachlässigung des Leibes auf die Spitze treiben, absieht: eine gewisse Geringschätzung des Körpers und leiblicher Belange scheint der monastischen Geisteshaltung durchgängig eigen zu sein. Bestenfalls gilt der eigene Körper als Mitarbeiter oder sogar als bloßer Diener, den es gut zu behandeln gilt, damit er weiterhin ungestört seinen Dienst tun kann: im Grunde ist er toter Ballast. Auch wenn einige Traditionen wie zum Beispiel die christliche von der Auferstehung des Leibes sprechen, vergessen sie doch nicht, daß diese Auferstehung vorläufig noch nicht stattgefunden hat und, bis es soweit ist, auf das Fleisch kein Verlaß ist. Interessant ist die Beobachtung, daß der christliche Mönch von seinen Kleidern fast erdrückt wird, während der Hindu-Mönch so knapp als möglich bekleidet geht und der jainistische *digambara* gar völlig nackt ist. Beides soll im Grunde zum Ausdruck bringen, daß der Mönch den Körper und seine Belange überwunden hat, daß er eigentlich keinen Leib mehr hat. Er will sich nicht mit seinem Körper identifizieren, er will nicht Leib sein.

Genau das aber will der neue Mönch überwinden: Er will in Wahrheit sagen können, daß er auch sein Leib *ist,* daß dieser kein Feind, auch nicht ein Diener oder Freund ist, sondern eben er selber; daß Gesundheit ebenso eine physische wie eine psychische Seite hat und daß die Seele ebenso vom Körper abhängig ist wie der Leib von der Seele, will man überhaupt noch diese dualistischen Begriffe gebrauchen. Ein Mensch ist nicht bloß Leib, aber er *ist* sein Leib, ohne den er nicht Mensch wäre. Der *monachos* ist nicht eins durch seine Seele oder seinen Geist allein, sondern weil er auf dem Wege ist, die Einheit zu entdecken, die den verschiedenen Dimensionen seines Wesens zugrunde liegt. Der heutige Mönch versteht sehr gut, was die Etymologie nahe legt: Meditation hat mit Medizin zu tun *(medere),* Erlösung und Heil mit Heilung *(salus)* und Freiheit *(sotēría)* und beide mit *sarvam,* Ganzheit, Ganzsein. Wenn es wahr ist, daß das monastische Ideal rein humanistische Ziele hinter sich läßt und überschreitet, dann nicht, um das Heil in einem übermenschlichen Angelismus oder in einer anderen unweltlichen und damit unmenschlichen Form geistlichen Lebens zu suchen, sondern im Gegenteil, um zu einer menschlichen Fülle vorzustoßen, die alles umfaßt, was echt und wahrhaft zum Menschen gehört. Askese zielt nicht auf Abtötung des Fleisches, sondern auf höchste Spannkraft des Leibes, damit auch er ganz am Geschick der Person teilhaben kann. Kein Zweifel, die monastische *viveka, madhyama, sobrietas* und *discretio* hat vielen Mißbräuchen einen Riegel vorgeschoben, aber es gibt auch genügend Zeugnisse aus Ost und West, die den asketischen Übereifer so mancher Mönche dokumentieren.

Ich möchte an dieser Stelle nicht den Hinweis auf das tantrische Mönchtum versäumen, sei es im Hinduismus oder im Buddhismus (besonders im tibetischen), das besser noch unter dem Namen *Yoga* bekannt geworden ist. *Yoga* ist ein vieldeutiges Wort. Es meint nicht nur das asketische »Joch«, das den Körper der Regel des Geistes unterwirft und ihr gefügig hält, sondern es kann auch die Integration von Körper und Geist in einer harmonischen Einheit bedeuten. Auch das Wort *tantra* hat viele Bedeutungen. Damit sind nicht nur körperliche Erfahrungen oder verbotene Praktiken gemeint, sondern es schwingt darin eine sakramentale Sicht der Wirklichkeit mit, die Vorstellung, daß alles aus Materie und Geist besteht und Erlösung die Verwandlung von beidem bedeutet. Die *cakras* der Yoga-Spiritualität und die Übungen der *tantrikas* versuchen den Körper in den geistlichen *sādhana* zu integrieren. Der Leib ist Sitz der (Lebens-)Kraft. Die grobschlächtige Trennung in Leib und Seele wird durch die Entdeckung eines bruchlosen Zusammenhangs verschiedener leiblicher und seelischer Zustände überwunden.

Praktisch ergibt sich daraus für unsere heutige Situation die Frage, wie es gelingen kann, die Erfahrung des Leiblichen in jenen monastischen Überlieferungen zurückzugewinnen beziehungsweise ihnen überhaupt erst einmal Geltung zu verschaffen, die das Leibliche bisher vernachlässigt haben. Das würde jedenfalls mehr bedeuten als nur ein gesteigertes Körperbewußtsein oder die Sorge um materielle Bedürfnisse – das gab es auch schon in den alten Klöstern.

Der Kanon des Schülers kann hier keine festen Regeln anbieten, sondern nur einer spürbaren Not Ausdruck geben und unsere Aufmerksamkeit darauf lenken. Wenn es stimmt, daß wir nicht nur einen Körper *haben*, sondern Leib *sind,* dann hat das geradezu revolutionäre Auswirkungen.

Sexualität
Auch ohne die unguten und überall vorgekommenen Extremfälle als warnendes Beispiel vor Augen führen zu müssen, war die monastische Tradition immer der Meinung: »*entre santa y santo, pared de cal y canto*« (zwischen einem heiligen Mann und einer heiligen Frau eine starke feste Mauer), was heißen soll, daß die menschliche Vollendung des einzelnen über die Sublimierung seiner androgynen Natur führt. Meistens allerdings hat die monastische Spiritualität die Sache einfacher gesehen, ohne sich allzu viele Gedanken um den androgynen Charakter des Menschen zu machen. Sie betonte einfach, daß das Leben ohnehin vorläufig und vergänglich und deshalb jede Vollendung hier auf Erden noch nicht die Vollendung sei, die uns eigentlich zugedacht ist. Es sei daher kaum von Belang, ob der Mensch schon in diesem Leben (in welchem Bereich auch immer) zur Erfüllung findet oder nicht. In der eigentlichen, wahren Welt gibt es weder Männlichkeit noch Weiblichkeit, weder Heiraten noch Geheiratet-Werden. Zölibat, *brahmacārya* und der Verzicht auf die Familie gelten überall als Wesenszüge des traditionellen monastischen Lebens, von einigen bemerkenswerten Ausnahmen, wie zum Beispiel den tibetischen *nygmapa* oder den japanischen Zenmönchen einmal abgesehen. Eschatologische Vollendung und Sex passen nicht zusammen; die monastische Erziehung und Bildung behandelte daher den Menschen durchweg als asexuelles Wesen. Sollten sich die sexuellen Bedürfnisse doch einmal melden, müsse man sie überwinden, indem man sie einfach nicht beachtet, und falls dies seinen Preis fordere, so sei das, so die Überlieferung, ein fruchtbares Opfer, das den Mönch auf eine höhere als die bloß biologische Lebensstufe erhebe. Oft wird dieser Punkt in der Tat zum Maßstab, den manche anlegen, um die Echtheit einer monastischen Berufung zu prüfen: daß einer »fähig« ist, ein zölibatäres Leben zu führen.

Die heutige monastische Spiritualität versucht – mit unterschiedlichem Erfolg – den geheiligten Sinn der Geschlechtlichkeit und die positive

Bedeutung der menschlichen Sexualität neu zu entdecken. Die Bedeutung zeigt sich, sobald wir mit unseren eigenen Grenzen konfrontiert werden und erkennen müssen, daß wir einer exogenen Ergänzung bedürfen, nicht nur einer rein endogenen. Es scheint, daß wir auf jemand anderen und nicht nur auf etwas anderes angewiesen sind. Wer spürt nicht sein Verlangen nach Intimität, gegenseitigem Austausch, Freundschaft und Liebe – nicht als Zerstreuung und Ablenkung vom eigentlich Notwendigen, sondern (zunächst) als dessen Spur, Vorschein und Anreiz und (schließlich) als sein Höhepunkt? Das Wort, das in diesem Zusammenhang genannt werden muß, weil es die Grenzen einer einzelnen Religion und Kultur bereits überschritten hat und dabei ist, auch andere zu bereichern, heißt *tantra,* jene Form der Spiritualität, die ich als sakramental bezeichnet habe, weil sie uns zu verstehen gibt, daß der Pfad zur Vollendung nicht nur über den korrekten Gebrauch aller Dinge führt, sondern auch über das gegenseitige Einander-Durchdringen der Menschen. Menschen sind niemals nur Mittel zum Zwecke der Vollendung anderer; es geht hier um mehr als um gute Zusammenarbeit und gemeinsames Handeln. Es geht um echte Gemeinschaft, Freundschaft und Intimität. Das sind brennende Fragen, die, einmal gestellt, nicht überhört werden dürfen. Natürlich darf Sexualität nicht auf ihren rein körperlichen Aspekt beschränkt werden. Sex ist das Zeichen der Verschiedenheit *(liṅga)* menschlicher Wesen, so wie er auf rein biologischer Ebene die Ursache der Unterscheidung von einzelnen Lebewesen und ganzen Arten ist.

Alle Personalpronomen machen – mal mehr, mal weniger – die menschliche Person aus. Die starke Betonung des *wir* im monastischen Leben läßt möglicherweise die Beziehung zum *du* als weniger dringlich erscheinen; die Sohn-Vater-Beziehung zum Abt oder Guru mag die Notwendigkeit intimer Beziehungen zu einem anderen Menschen entschärfen. Eine gewisse Unbekümmertheit gegenüber den leiblichen Bedürfnissen kann außerdem eine intime Beziehung zwischen zwei Brüdern oder Schwestern ermöglichen, ohne daß daraus ein sexuelles Problem entsteht – von den wohlbekannten Warnungen vor »Partikularfreundschaften« und dem Einfallsreichtum, mit dem in den *maṭhas, vihāras* und Klöstern eine engere Zweierbeziehung zu verhindern gesucht wurde, einmal abgesehen. Das Problem entbrennt in seiner ganzen Schärfe, sobald das göttliche *Du,* der Bräutigam Jesus, der Kṛṣṇa der Gopīs, die Verehrung der seligen Jungfrau entmythologisiert und ihrer anthropomorphen Formen beraubt werden. Was man die Dulosigkeit genannt hat, den Verlust des für die Ich-Findung notwendigen Du, wird zunehmend in dramatischer Weise spürbar. Moderne Formen der Spiritualität, die ihren Zusammenhang mit der Tradition bewußt bewahren wollen, betonen deshalb das plurale *du*: das Apostolat, die zu bewältigende missionarische Aufgabe, den Dienst an anderen, äußere Aktivitäten usw. Diese Arbeit – Mission, Apostolat, *seva* und ähnlich genannt – wird zum Ersatz für das lebendige »du«. Wie oft bekommt man zu hören: »Ich bin nicht verheiratet, weil ich (dafür) keine Zeit habe.« Doch die Erfahrung zeigt, daß die Arbeit angesichts der Kompliziertheit unserer modernen Welt sehr schnell zu bürokratischer Routine erstarrt und aufhört, ein *du* zu sein und sich als bloßes *es* entpuppt. Dann heiratet man seine(n) Mitarbeiter(in) . . .

Alle Personalpronomen gilt es in der ihnen gemäßen Weise zu deklinieren, soll die Person zu ihrer vollen Reife gelangen. Der moderne Mönch leidet besonders unter dem kräftezehrenden Mangel des *du*. Das »du« ist der Freund oder die Freundin, der oder die Geliebte. Das »du« ist die Person, die wie keine andere Intimität, Lust und Interesse aneinander, Zärtlichkeit, Aufmerksamkeit und nicht zuletzt die Liebe im Leben jedes Menschen zu ihrer eigentlichen Blüte bringen. Die *nygma-pa* Sekte des tibetischen Buddhismus – die urälteste, wie ihr Name sagt – kennt auch verheiratete Mönche, wobei es nicht einmal erforderlich ist, daß die Ehefrau mit im Kloster lebt. Aber der Lama mit der roten Mütze war wohl eher mit dem Stück Land, das er bearbeitete, und mit der Gemeinschaft, in der er lebte, verheiratet als mit seiner Frau. Es geht wahrscheinlich auch nicht in erster Linie um die Ehe, sondern um die Möglichkeit echter, tiefer Freundschaft. Auch die Frage der Sinneslust und sexuellen Begierde ist jetzt nicht unser Thema, sondern das Problem, ob der *monachos* »all-eins« sein kann, indem er »allein« lebt, ob letztlich der Monotheismus (und Dualismus) oder ob *advaita* (und Trinität) das eigentliche Paradigma der Vollendung sind. Die tantrische Spiritualität betont wieder und wieder, daß die *śakti* verinnerlicht werden muß. Aber die *śakti* ist nicht das »ego«, sie ist das »du«. Und doch muß sie auch das »Selbst« sein. Der Zölibatäre ist, wie das Wort

sagt, der *kevalin,* der Vereinzelte, der Einsame, der allein Lebende. Manchmal kommt mir für Augenblicke die Ahnung, daß die Spiritualität der »heiligen Torheit« die instinktive Reaktion gegen die luziferische Versuchung des Mönchs ist, sich für autark *(autarkeia)* und selbstgenügsam zu halten. Diese heiligen Narren machten sich selbst völlig verwundbar und zeigten offen ihre Ungenügsamkeit.
Wie dem auch sei, das Problem drängt. Die Ganzheit des Menschen steht auf dem Spiel. Der Kanon des Schülers vermag beim gegenwärtigen Stand der Dinge nicht mehr dazu zu sagen. Ich möchte nur noch auf ein methodisches Problem hinweisen und einen kleinen Exkurs anfügen. Die Verlegenheit, in der wir uns methodisch gesehen befinden, beruht auf folgendem: wir brauchen eine neue Anthropologie, um das Problem in der richtigen Weise angehen zu können. Dabei dürfen wir uns einerseits nicht an alte Gewohnheiten klammern, bloß weil sich gut mit ihnen leben ließ und alles nach Wunsch funktionierte (falls das tatsächlich stimmt). Wir müssen überzeugende, dem neuen Verständnis des Menschen angemessene Gründe für unser Handeln finden. Andererseits können wir aber auch nicht auf eine Anthropologie bauen, die selber nur auf den neuesten Erkenntnissen der Biologie und Psychologie beruht, unter völliger Vernachlässigung dessen, was jahrhunderte- und jahrtausendelang unter Menschen Brauch und Sitte war. Tiefe menschliche Probleme lassen sich nicht rein theoretisch wie mathematische Gleichungen lösen. Dazu ist eine enge Verbindung von Theorie und Praxis erforderlich, und hier sehe ich eine wichtige Aufgabe, die auf die neuen Mönche zukommt.
Der Exkurs wirft einen kurzen Blick auf das Problem des Zölibats. Damit ist nicht dasselbe gemeint wie das, was wir soeben behandelt haben. Beides wird oft in einen Topf geworfen, aber Zölibat und Sexualität sollten voneinander unterschieden werden.
Die apriorische Rechtfertigung des Zölibats setzt eine fertige Anthropologie voraus, die uns überzeugende Gründe dafür liefert, daß Jungfräulichkeit eine höhere menschliche Stufe darstellt oder daß Ehe und Familie bei der Suche nach menschlicher Vollendung eher als Hindernis wirken; daß die Ehe im Grunde eine Art Knechtschaft ist; daß eine individuelle Androgynie eine empfehlenswerte Entscheidung darstellt usw. Dieser Grundüberzeugung ließen sich weitere Gründe anfügen,

etwa geschichtliche (die Kürze der Zeit bis zum jüngsten Gericht) oder soziologische (die rasante Entwicklung der modernen technologischen Gesellschaft) oder kosmologische (der Zölibat als Ende einer karmischen Linie, weil es keine Nachkommen gibt, die das Karma weitertragen) oder spirituelle (der Gedanke einer göttlichen Heirat) usw. Oder wie wäre es mit dem astrologischen Argument, daß für den Helden des kürzlich eingeläuteten Wassermann-Zeitalters die biologische Familie keine Rolle mehr spielt? Eine besonders zwingende und wirkungsvolle Begründung des zölibatären Lebens ist – vor allem im Christentum und Hinduismus – der Gedanke des göttlichen Bräutigams gewesen. Christus, Kṛṣṇa oder Gott spielen alle auf ihre Weise die Rolle des göttlichen, um seine Einzigkeit eifernden Bräutigams. »*Quia iucundum Deo in tua virginitate habitaculum preparasti*«, denn du hast Gott in deiner Jungfräulichkeit eine liebliche Wohnung bereitet, singt das Brevier der katholischen Kirche am Fest der heiligen Lucia. Diese Liste ließe sich leicht verlängern, aber im Grunde lassen sich alle Argumente auf die Grundvoraussetzung der Annahme einer Weltsicht zurückführen, innerhalb derer die Rechtfertigung des zölibatären Lebens möglich wird und zum Tragen kommt.

Die Meinung, die der Kanon des Schülers in diesem Punkt vertritt, wird vielleicht in unserer krisengeschüttelten Zeit mehr Überzeugungskraft entfalten, vor allem deshalb, weil sie nicht mit derart hochtrabenden Argumenten daherkommt. Sie versucht keine apriorische Rechtfertigung des Zölibats, sondern eine Erklärung *a posteriori*.

Tatsache ist, daß der Zölibat im Zusammenhang monastischer Lebensweisen weit verbreitet ist. Wahr ist auch, daß es hier und heute viele Zölibatäre gibt, die ihre Lebensform freiwillig gewählt haben und ja dazu sagen, auch wenn ihnen heute viele Gründe, die sie einst zu ihrer Entscheidung bewogen haben, fragwürdig erscheinen. Das Argument *a posteriori* setzt genau hier an: »Du hast dich für den Zölibat entschieden. Und nun? Du hast es im guten Glauben getan und an sich ist auch nichts Schlechtes daran, auch wenn dir diese Lebensform nicht mehr als die einzig ideale erscheint. Es könnte aber deine Lage nur verschlimmern, wenn du deine Entscheidung jetzt widerrufst, zumal du nicht weißt, wie du das tun sollst, ohne daß du selber und deine Umgebung darunter zu leiden hätten.« Kurz, es ist nicht nötig, dem Zölibat eine höhere Stufe im geistlichen Leben zuzuweisen oder ihn wie auch immer theoretisch zu rechtfertigen. Haben wir einmal ja dazu gesagt, lassen sich sogar viele Vorteile dieser Lebensform finden. Vielleicht geht es vielen wie dem jungen Mädchen, das der Tatsache, daß es aufgrund einer zu lang geratenen Nase nicht sehr hübsch aussieht, mit Sympathie und Klugheit zu begegnen sucht und dabei andere Tugenden entfaltet, die wichtiger sind als ein hübsches Aussehen.

Das ist keineswegs als Einladung zur Passivität oder als Mißachtung der echten mystischen Gründe für die zölibatäre Lebensform zu verstehen. Es ist ein Aufruf zur Klugheit und zur Achtung vor dem gelebten Leben selber. Oft ist der Versuch, den Zölibat theoretisch zu rechtfertigen, auch schon der Beginn seiner Verdammung. Die anfängliche Unschuld geht dabei verloren, die Spontaneität und Freiheit der ursprünglichen Entscheidung bleibt auf der Strecke und die heimliche Ernüchterung meldet sich, die überhaupt erst das Bedürfnis nach einer äußeren Begründung hervorruft. Wer betet, fragt nicht nach Beweisen für die Existenz Gottes... Warum gibt es heute so viele Bücher, die den religiösen Zölibat zu begründen versuchen? Ich wäre der letzte, der die Möglichkeit einer advaitischen Androgynie innerhalb einer einzelnen Person leugnen würde. Aber es geht auch darum, die gegenwärtige Lage klar zu sehen.

Politisches Bewußtsein
Suchte im Rahmen der überlieferten monastischen Spiritualität der Mönch seine Erfüllung als Mensch und Person in der Nähe zum Absoluten, fern der Welt der Menschen, so ruft diese Absonderung, deren sinnenfälligster Ausdruck die Klausurmauer alten Stils gewesen ist, im heutigen Bewußtsein eher negative Gefühle hervor. Wenn der Mensch ein politisches Wesen ist, kann niemand, so die Überzeugung der heutigen Mönche, sein Menschsein im vollen Sinne leben, ohne sich auch um die politische Dimension des menschlichen Lebens zu kümmern. Natürlich ist damit keine »Parteipolitik« im engeren Sinne des Wortes mit ihren kleinkarierten Auseinandersetzungen gemeint, auch nicht der Streit der Pragmatiker um die vermeintlich besten Mittel und Wege zur Verwirklichung beschlossener Ziele. Es geht vielmehr um das Wohlergehen der *polis* als dem Symbol menschlicher Gemeinschaft, um das Miteinanderteilen der Probleme, von denen alle betrof-

fen sind, um die Achtung vor der Bedeutsamkeit der Grundweisen menschlichen Zusammenlebens.

Sicher, nicht zu allen Zeiten gab es eine bruchlose Übereinstimmung zwischen Theorie und Praxis der Mönche. Die Geschichte kennt sogar eine ganze Reihe von Beispielen aus Ost und West, aus ferner und naher Vergangenheit, wo Mönche sich in politische Angelegenheiten eingemischt, die Machenschaften der Herrschenden geprüft und nicht selten schärfstens verurteilt haben. Aber entweder nahm man dies einfach hin, obwohl es kaum in Einklang mit der allgemein als »monastisch« geltenden Geisteshaltung zu bringen war, oder man faßte ein derartiges Handeln eben doch nicht als politisches auf, sondern verwies es in einen außerpolitischen Bereich, etwa in das »Reich Gottes« oder die »Erlösung des Volkes«.

Wie dem auch sei: auch der moderne Mönch möchte die Einsamkeit als Wesenselement seines Lebens nicht missen, aber er möchte auch nicht von der Welt seiner Mitmenschen isoliert sein. Und weil er inzwischen die Wirkungsweisen der Zweitursachen zu beachten gelernt hat, kann er sich nicht damit zufrieden geben, in Einheit mit der Erstursache zu leben, wenn ein solches Leben ihn darin hindert, unmittelbar am Leben der Gemeinschaft teilzuhaben und teilzunehmen, als deren echtes Mitglied er sich fühlt. »Gott hat die Welt den Auseinandersetzungen der Menschen überlassen«, aber der Mönch erkennt heute, daß echtes Gebet kein Ersatz für ein gefordertes Handeln und keine Entschuldigung für Untätigkeit und Nichtstun ist, sondern selbst eine Form der Teilnahme an der Auseinandersetzung.

Innerhalb von Kulturen und Religionen, in denen ohne größere Konflikte und Kämpfe ein einziger Mythos vorherrschend gewesen ist, gab es Werte und Grundhaltungen, die ohne große Begründung und lange Diskussionen allgemein anerkannt und geachtet waren. Solange das Mönchtum sich einer derartigen Anerkennung erfreute, konnte sich der Mönch aus politischen und zeitlichen Belangen heraushalten, denn sein höherer, apolitischer Bereich wurde von allen als solcher respektiert. Gerade die Anerkennung seines zurückgezogenen Lebens seitens der Gesellschaft übertrug ihm (bis zu einem gewissen Grad), worauf er eigentlich verzichtet hatte: Macht und Einfluß. Der Mönch war keine marginale Existenz, obwohl er eigentlich ganz bewußt die gesellschaft-

lichen Randzonen aufgesucht hatte. Heute ist das anders: Wenn der Mönch von heute die Welt hinter sich läßt, kümmert sich auch die Welt keinen Deut mehr um ihn, sie kommt auch ohne ihn bestens zurecht. Diese Haltung scheint sich immer mehr durchzusetzen, selbst in Afrika und Asien. Auch dort bekommt der weltverneinende Asket seine zunehmende Entfremdung und Isolation zu spüren, weil die Gesellschaft ihm gegenüber eine wachsende Gleichgültigkeit an den Tag legt. Er kann nicht länger damit drohen, den Regen zurückzuhalten, wenn die Leute seiner Drohung nicht mehr glauben – oder wenn in ihrem Dorf inzwischen ein Rückhaltebecken gebaut worden ist.
Angesichts der heutigen politischen Lage gibt es keinen neutralen Bereich mehr. Auch wer ganz auf das sogenannte Übernatürliche setzt, trifft damit bereits eine Entscheidung, die politische Konsequenzen hat, meistens zugunsten des Status quo. Ich nenne als Beispiel nur die buddhistischen Mönche in Vietnam oder die christlichen Mönche in Lateinamerika. Diese Erkenntnis zwingt den Mönch, sich in den Auseinandersetzungen des Alltags aktiv zu engagieren – vielleicht um für Gewaltfreiheit und friedliche Mittel zu demonstrieren; vielleicht um auf die relative Bedeutung aller unserer Mittel und Ziele hinzuweisen; vielleicht auch, um einfach die Diskussion auf eine höhere Ebene zu heben; auf jeden Fall aber, ohne für sich einen privilegierten Bereich oder eine besondere Stellung zu beanspruchen, die dem Mönch erlauben würde, sich als Retter in letzter Not aufzuspielen. Sich dennoch bewußt eine solche Rolle anzumaßen, wäre der Gipfel der Heuchelei. Der Mönch drängt niemandem seine Dienste auf, der ihn nicht darum gebeten hat. Er unterwirft sich nicht den Spielregeln der Leistungs- und Wettbewerbsgesellschaft. Zudem ist unsere Situation heute so komplex und vielschichtig, daß es kaum möglich sein dürfte, zu einer einhelligen Meinung über politische Dinge zu kommen, auch nicht unter Mönchen und Nonnen. Im Schmelztiegel genau dieser Auseinandersetzungen, Meinungsverschiedenheiten und Entscheidungsprozesse reift und wächst die Person. Die Welt gehört dem Stärkeren, ihr Schicksal und das Schicksal des streitenden Menschen sind eins. Oder um es mit einem arabischen Sprichwort zu sagen: »Gott gehört die Welt, aber der Allbarmherzige hat sie dem Mutigsten anvertraut.« Wir können nicht nach dem Reich Gottes verlangen, ohne zuerst seine Gerechtigkeit zu

suchen, eine Gerechtigkeit, die nicht bloß als übernatürliche Rechtfertigung zu verstehen ist, sondern die auch politische Konsequenzen hat, die nicht länger übersehen werden dürfen. Anders gesagt: die großen religiösen Probleme der heutigen Menschheit haben immer auch eine politische Seite: Hunger, Frieden, Freiheit, Gerechtigkeit, Glück und Menschenwürde.

Die Lage wird immer verwickelter. Die politische Betätigung darf nicht länger der Initiative einzelner Mönche überlassen bleiben, dazu sind die Probleme heute zu kompliziert geworden. Ein wirkungsvoller politischer Einsatz erfordert neben dem persönlichen Engagement vor allem den Rückhalt in der Gemeinschaft. Andernfalls läuft der Mönch Gefahr, ganz gegen seine Absicht politisch mißbraucht zu werden – ich verweise nur auf das Beispiel der französischen Arbeiterpriester. Aber kann ein Kloster einen klaren politischen Standpunkt vertreten? Wie gesagt: der Verzicht auf eine Stellungnahme läuft leider meist auf eine Bestätigung des Status quo hinaus. Solange die herrschende Ordnung allgemein akzeptiert wird, solange wir alle im selben Mythos leben, gibt es in dieser Hinsicht keine Probleme. Sobald andererseits die Unterdrückung offenkundig geworden ist, wird es das Gebot der Stunde sein, sich mutig und klug dem Tyrannen entgegenzustellen. Aber wie das Beispiel der buddhistischen und christlichen Klöster in kommunistischen Ländern zeigt, ist es meist nicht so einfach, den richtigen Weg zu finden. Wenn die herrschende Ordnung von einigen als böse, von anderen dagegen nur als schwach angesehen wird, bereitet die Entscheidung oft qualvolles Kopfzerbrechen. Wie auch immer sie letztlich ausfällt: ihr gänzlich auszuweichen ist nicht mehr möglich.

Zusammenfassung

Der letzte Grund für den dreifachen Wandel, den ich eben skizziert habe, ist ein einfacher. Der nächste Leitsatz wird ihn uns genauer vor Augen führen, aber ich darf vielleicht hier schon einiges vorwegnehmen. Die klassische monastische Haltung wird uns versichern, daß die wahre Vollendung des Menschen eine transzendente, jenseitige Größe ist. Alles Verlangen, sie hier auf Erden schon erreichen zu wollen, beruhe auf einer törichten Illusion, die das Zeitliche nicht vom Ewigen zu unterscheiden vermag. Niemand dürfe davon träumen, das Glück und die Vollendung hier in diesem Tal der Tränen, im Reich von *duḥkha,* Schmerz und Leid zu finden. Mönche sollten gar nicht erst versuchen, den Menschen als leuchtende Vorbilder apollinischer Schönheit, als herausragende Vertreter sokratischer Weisheit, als wandelnde Beispiele umfassenden Wissens (wie noch die Renaissance es suchte) oder als olympiareife Athleten zu erscheinen. Dem allen haben sie entsagt. Ihre Vollendung heißt Himmel, *nirvāṇa* oder *mokṣa* (in transzendentem Sinne). Vom Mönch wird erwartet, für jeden Dienst verfügbar zu sein, denn es geht ihm nicht um Selbstverwirklichung und Erfüllung auf Erden. Was macht es, wenn du deine Gesundheit ruinierst; wenn du nicht Soziologie studieren kannst; wenn du ein paar Jahre weniger lebst – sofern du dabei nur das Himmelreich gewinnst und die Erleuchtung findest?

Gegen diese Haltung begehrt die moderne Auffassung auf. Der heutige Mönch möchte seinen Durst nach dem Unendlichen nicht mittels irgendwelcher Ersatzbefriedigungen stillen, aber er weigert sich auch zu glauben, der Weg zu menschlicher oder sogar göttlicher Vollkommenheit führe über die Aufopferung und Ablehnung menschlicher Werte oder auch nur an ihnen vorbei. Er leugnet das Transzendente nicht, aber er möchte auch nicht vom Immanenten getrennt werden.

Diese Haltung wirft nicht alle Tugenden einfach über Bord, von denen im ersten Leitsatz die Rede war: *penthos, tyāga, compunctio,* Buße und besonders die Reinigung des Herzens. Aber der neue Mönch möchte doch einen Schritt weiter gehen, über das hinaus, was in seinen Augen nur den Anfang des Weges zur Heiligkeit darstellt: das Neinsagen, den Verzicht, die Enthaltung. Er möchte nicht ewig Novize bleiben, er möchte die Glut und den Übereifer des Anfängers in einer reiferen, ausgeglicheneren Haltung aufheben – ungeachtet der Gefahr einer mittelmäßigen Spiritualität, die weder heiß noch kalt ist.

Die Probleme dieses Leitsatzes bleiben enttäuschend ungelöst. Noch können wir sie nicht einmal angemessen formulieren, geschweige denn aufgrund echter Erfahrung, die Anlaß zum Optimismus böte, zu bewältigen versuchen. Die nichtdualistische Lösung, die sich vorsichtig und schüchtern zwischen den Zeilen abzeichnet, ist weit davon entfernt, sich mit dem Glanz einer in vielen Kulturen verbreiteten Erfahrung oder Akzeptanz schmücken zu können. Der Kanon des Schülers will die Magisterregel nicht ersetzen. Er erhebt seine Stimme, um zu einem fruchtbaren Gespräch zu ermuntern.

8. Das Heilige

Erläuterung

Die Wirklichkeit ist vielfältig, menschliches Leben ist vielfältig. Der Prozeß der Einfaltung, dem der Mönch sein Leben verschrieben hat, vollzieht sich unter der Schutzherrschaft des Heiligen. Der Mönch ist kein Priester, der Sakramente spendet und die heiligen Geheimnisse verwaltet, kein Weiser, der das befreiende Wissen hütet, kein Wissenschaftler, der weiß, wie die Dinge funktionieren. Er ist weder Künstler, der dem Unsichtbaren sichtbare Gestalt verleiht, noch Arbeiter, der die zur Verwirklichung all dieser Dinge nötigen Tätigkeiten ausübt. Wer also ist der Mönch? Ein Mensch auf der Suche nach uneingeschränkter Heiligkeit. Der Mönch strebt nach Heiligkeit, nach nichts anderem. Er sucht das Absolute: Wenn Gott der Heilige ist, sucht er nach Gott, aber der Mönch braucht nicht immer einen Gott; das Heilige ist es, um das es ihm geht. Buddhistische und jainistische Mönche zum Beispiel kennen keinen Gott als höchstes Wesen oder als Schöpfer der Welt, dennoch suchen sie nach absoluter Wahrheit, nicht weniger intensiv als ihre theistischen Schwestern und Brüder.
Viele Menschen, nicht nur der Mönch, wollen ein heiligmäßiges Leben führen, aber sie versuchen es in, durch und mittels etwas anderem: Ehe, Kunst, Arbeit, gute Werke oder was auch immer. Das Mönchtum steht für die Suche nach absoluter Heiligkeit, ohne Bezug zu anderem, losgelöst *(ab-solut)* von allem – soweit dies überhaupt möglich ist. Das Heilige ist weder das Sakrale noch das Profane. Profan ist alles, was außerhalb des Tempels geschieht, sakral sind alle Vollzüge innerhalb des Tempels. Der Tempel ist das Reich des Priesters, nicht des Mönchs. Der *saṁnyāsin* vollzieht überhaupt keine Riten. Viele christliche Mönche ziehen sich in die Einsamkeit zurück, ohne Priester, ohne Sakramente. Der Eremit verläßt nicht seine Höhle, um an den Feierlich-

keiten im Tempel teilzunehmen. »*Quid facis in turba qui solus es?*«, fragt Hieronymus. Was hast du, der du ein Einsiedler sein willst, in der Menge zu suchen?

Das Sakrale ist, was es ist, in Abhebung vom Profanen, das Heilige dagegen ist die Mitte von allem, allen Seins und allen Tuns. Die Mitte bleibt unbewegt, während um sie herum alles in ständiger Bewegung ist. Die Mitte hält zu allem den gleichen Abstand, sie wäre sonst nicht Mitte. Dieser Wesenszug der Mitte findet seinen Widerhall in der Gelassenheit, in der nüchternen Klarheit und im Gleichmut des Mönchs. Aber die Mitte ist auch getrennt, gesondert, unterschieden von allem anderen. Das kommt in dem Wort »heilig« zum Ausdruck, das, wie die Religionsgeschichtler bestätigen, eng mit dem Wort »tabu« verbunden ist. Auch der Mönch lebt abgesondert, er hat seine Verbindungen zur Gesellschaft gelöst. Das Mönchtum ist eine Dimension des menschlichen Lebens, aber es erschöpft nicht alle seine Möglichkeiten. Der Mönch will die Ganzheit seiner Person leben und verwirklichen, indem er sich für den besseren Teil entscheidet, aber er beansprucht keineswegs ein Monopol auf den einzigen Weg, der zur Fülle des Lebens führt. Die Wirklichkeit besteht nicht nur aus der Mitte. Die Kugel kann nicht ohne ihre Mitte existieren, dennoch sollten beide nicht in eins gesetzt oder miteinander verwechselt werden. Mönchtum ist nur ein Teil, nur die Menschheit als ganze kann jene Fülle erreichen, nach der alle Menschen letztlich suchen. Die Fülle ist eine gemeinschaftliche, eine theanthropokosmische Größe.

Kommentar

Während für das klassische Mönchtum die heilige Mitte im Transzendenten, im Ewigen, im Jenseitigen zu suchen und zu finden war, scheint sich in der Spiritualität unserer Tage ein bemerkenswerter Wandel zu vollziehen: die Suche zielt mehr und mehr auf *die Heiligkeit des Weltlichen*. Das Weltliche gehört in die Mitte der Wirklichkeit, auch wenn es nicht deren einziger Baustein ist. Umgekehrt gesagt: Das Heilige ist auch die Mitte des Weltlichen, es macht sich von Zeit zu Zeit gleichsam als Katalysator bemerkbar; es setzt einen Prozeß in Gang, ohne ganz in ihm aufzugehen.

Schon den vorangegangenen Leitsätzen ließ sich entnehmen, daß der zeitgenössische Mönch dem Weltlichen gegenüber aufgeschlossen ist, ohne dabei sein Streben nach Heiligkeit aufzugeben. Er sieht sich einfach außerstande, der weltlichen Welt den Rücken zu kehren, denn er hält sie nicht für etwas Zweitrangiges. Er sieht sich außerstande, auf weltliches Tun und Handeln zu verzichten, denn für ihn gehört es zum vollen Menschsein des Menschen. Der Mönch wird seinen Kampf um personale Ganzheit und Vollkommenheit niemals aufgeben. Er wäre niemals zufrieden damit, auf eigenbrötlerische Weise seine privaten Schäfchen ins Trockene des Heils zu bringen. Er glaubt nicht daran, daß die Welt als solche böse ist und deshalb aufgegeben werden muß, damit der Mensch sein Ziel erreicht. Er wird weder Zeit noch Raum hinter sich lassen wollen, denn sie gehören zu seinem Wohnen hier auf Erden, und die Art und Weise seines Wohnens ist sein »Leib« im weitesten Sinne, Teil seines Lebens, seines Seins. Er kann nicht daran glauben, daß Vollkommenheit die Entfremdung von den Grundgegebenheiten des Wirklichen einschließt oder voraussetzt, der Erde untreu zu werden. Dennoch beansprucht er weiterhin, seinen Weg mit Hilfe eines Kompasses zu finden, der auf das Heilige gerichtet ist. Ist das lebbar? Ist das nicht ein fauler Kompromiß? Liegt dem nicht ein naiver Optimismus zugrunde, erklärbar vielleicht als Reaktion auf den in vergangenen Zeiten vorherrschenden, ebenso naiv überzogenen Pessimismus?

Dieser Wandel, den ich eben in Andeutungen zu skizzieren versucht habe, versetzt den Mönch mit einem Schlag mitten hinein in das, was die Menschen heute beunruhigt und bewegt. Die neue Erfahrung des Weltlichen steht in wachsender Spannung – oft sogar in Konflikt – mit der Erfahrung des Heiligen.

Traditionelle Religionen standen und stehen bis heute oft in Widerspruch zum Weltlichen. Langsam dämmert uns allerdings, daß der Zug der Zeit im Sinne einer zunehmenden Verweltlichung nicht unbedingt gegen das Heilige (in seinem echten Kern) gerichtet ist. Sicher, die Säkularisation war ursprünglich ein Kampf gegen jene besondere Form der Vorherrschaft des Heiligen, die Privilegien für sich beansprucht hatte, die für alle, die sich ihr entziehen wollten, kaum zu ertragen waren. Aber die Säkularisation in diesem Sinne ist ein geschichtlicher

Vorgang gewesen. Das Eigentliche und bleibend Neue der Spiritualität der Weltlichkeit, wie ich sie nenne, liegt woanders, nämlich in der Überwindung der Kluft zwischen einer zeitlichen und ewigen Welt und im Entdecken des endgültigen und unaufhebbaren Charakters der Zeitlichkeit. Das *saeculum* ist kein – vergänglicher, vorläufiger, im Grunde unwirklicher – Scherz, kein bloßes Schattendasein oder wie auch immer man es ausdrücken mag, um die Last und Mühe eines ungerechten, gewaltsam aufrechterhaltenen Status quo erträglicher zu machen. Das Ja zur Welt bedeutet zugleich ein Ja zur Leiblichkeit des Menschen, zur Geschichte, zum materiellen Charakter des Weltlichen, zur endgültigen und unaufhebbaren – wenn auch nicht ausschließlichen und erschöpfenden – Bedeutung alles Zeitlichen, das zusammen mit anderen Werten das Geflecht des Wirklichen und des Menschlichen bildet.

Der Auftritt des Mönchs auf der Bühne der Weltlichkeit stellt zweifellos einen qualitativen Sprung dar, der für den gesamten Bereich der religiösen Erfahrung von kaum zu unterschätzender Bedeutung ist. Daß die Welt nicht böse ist; daß es legitim und richtig ist, sich um zeitliche Belange zu kümmern; daß Zeit eine positive Größe ist; daß auch der *homo religosus* sich damit zu befassen hat, die gesellschaftlichen, politischen, geschichtlich bedingten Strukturen der Wirklichkeit gegebenenfalls zu verändern – solche und ähnliche Gedanken treffen heute bei vielen auf großes Entgegenkommen und Verständnis. In der Tat liegt die Stoßrichtung der meisten religiösen Bewegungen und Orden in Ost und West seit dem 16. Jahrhundert bereits auf dieser Linie, so sehr sogar, daß einige bereits dem anderen Extrem eines rein sozial engagierten Aktivismus ohne Bezug zur Mitte verfallen sind. Dennoch scheint es, als hätten die traditionellen Religionen immer noch die vermeintlich eigentliche Wirklichkeit einer anderen, höheren Welt für sich gepachtet. Während der Priester bereits versucht, gleichsam mit gespreizten Beinen die Kluft zwischen den Welten zu überbrücken, wird der Mönch immer noch als derjenige gesehen, dessen eindeutig außerweltliche Berufung ihm einen Platz am anderen Ufer und die Rolle eines eschatologischen Zeugen zuweist, der unbeirrt und standhaft durch seine bloße Existenz auf die eigentliche, endgültige Heimat des Menschen verweist.

Entweder der Mönch hält sich aus allem Weltlichen heraus; oder er läßt sich darauf ein, ohne dabei aufzuhören, Mönch zu sein. Das wäre ein klares Zeichen dafür, daß auch das Weltliche etwas Endgültiges, Letztes, auf seine Weise ebenso Bedeutsames ist wie das sogenannte andere, jenseitige Leben. Das heißt: beide Lebens- und Existenzformen dürfen nicht auseinandergerissen und getrennt werden. Die eine gibt es nicht ohne die andere, das wahre, eigentliche Leben gehört nicht in eine andere Welt. Im Gegenteil, es steht für die Verkörperung und Fleischwerdung des Göttlichen im Menschlichen; für die Durchdringung aller Strukturen und Bausteine der materiellen Welt mit göttlichem Geist; für den Hinabstieg des Wirklichen in das Reich der Erscheinungen; für den Einbruch des Noumenalen in die vielfältige Welt des Phänomenalen; für die Verwandlung des göttlichen *avatāra* in menschliche Gestalt. Entweder hört der Mönch auf, Mönch zu sein, oder das Weltliche hört auf, profan zu sein und bekommt seinen Platz im Reich des Heiligen.
Dieser Wechsel des Standortes ist von grundlegender Bedeutung. Die eindeutige Botschaft, die dahinter steht, lautet: Die Trennung von Heiligem und Weltlichem läßt sich nicht länger aufrechterhalten, das Zeitliche, mit allem, was zu ihm gehört, ist mindestens ebenso heilig wie das, was traditionellerweise dem Lärm der Welt und allen Knechtsdiensten des Zeitlichen entzogen war. Allerdings: wenn darin ein grundlegender Wandel in der Erfahrung des Heiligen zum Ausdruck kommt, so eine nicht minder tiefgreifende Veränderung in der Erfahrung des Weltlichen.
Das Weltliche ist nicht länger das fließend Flüchtige, Vorläufige, Vergängliche, Zufällige usw., sondern eher die Hülle, das Kleid, der Schmuck des Bleibenden, Ewigen, Unveränderlichen – um für einen Augenblick Begriffe zu gebrauchen, die der neuen Erfahrung unangemessen und deshalb abzulehnen sind. Es ist nicht mehr nötig, sich des Weltlichen zu entledigen, um zum eigentlich Wirklichen vorzustoßen, etwa wie eine Schlange sich häutet, damit sie weiterleben und -wachsen kann. Oder um es in christlicher Sprache zu sagen: der Auferstehung des Leibes folgt kein ewiges Leben in einem anderen Körper und einer anderen Art von Fleisch, sondern die Bleibendheit dieses Leibes, in dem wir heute fühlen und uns erfahren. Viele Konzilstexte sprechen

davon: zuerst die »Auferstehung« »*in hac carne, qua nunc vivimus*« (in diesem Fleisch, in dem wir jetzt leben); und zweitens im »ewigen Leben«.

Im Verlauf vieler Abschnitte der menschlichen Geschichte, vor allem in Zeiten großer allgemeiner Not sind die Mönche aus Mitleid und Pflichtbewußtsein von ihren hochgelegenen Orten hinabgestiegen und haben sich in die politische Arena gewagt. Sobald aber die Ordnung wiederhergestellt und die Aufgabe erfüllt war, zog sich der Mönch wieder in seine Abgeschiedenheit zurück. Vielleicht ist die Lage der Welt heute so verzweifelt geworden, daß sie das monastische Gewissen wachgerüttelt und bewogen hat, diesen neuen Schritt zu tun. Tatsache ist jedenfalls, daß der buddhistische, christliche, hinduistische oder jainistische Mönch, wo auch immer er sich für eine gerechtere Welt einsetzt, sein Engagement nicht als etwas ihm oder seiner Berufung Fremdes erfährt. Er empfindet es einfach als seine Pflicht, auch auf der Bühne der Welt präsent zu sein. Er will es nicht mehr länger hinnehmen, von der vollen Teilnahme an der menschlich-irdischen Wirklichkeit ausgeschlossen zu sein. Es gibt kein »anderes« Leben, auch wenn die Existenz der meisten Menschen eher selten auch nur das Mindestmaß dessen erreicht, was als gültige Gestalt des einen und einzigen Lebens, das dem Menschen gegeben ist, bezeichnet werden könnte. Genau das aber ist ein anderer Name für die Hölle. Es geht um die Erlösung und Befreiung *dieses* Lebens, nicht eines anderen. Christen erinnert die Lehre von der Auferstehung des Fleisches daran, Hindus die vedantische Intuition, Buddhisten die Lehre des Gautama. Aber dieses wahre Leben muß allererst gefunden und erkämpft werden, denn es liegt, wie die Mehrheit der Religionen betont, unter der Oberfläche unserer Alltagsexistenz verborgen. Man muß an es »glauben«, für es »bereit« sein oder »wissen«, wie man die Tür zu ihm findet, wie man es entdeckt und verwirklicht. Das Heil liegt buchstäblich auf der Hand, griffbereit in Reichweite, ja in uns, aber es bedarf einer Offenbarung, eines Wortes, eines Erlösers, eines Gnadengeschenks, eines persönlichen Bemühens, einer spontanen Entscheidung, der rechten Lehre, eines Gurus, des Erwachens des Besten in uns, um den Zugang zu ihm zu finden.

Der Mönch war und ist Zeuge des Heiligen. Heute entdeckt er dessen verborgene Spuren überall, in den materiellen Bausteinen der Wirklichkeit nicht weniger als in den Sehnsüchten und Lebensentwürfen der Menschheit. Die klassische buddhistische Auffassung von der Augenblickshaftigkeit der Schöpfung, die gleichermaßen traditionelle christliche Lehre von der dauernden Schöpfung können in eins mit der hinduistischen Erfahrung der Gleichzeitigkeit von Schöpfung, Erhaltung und Zerstörung der Welt als Beispiele dienen, die gesamtmenschliche Erfahrung in Worte zu fassen, daß jeder Augenblick mit allen anderen Augenblicken der Geschichte eins ist, daß alles, was ist, unermeßlich wichtig ist, daß alle Dinge einmalig, unvergleichlich, einzigartig sind. Dinge und Ereignisse sind keine bloßen Mittel zum Zwecke anderer Dinge oder Ereignisse oder was auch immer. Genau das macht die Entfremdung des Menschen aus: der wahnsinnige Hindernislauf auf ein Ziel hin, das es nicht gibt, die fortdauernde Angst um eine Zukunft, die es niemals geben wird. Bestand die Gefahr früherer Zeiten darin, daß sie ihre ganze Hoffnung auf eine vertikale Zukunft setzten, so liegt die moderne Versuchung darin, Hals über Kopf einer horizontalen Zukunft nachzulaufen. Keines der beiden Modelle ist heute noch glaubhaft und lebbar, will sagen, in der Lage, uns ein erfülltes und zufriedenes Leben zu ermöglichen. Das Bauen an einer besseren Welt ist keine lern- und lehrbare Technik, mit der die Zukunft manipuliert oder programmiert werden könnte, sondern eine Kunst, die Kunst des Gegenwärtigen. Echte Arbeit ist kein Mittel zum Zweck, sondern eine grundlegende Weise menschlicher Selbstverwirklichung, ein schöpferisches Tun. Alles andere ist Sklaverei. Wo immer Maschinen die Gesetze menschlichen Schaffens diktieren, ist das eine Entmenschlichung und Herabwürdigung der Arbeit. Die moderne technologische Gesellschaft schreit geradezu nach Erlösung von der Sklaverei, der sie verfallen ist. Der heutige Mönch zieht sich aus dieser Gesellschaft zurück, nicht um sie ihrem Schicksal zu überlassen, sondern um das echt Menschliche in ihr gestalthaft zu leben – das Menschliche, das sich am Ende zugleich als das eigentlich Göttliche herausstellen wird.

Die Aufgabe des Mönchs in der modernen Gesellschaft läßt sich vielleicht folgendermaßen näher umschreiben:

In jeder Gesellschaft gab und gibt es vier Gruppen von größerer

Bedeutung und nennenswertem Einfluß: (1) Kirchliche oder religiöse Gruppen, (2) Akademiker, Lehr- und Forschungsinstitutionen, (3) Regierung und Militär, (4) Industrie und Wirtschaft. Das gilt für Ackerbaukulturen ebenso wie für die heute ständig sich weiter verbreitende *Technikkultur* (das Wort soll auf die positiven Möglichkeiten einer technisierten Welt hinweisen). Genau genommen gehört der Mönch keiner dieser vier Gruppen an. Er ist weder Priester noch Intellektueller noch Produzent noch bekleidet er ein öffentliches Amt. Viele traditionell geprägte Gesellschaften kennen deshalb noch einen fünften Stand: dazu gehören alle, die der Welt den Rücken kehren, Mönche, *saṁnyāsins,* Entsagende, Menschen, die die gewöhnlichen Spielregeln menschlichen Umgangs miteinander aufgegeben haben, die über die Mauer gesprungen sind und dennoch als Zeichen und Symbol präsent bleiben, das die gewöhnlichen Sterblichen an die Vorläufigkeit allen menschlichen Tuns erinnert. Der Mönch lebt nach eigenem Selbstverständnis zurückgezogen und fern von der Welt der Menschen, im Bewußtsein seiner Zeitgenossen aber ist er heilig und deshalb keineswegs eine marginale oder periphere Existenz, vielmehr ist sein Ort in der Mitte der Gesellschaft. Sobald die Menschen vor technisch unlösbaren Problemen stehen, wenden sie sich an ihre Heiligen, Mönche, Eremiten und Asketen und bitten sie um Hilfe.

Seit unvordenklichen Zeiten scheint es – mehr oder weniger unterschwellig – auch noch eine sechste Gruppe zu geben: die Guerillas, die sogenannte Gegenkultur, die Dissidenten und Revolutionäre, all jene, die mit einer bloßen Reform der dringendsten Unzulänglichkeiten der Gesellschaft oder mit einem bloßen Machtwechsel und Rollentausch nicht zufrieden sind, sondern die das ganze System radikal verändern wollen. Diese freiwillig am Rande der Gesellschaft lebenden »Bürger« sind jedoch zum großen Teil von ihrer jeweiligen Gegenkultur abhängig, die sich letztlich von jenem System her definiert, gegen das sie opponiert und von dem sie sich abheben will. Wer dialektisch gegen das System angeht, hat keine andere Wahl, als sich den Spielregeln des Systems zu unterwerfen, auch wenn das letzte Ziel gerade deren Abschaffung ist. Vielleicht gehört der neue Mönch eher zu dieser sechsten Gruppe, allerdings unter einem wesentlichen Vorbehalt: Er lebt, so weit möglich, nicht nur aus negativen Beweggründen heraus, das heißt in der Ablehnung des herrschenden Systems. Im Gegenteil, er versucht, positive Zeichen zu setzen. Er bemüht sich um größtmögliche Unabhängigkeit von bestehenden Systemen, um gerade so durch sein Leben die Möglichkeit einer radikalen Alternative erfahrbar werden zu lassen. Auch viele esoterische Bewegungen weisen eine Nähe zu dieser sechsten Gruppe auf. Ich möchte meinen, daß viele bereits bestehende Gruppen von Menschen, die heute versuchen, diesen neuen Lebensstil zu verwirklichen oder die sich dafür einsetzen, dessen Grundlagen zu studieren und zu formulieren, echte Nachkommen der alten Mönche sind – so unvollkommen, tastend und zögernd diese neuen Versuche auch sein mögen.

Es gibt zudem noch eine siebte Gruppe: die echten Randgruppen, für die sich niemand einsetzt, die keine Stimme haben, die über keinerlei Einfluß und Macht verfügen, die Ausgesetzten, Vergessenen, von allen anderen Übersehenen. Der Mönch weiß sich diesen Ärmsten der Armen in besonderer Weise verbunden, aber auch hier gibt es einen wichtigen Unterschied: Während die meisten Notleidenden nur ein schwaches Bewußtsein ihres marginalen Zustandes haben, ist der Mönch, wie alle seine Vorgänger, der Überzeugung, daß er an seinem Ort im Herzen der Wirklichkeit lebt.

Gerade aus dieser Überzeugung heraus erwächst dem Mönch die Kraft zu absoluter Gewaltlosigkeit. Echter Gewaltverzicht muß mehr sein als ein bloßes Mittel zur Erreichung vorgefaßter Ziele. Wäre dem so, würde der Mönch, der sich mit seinen Mitteln für eine bessere Welt einsetzt, eine hoffnungslos naive Gestalt abgeben im Vergleich sagen wir zu seinem marxistischen Partner im revolutionären Kampf. Gewaltlosigkeit ist ein Ziel in sich, durch das eine Lebensauffassung konkrete Gestalt annimmt, die an die harmonische Struktur der Wirklichkeit glaubt. Ohne diesen Glauben an die radikale Güte und Ganzheit dessen, was ist, wäre Gewaltlosigkeit nicht nur nicht möglich, sondern sie würde auch aufhören, gewaltlos zu sein und sich selbst widersprechen. Wenn gut und böse ontologisch auf gleicher Stufe stehen, genügt es einfach nicht, dem Bösen gewaltlos Widerstand zu leisten; es wäre dann zu wenig, dem Bösen nicht unter die Arme zu greifen im Vertrauen darauf, daß es sich eines Tages selbst vernichtet und der harmonische Zustand der Welt wiederhergestellt wird. Nein, käme dem

Bösen eine derartige Macht zu, denn müßte es aktiv bekämpft und ausgerottet werden, mitsamt seinen Wurzeln, ohne auch nur eine Träne um den guten Weizen, der vielleicht auf demselben Boden herangewachsen ist und mit ausgerissen wird, zu vergießen. Das ist der Grund, warum Gewaltlosigkeit nur innerhalb einer nicht-dualistischen Wirklichkeitsauffassung Sinn haben kann. Nur wenn die Welt nicht als Schlachtfeld zwischen Ormazd und Ahriman betrachtet wird, macht es Sinn, gewaltlos zu leben. Der Auftritt des Mönchs auf der Bühne der Welt vermag hier vielleicht entscheidende Akzente zu setzen, sofern sein Zeugnis, was die Mittel und Wege wie auch das Ziel des menschlichen Kampfes angeht, auch weiterhin ein Ausdruck seiner Berufung zu uneingeschränkter Heiligkeit ist (und, ja, darin liegt auch ein Bekenntnis zu einseitiger Abrüstung).

9. Die Erinnerung an das Letzte und der Zugang zu ihm

Erläuterung

Sich der ontologischen Grundtatsache unablässig bewußt zu sein, daß die letzte Wirklichkeit uns ständig an-geht, uns nahe ist, gehört wesentlich zum Archetyp des Mönchs. Es handelt sich dabei nicht um eine gleichsam erst ontologisch zu erschließende Erfahrung. Sie ist einfach da. Über die letzten Dinge nachzudenken, ist eher Sache des Philosophen. Der Mönch als solcher ist kein Philosoph und steht einer zu starken Dominanz von Verstand und Vernunft im menschlichen Leben eher skeptisch gegenüber. Unser letztes *sūtra* spricht von einer ontologischen Tatsache, die sich der Mönch unablässig in Erinnerung ruft. Er hält sich ständig vor Augen, daß die letzte Wirklichkeit immer schon und je neu ihn betreffend und angehend hier und jetzt da ist.
Es handelt sich dabei nicht bloß um eine psychologische Vergegenwärtigung des Tores zur letzten Wirklichkeit. Derlei gehört früher oder später zum Schicksal jedes Menschen. Eher könnte man es als Ontologisierung dieser psychologischen Erfahrung bezeichnen: Das Vergegenwärtigte wird gewissermaßen als ontologisch gegebene Größe erfahren. Kurz, die Ontologie erfährt eine Wendung ins Psychologische und umgekehrt: Ontologisches kommt zu Bewußtsein, Psychlogischem

wird ontologisches Gewicht verliehen. Die ontologische Tatsache (der Existenz) des Letzten und Höchsten wird psychologisch gesehen zur Mitte des monastischen Lebens. Die psychologische Erfahrung, wie hilfreich und nützlich eine derartige Vergegenwärtigung sein kann, wird ontologisch gesehen zum Angelpunkt der monastischen Lebensweise. Ich möchte ein wenig verdeutlichen, was ich damit meine.

Die letzte Wirklichkeit hat viele Namen: das Absolute, Gott, Brahman, Nirvāṇa, Nichts, absolute Zukunft, Gerechtigkeit usw. Auch der Zugang zu ihr ist in vielen Bildern und Begriffen umschrieben worden, deren wichtigster wohl der Tod ist, aber er könnte ebenso Rechtfertigung, Unschuld, Initiation, Liebe usw. heißen.

Dieses Letzte, Höchste, Eigentliche ist es, was den Mönch seit jeher fasziniert. Er richtet sein ganzes Leben darauf aus, für ihn ist es das einzige, das wirklich zählt. Aber zu diesem Letzten gibt es ein Tor, und der Durchgang durch dieses Tor fordert, soll er gelingen, daß wir alle unsere Kräfte und Energien darauf konzentrieren; daß wir die vier edlen Wahrheiten immer vor Augen haben; daß wir uns unablässig die Hinfälligkeit, Brüchigkeit und Vergänglichkeit der Dinge bewußt machen; daß wir tagein, tagaus über den Tod meditieren; daß wir alle Ereignisse im Blick auf den Tod betrachten; daß wir uns durch nichts, was vergänglich ist oder keinen unmittelbaren Bezug zum letzten Ziel unseres Lebens oder zu dem besitzt, was uns den Zugang zu ihm eröffnet, erschüttern lassen; daß wir Gleichmut und Gelassenheit bewahren im Angesicht von Katastrophen, gesellschaftlichen Umwälzungen usw., weil sie nichts mit dem Eigentlichen zu tun haben; daß wir frei und stets bereit sind, diesem ins Auge zu sehen – so oder ähnlich lassen sich die bekannten Grundzüge des Mönchtums umschreiben.

In der Tat sind die Motive der meisten Berufungen zum Mönchsleben im Ernst dieser Tatsache zu suchen, heiße sie nun Tod, Vergänglichkeit oder wie auch immer. Wie Bruder David Steindl-Rast es gesagt hat: »Konfrontiert mit dem Tod« begegnet der Mönch der eigentlichen Wirklichkeit. Das ist »die Grunderfahrung, die einen Menschen zum Mönch macht«. Wie dem auch sei, der Mönch bleibt unbekümmert, heiter, gelassen angesichts des bewegten Treibens der meisten Sterblichen, denn er hat dem Tod bereits ins Auge gesehen. Er ist den großen Tod gestorben, wie es im Zen heißt. Der Mönch ist in gewisser Weise ein Aristokrat. Er gehört jener Minderheit an, die sich ganz auf das letzte Ziel konzentriert, und vielleicht lebt er sein Leben stellvertretend für viele. Er ist nicht selbstsüchtig nur auf sein Heil bedacht, aber irgendwie eine Ausnahme. Gerade deshalb braucht er die anderen. Die ganze Welt würde morgen zusammenbrechen, wollten plötzlich alle den Entschluß fassen, Mönche zu werden. Der Mönch könnte selber nicht leben, gäbe es nicht die vielen Nichtmönche (und Verehrer) ringsum.

Tod und letzte Wirklichkeit sind Gegebenheiten des menschlichen Bewußtseins, aber der Mönch steht in psychologischer Beziehung zum Absoluten und ontologisiert den Zugang zu ihm. Das Absolute ist nicht nur Ziel der Existenz, sondern in Geist und Herz des Mönchs stets gegenwärtig. Der Tod wird nicht nur als solcher erkannt und angenommen, ihm wird vielmehr ein eigener Status gegeben: Er beherrscht und bedingt alles Tun und Lassen des Mönchs. Nicht zuletzt deswegen zeigt das Mönchtum eine ständige Neigung zur Institutionalisierung. Die Gegenwart des Höchsten und die Wirklichkeit des Todes sind viel zu ernste Dinge, als daß sie der Willkür der schwachen menschlichen Natur oder den Launen und Grillen des einzelnen überlassen bleiben dürften. Das Mönchtum institutionalisiert gleichsam die Erfahrung der ständigen Gegenwart des Todes und der Wirklichkeit des Absoluten. Das Kloster ist eine Institution, in der der Tod allgegenwärtig ist und das Absolute unablässig meditiert wird. Es wird zum Zeugen und Zeichen für seine Wirklichkeit.

Genau diese beständige Vergegenwärtigung des Höchsten und des Weges zu ihm ist der Grund dafür, daß die meisten monastischen Institutionen die Liturgie in besonderer Weise pflegen und überhaupt das ganze menschliche Leben festen Riten unterwerfen, in denen die Bestimmung des einzelnen wie der ganzen Welt je neu zum Ausdruck kommt. Die eigentliche Uhr des *vihara,* des Klosters, ist nicht der Lauf der Sonne, sind nicht die Ereignisse der Geschichte, sondern die Uhr des Anthropokosmos auf seinem Weg zur Freiheit.

Vielleicht wird das Prinzip der seligen Einfalt nirgendwo deutlicher als hier in diesem letzten Leitsatz. Die Erfahrung des Absoluten, die Wirklichkeit Gottes, das andere Ufer oder wie immer man es nennen mag, das ist es, was den Mönch wie ein Magnet anzieht und veranlaßt, sein Leben radikal zu vereinfachen. Das wäre kaum möglich, mündete der Zugang zum Absoluten nicht letztlich in einem neuen Leben, das in vielfacher Weise in symbolischen Zeichen zum Ausdruck kommt (Initiation, Profeß usw.), letztlich aber im Geheimnis des Todes gipfelt. Der Tod ist das Tor. Aber der Tod tötet alles. Deshalb macht der Mönch um sterbliche Dinge kein großes Aufheben. Der Tod vereinfacht alles.

Kommentar

Auch der moderne Mönch ist ein von Gott Berauschter, wie manche auch heute noch sagen, aber er möchte sichergehen, daß die Wirkung seines Rausches nicht einem bloßen Hautausschlag vergleichbar ist. Zuweilen befürchtet er, daß der ständige Gedanke an den Tod die menschlichen Bemühungen um die Erhaltung und Bewahrung sterblicher Dinge, die es ungeachtet ihrer Sterblichkeit wert sind, daß wir ihnen unsere ganze Kraft und Aufmerksamkeit schenken, lähmt. Der neue Mönch ist von dem Gedanken fasziniert, daß *nirvāṇa saṁsāra* und *saṁsāra nirvāṇa* ist, daß die Gaben und Talente, die jeder hat, auch hier auf Erden schon Frucht bringen sollen, daß das Hundertfache auch schon für dieses Leben gilt. Und doch spürt auch er den Riß, der durch sein Wesen geht, wenn seine Vorläufer ihm erzählen, was er auch schon aus eigener Erfahrung weiß: daß diese ideale Synthese hier auf Erden vielleicht unerreichbar ist, jeder faule Kompromiß aber tödliche Folgen hat.
Angesichts der es sich allzu bequem machenden gegenwärtigen Versuche, beide Extreme miteinander zu versöhnen, sieht sich der Mönch genötigt, die traditionelle Linie zu betonen, indem er die Spur zum Einen zurückverfolgt, von dem der Buddha zu seinen Schülern gesprochen hat und das das Evangelium ebenfalls hervorhebt. Er meidet Augenblicksspiritualitäten und kurzlebige Befriedigungen. Er spürt aber auch, daß eine bestimmte voreingenommene Beschäftigung mit dem Tod und der zweifellos zentralen Bedeutung des Eschatologischen nicht nur die Gefahr mit sich bringt, ihn seiner Menschlichkeit zu berauben und seinen Mitmenschen zu entfremden, sondern sich überhaupt die Sache zu einfach macht. Mit einem Wort, er fürchtet das Abgleiten in eine Art geistlicher Selbstsucht. Er fühlt sich unbehaglich,

wenn er Psalmen singen muß, während seine Brüder leiden oder um wirtschaftliche und politische Unabhängigkeit kämpfen; er kann es nicht ertragen, nach seinem persönlichen Heil Ausschau zu halten, während viele der dringenden Aufgaben, die zum Wohle der Welt zu erledigen wären, es erfordern, daß er seine guten Manieren und Tugenden ein wenig hintanstellt. Er weiß sehr wohl um die Zweideutigkeit dieser Überlegungen und er kennt auch den quälenden Schmerz, den der erleidet, der sich aus der unmittelbaren Verstricktheit in die Angelegenheiten der Welt aus Liebe und echtem Interesse und aus Hoffnung für sie befreien will.

Sicher, nackt kommen wir in diese Welt und nackt werden wir zur Mutter Erde zurückkehren, allen Mumifizierungen der alten Ägypter zum Trotz. Sicher sagt der Mönch ja dazu, von allen falschen Anhänglichkeiten entblößt zu werden und sich auf das Wesentliche zu konzentrieren. Aber besteht nicht eine Verbindung zwischen dem Letzten und dem Vorletzten, bis hinab zum kleinsten Sandkorn? Ist das Letzte so fremd und transzendent, so ganz anders, daß es keinerlei Bezug zu den Alltagsinteressen, Bestrebungen, Wünschen und Hoffnungen der Menschen aufweist? Zweifellos rückt der Tod alle unsere Perspektiven zurecht, aber auf den Tod gibt es eine doppelte Reaktionsmöglichkeit: Er kann als Ende oder als eigentlicher Anfang verstanden werden. Entweder der Tod ist der Endzustand aller menschlichen Bemühungen, was auch immer »danach« kommt; oder er ist die eigentliche Geburt zum echten und wahren Leben. Das ist die monastische Auffassung, und das ist auch der Grund, warum der Akt des Sterbens in der monastischen Profeß vorweggenommen wird. Der Mönch nimmt sich in radikalster Weise die zweite Geburt zu Herzen, um die es in den meisten Initiationsriten geht. Nach Vollzug der monastischen Profeß, nach der Weihe zum Mönch, nach Ablegung der Gelübde ... gibt es kein »gewöhnliches« Leben mehr.

Aber der moderne Mönch spürt, daß es sich bei diesem Tod nicht nur um seinen eigenen Tod handeln kann oder auch nur um den globalen Tod, der angesichts der heutigen instabilen Lage über der Menschheit schwebt, sondern um ein Schicksal, das alle und alles betrifft. Letztlich geht es ihm darum, allen und allem zu helfen, diesen höchstbedeutsamen Akt zu vollziehen. Das führt zu der paradoxen Situation, daß etwas um so mehr Interesse und Aufmerksamkeit unsererseits verdient, je kurzlebiger und vergänglicher es ist – gleichsam um es, und sei es noch so gering und winzig, zu retten. Der Philosoph wird sagen, daß es nur einer angemesseneren Begrifflichkeit, was das Absolute betrifft, und eines besseren Verständnisses des Geheimnisses des Todes bedarf, um derlei Übertreibungen und gedankliche Mängel zurechtzurücken. Aber dem Mönch geht es nicht in erster Linie um das Spiel mit Worten und Begriffen, sondern um den Ernst des Lebens, und das seinige scheint unausweichlich im Dilemma des Verhältnisses von Absolutem und Relativem gefangen zu sein, auch wenn er zugeben muß, daß es sich theoretisch gesehen um ein falsches Dilemma handelt. Wir haben schon immer gewußt, daß Gott lieben heißt, seinen Nächsten lieben; daß die Suche nach *nirvāṇa* in Wirklichkeit bedeutet, sich im Bereich des *saṁsāra* zu engagieren; daß die Sublimation eines Wertes eine höhere Frucht des Wertes ist, auf den man verzichtet hat; daß die Aufgabe der Welt zu ihrer Erlösung beiträgt usw. Aber die Sorge des Mönchs erwächst aus der Tatsache, daß er nur ein Leben hat, und oft fragt er sich, wie das alles möglich sein soll.

Die alten Meister wußten sehr wohl, daß es darum geht, Tod und Leben zu integrieren; daß man die Lilien auf dem Feld betrachten soll, auch wenn sie vergänglich sind. Sie wußten auch, daß der Mönch nicht lebensfeindlich gesinnt ist – aber was ist mit diesem Leben gemeint? Das Leben, das keinen Tod kennt, oder das sterbliche Leben? Das soziologische Grundmuster des monastischen Lebens war auf das ewige Leben gerichtet. Der Wind der Weltlichkeit scheint in Richtung des sterblichen Lebens zu wehen. Kann ein Mönch in diesem Sinne weltlich sein und zugleich Mönch bleiben?

Es ist besonders dieses letzte *sūtra,* das mich veranlaßt hat, die unterschwellige Spannung näher ins Auge zu fassen und mittels einiger philosophischer Überlegungen zu erhellen zu versuchen, die bei der Gegenüberstellung von Tradition und Moderne immer wieder deutlich geworden ist. Darum geht es im dritten und letzten Teil meiner Darlegungen.

Epilog

Der Kanon des Schülers beansprucht nicht, die Magisterregel zu ersetzen. Der *»Kanon«* ist nur ein *»Kanna«*, ein Rohr, ein Wanderstab, ein Maß, etwas, das man benutzt, um sich an ihm als an einer Richtschnur zu orientieren. Der Kanon bietet kein allgemeingültiges Modell, keine fertigen Antworten. Diese gilt es in der Praxis erst zu finden. Jeder muß sie für sich persönlich in unvertretbarer und existentieller Weise entdecken. Auf die meisten Probleme, die ich angeschnitten habe, gibt es auch gar keine theoretischen Antworten. Selbst wenn es sie gäbe, ihre Gültigkeit wäre sehr beschränkt. Die Lösung ist zwar keine individuelle, aber doch je personale. Und genau hier sehe ich die Möglichkeit von Propheten und charismatischen Führern, von persönlicher Initiative und Kreativität – und, wie ich meine, von echt monastischen Berufungen.

Fragen zur Diskussion

Läßt sich noch etwas zum monastischen Begriff der fuga mundi *sagen, besonders im Rahmen dessen, was über das neue Weltverständnis und die Beziehung des Mönchs zu dieser Welt gesagt wurde?*
Zwei kurze Bemerkungen dazu. Erstens glaube ich nicht, daß die heutige monastische Spiritualität alles unterschreiben muß, was an Aussagen, Begriffen oder auch Leitideen in der Überlieferung da war. Der erste Teil meiner Antwort geht also dahin, daß es der monastischen Spiritualität keinen großen Schaden zufügen würde, wenn sie manches, was früher unter dem Begriff *fuga mundi* (Weltflucht) verstanden wurde, einfach fallenließe.
Ich habe von Veränderung gesprochen. Jede Veränderung bringt ein gewisses Maß an Verwandlung und Neuwerdung mit sich. Veränderung vollzieht sich im Zeichen des Wandels und der Kontinuität. Etwas Neues entsteht, das nicht einfach auf der Entwicklungslinie des Alten liegt. Der monastische Archetyp macht zur Zeit einen derartigen Wandel durch. Aber Veränderung setzt auch eine zugrundeliegende bleibende Selbigkeit voraus. Es findet kein totaler Bruch statt. Veränderung ist eine besondere Form des Wachsens, die sowohl von innen her geschieht, als auch aufgrund der Aufpfropfung und Einverleibung von etwas Neuem. Die *fuga mundi* ist vielleicht gerade dafür ein Beispiel.
Und damit komme ich zum zweiten Teil meiner Antwort. Tatsächlich sehe ich in der überlieferten *fuga mundi* auch etwas durchaus Positives, obwohl ich mich jetzt nicht darüber auslassen will, was früher unter *mundus* verstanden wurde. Ich habe bei der Beschreibung des neuen Mönchs wohl deutlich genug auf die Wichtigkeit dessen hingewiesen, was man als »Schwimmen gegen den Strom« *(ūrdhvaṁsrotas)* bezeichnen kann: eine Art der Teilnahme am öffentlichen Leben, der dennoch eine andere Haltung zugrundliegt, eine Nähe zu den erwähnten gesellschaftlichen Gruppen Nummer fünf und sieben in meiner Aufzählung, ohne jedoch die Regeln des Spiels mit zu übernehmen. Gerade seine gewaltfreie, ganzheitliche und allumfassende Grundhaltung macht aus dem Mönch jemanden, der die gängigen Trends der Zeit

nicht mitmacht, sich nicht einfach dem Lauf der Welt, *mundus,* das heißt dem System anpaßt. *Fuga mundi* wäre in diesem Zusammenhang nicht als Anti- oder Gegensystem zu verstehen, das heißt als dialektischer Gegensatz zum herrschenden System, sondern als die besondere Weise des Mönchs, die Art, wie die Probleme gesehen und dargestellt werden, nicht mitzumachen. Wenn man für *mundus* System sagt, dann läßt sich der alten *fuga mundi* der monastischen Berufung auch heute noch durchaus einen Sinn abgewinnen. Der Mönch ist einfach einer, der das Spiel nicht mitmacht. Das liegt ganz auf der Linie der Überlieferung, zumindest insofern, als der Mönch sich noch nie an den Spielregeln der Welt orientiert hat. Der Wandel drückt sich vielleicht besser im zweiten Teil dessen aus, was ich gesagt habe: die Regeln nicht anerkennen und dennoch am Spiel teilhaben. Da liegt der Unterschied. Du fliehst nicht die Welt, obwohl du dich zurückhälst und gegen sie kämpfst, für eine bessere Alternative.

Man wird vielleicht einwenden, die Regeln *seien* doch das Spiel, und man könne nicht mitspielen, wenn man den Regeln nicht folge. Dem stimme ich nicht zu. Das träfe nur zu, wenn unsere Beziehung zur Welt dialektischer Natur wäre. Aber dagegen wehre ich mich unter Berufung auf den *madhyamamārga,* den mittleren Weg des Buddha und das »in der Welt, aber nicht von der Welt« Jesu. Du spielst »in der Welt« das Spiel, aber nicht »von der Welt«. Und außerdem: Das Spiel vollzieht sich im Spielen, und indem du mitspielst, gelingt es dir vielleicht, Spielregeln durchzusetzen, die anders sind als die der Herrschenden. Ohne Regeln gibt es kein Spiel, aber die verordneten oder allgemein anerkannten Regeln müssen nicht die einzigen sein. Da liegt wieder der Unterschied. Einige werden sagen: Bringen wir das Spiel durcheinander, machen wir eine gewaltsame Revolution, ergreifen wir die Macht, setzen wir unsere Spielregeln notfalls gewaltsam durch. Der Mönch wird sich eher spielerisch am Spiel beteiligen und gleichsam spielend einige Regeln zu ändern versuchen – natürlich auch unter Einsatz seines Lebens. Denn wenn er die Regeln ändert, ändert er hier und da auch das Spiel selbst, und das wird kaum so ohne weiteres geduldet werden. Der zivile Ungehorsam ist zum Beispiel so ein Fall des Mitspielens, bei dem der gesellschaftliche Rahmen akzeptiert und nicht gleich niedergerannt und durch ein anderes Gerüst zu ersetzen versucht wird, ohne jedoch andererseits den Regeln des Spiels absolut die Treue zu halten, sondern indem Regeln, die als ungerecht oder unmenschlich empfunden werden, Widerstand geleistet wird, und zwar in der bewußten Bereitschaft, dafür Opfer zu bringen bis hin zum Einsatz des eigenen Lebens und auf die Gefahr hin, von den Mächtigen abgeschoben zu werden.

Manches, was da gesagt wurde, erinnert an das Alte Testament. Da gibt es diesen Anklang von Tragik, Verlorenheit, Trauer angesichts der Unfruchtbarkeit und Kinderlosigkeit des eigenen Lebens. Man empfindet es immer als traurig, ja ironisch, wenn man im Kloster den Psalmvers singt: »Wie ein fruchtbarer Weinstock ist deine Frau, drinnen in deinem Haus«, und dabei stehen um einen herum lauter Männer, von denen man weiß, daß sie gute Väter sein würden.
Deshalb die Frage, was eigentlich mit dem genetischen Erbgut des Menschen geschieht? Menschen, die sich für das religiöse Leben interessieren, haben gewöhnlich keine Nachkommen, und das seit Jahrhunderten. Nur die Weltmenschen vermehren sich immer mehr. Gehen wir in diesem Zusammenhang auf das Thema Unfruchtbarkeit und religiöses Leben noch etwas ein!

Zum ersten Teil der Frage: Es ist wichtig, sich klarzumachen, daß die monastischen Überlieferungen nicht durchgängig am Zölibat festhalten. Letzteres findet sich vor allem in Traditionen, die einen ausgeprägt individualistischen Begriff von Erlösung haben, verbunden mit einem besonderen Zeitbewußtsein. Das *Schicksal des einzelnen* steht hier im Vordergrund, wenn auch auf unterschiedliche Weise. Mir scheint, Überlieferungen, die großen Wert auf den Zölibat legen, betonen immer auch die Erlösung oder Bestimmung des Menschen als Einzelwesen. Der Buddhismus drückt es anders aus, aber es läuft auf dasselbe hinaus: »Arbeite eifrig an deiner Erlösung«, sagt der Erleuchtete. Im Gegensatz dazu denken das Judentum und viele afrikanische Überlieferungen eher in kollektiven Begriffen über Heil und Erlösung. Sie ist Sache des ganzen Volkes oder Stammes. Ich verweise nur darauf, um die Frage des Zölibats ins rechte Licht zu rücken. Man sollte sie sorgsam vom Problembereich Sexualität und Geschlechtlichkeit trennen. Sie hat viel eher etwas mit der Frage nach Freiheit und Bindung zu tun.

Wenn wie im Judentum und den meisten afrikanischen Überlieferungen Erlösung und überhaupt der ganze Weg dahin eine eher kollektive Angelegenheit ist, eine Sache des Volkes, das gemeinsam auf ein bestimmtes Ziel hin unterwegs ist ... dann erscheint in der Tat das zölibatäre Leben als etwas im kosmischen Sinne Pessimistisches, Negatives, Unannehmbares. Der Zölibat ist also durchaus keine universale Kategorie, sondern er setzt eine besondere Weltsicht voraus, eine besondere Art der Verwirklichung der Vollkommenheit des einzelnen, unter bestimmten Bedingungen. Zu diesen Bedingungen gehören erstens ein grundsätzlicher Vorrang der einzelnen Person (das Wort Individuum paßt hier nicht ganz) und zweitens ein besonderes nichthistorisches Verständnis der Zeit. Wer die zeitliche Entwicklung des Universums eher als spiralförmige Bewegung versteht – im karmischen, kalpischen oder christlichen Sinne – verbürgt sich dafür, daß nichts verlorengeht und versäumt wird, auch wenn du keine Nachkommen hast. Für einen Hindu war die Kinderlosigkeit, besonders was die männlichen Nachkommen betrifft, ein Unglück. Der Hinduismus bestand deshalb darauf, daß der Wegschreiter soweit als möglich zuerst einmal Kinder in die Welt setzt, bevor er *saṁnyāsin* wird. In noch anderer Umgebung, in der Begriffe wie *Gruppe, Stamm,* auserwähltes *Volk* die dominierende Rolle spielen, ist der Zölibat überhaupt fehl am Platze. Also ich meine, wir sollten den Zölibat nicht auf der Basis der Sexualität diskutieren, wie es gewöhnlich geschieht, sondern auf einer anderen, kulturübergreifenden – und in meinen Augen breiteren und tieferen – Grundlage.

Nun, ich habe volles Verständis für das Gefühl der Trauer, während man Psalmen der jüdischen Tradition in einer Gemeinschaft unverheirateter Männer singen hört. Ich denke, ich habe praktisch nur eine Antwort auf diese Fragen. Wenn man mich nach der genetischen Manipulation der Menschheit fragt, ich würde diese Annahme nicht mitmachen. Einer der Gründe, weshalb ich dagegen Einspruch erhebe, ist der, daß es methodisch – ontologisch wie erkenntnistheoretisch – falsch ist, Menschen wie so und so viele Erdnüsse zu behandeln. Ich denke, selbst wenn die genetischen Gesetze in der Tat Gesetze sind, gelten sie in unserem Fall nicht. Sicherlich besteht die Möglichkeit genetischer Manipulation, aber ich meine, wir können und dürfen nicht alles auf die Gesetzmäßigkeit genetischer Vorgänge zurückführen. Also genetische Fragen scheinen mir weder ein Argument für noch gegen den Zölibat zu liefern. Wollte ich sarkastisch sein, würde ich antworten, daß es vielleicht sogar ein Segen ist, daß religiös »übermotivierte« Menschen sich nicht selber vermehren. Ihre Abkömmlinge wären sehr wahrscheinlich selber blinde Anhänger der Religion oder deren fanatische Gegner ... aber das nur, um auf den heiteren Tonfall der Frage einzugehen.

Die Suche nach Ganzheit und Einheit scheint im Mönchtum seit Jahrhunderten eine apollinisch geprägte zu sein. Was ist mit ihrer dionysischen Seite? Und als Ergänzung dazu: Wie integriert der Mönch die weibliche Dimension seines Seins, wie die Nonne die männliche – wiederum im Hinblick auf Ganzheit und Einheit?
Zum ersten Teil der Frage: Das Dionysische ist per Definition ohne Entwurf, ohne vorprogrammierten Plan – andernfalls wäre es apollinisch. Es muß sich dabei um eine heilige (oder unheilige) Spontaneität handeln, eine Orgie oder was auch immer, jedenfalls ist etwas nur dionysisch im eigentlichen Sinne, wenn es mich ebenso überrascht wie alle anderen, die es miterleben. Das einzige, was dazu zu sagen wäre, ist: *Löscht den Geist nicht aus,* gerade im Hinblick auf die Entfaltung der dionysischen Seite des Lebens. Den Mönchen würde ich ebenfalls den einfachen Rat geben: Achten wir darauf, den Geist nicht zu ersticken. Natürlich erfordert das und setzt das eine echte Reinigung des Herzens voraus, damit die wahre Spontaneität nicht in die Sklaverei eines wüsten Gelages ausartet.

Was die zweite Frage betrifft – wie integriert der Mönch das Weibliche, die Nonne das Männliche? – würde ich zuerst sagen, daß ich diese Integration für etwas völlig Gesundes und unbedingt Notwendiges halte. Wer sich ein wenig in die monastische Überlieferung innerhalb des Christentums vertieft, wird erstaunlich oft auf Freundschaften zwischen Personen verschiedenen Geschlechts stoßen – und das sind nur die paradigmatischen Beispiele, von denen viele sehr, viele andere weniger bekannt sind. Dabei handelt es sich um außergewöhnlich intime Beziehungen, die zweifellos als sexuell zu bezeichnen sind. Nicht daß sie gemeinsam ins Bett gegangen wären, das lag außerhalb der Grenzen des Erlaubten ... vielleicht weil die ganze Schönheit, der Tanz, das Spiel der Kommunikation und der gegenseitigen Erregung und Inspiration in dem Augenblick dahinschwinden, in dem sich ein besonderes Moment des Sexuellen zu sehr in den Vordergrund drängt. Das Sexuelle umfaßt den Leib, den Geist, die Augen, die Hände, die Gesten – einfach alles, jede Verbindung, jede Freundschaft, jede Beziehung. Die Tatsache, daß ich dir als einem anderen lebendigen Sein begegne, bringt immer schon nicht nur meinen Verstand, sondern alles an mir und in mir ins Spiel. Manchmal habe ich das Gefühl, wir denken viel zu sehr in Schwarz-Weiß-Kategorien: hier das Männliche, dort das Weibliche ... Aber in Wirklichkeit handelt es sich um eine ganze Tonleiter wechselnder Ausprägungen, und gerade der Normalfall ist der gegenseitige Austausch, die Wechselwirkung, in mir selbst und zwischen mir und jedem anderen, der mir begegnet. Wenn ich mit jemandem spreche, bin ich um so mehr von meiner Sexualität bedingt und geprägt, je weniger ich bewußt daran denke, daß der andere ein Mann oder eine Frau ist. Die Erfahrung lehrt, daß die Sexualität des einzelnen um so echter ins Spiel kommt, je weniger er sich bewußt ist, daß sein Dialog- oder Gesprächspartner männlich oder weiblich ist – Sexualität verstanden als die Polarität, das *yin-yang* des menschlichen Wesens. Im indischen Hochzeitsritus gibt es einen Augenblick – kurz bevor beide Partner hinausgehen, um den Polarstern zu sehen, als der Mitte, um die sich alles dreht –, in dem der Mann sagt: »Ich bin Er«, und die Frau sagt: »Ich bin Sie«. Ich bin Er, ich bin Sie: In mir ist der eine Pol der Polarität des Ganzen Wirklichkeit geworden, nicht nur der individuelle Fall eines netten Mädchens oder eines jungen Bräutigams. Wie? Zuerst, indem du deine innere und äußere Freiheit entdeckst. Ich nenne das die neue Unschuld, die deinen Geist, deine Gedanken, deine Absichten, alles in dir ergreift. Der Moment, in dem ich besitzen will, das ist Konkupiszenz, böse Begierlichkeit. Das ist Sünde, in der Ehe ebenso wie außerhalb von ihr. Das ist *parigraha* (Besitzstreben), Vergewaltigung der personalen Beziehung, die nicht der Ordnung des Habens, sondern des Seins angehört. Der wirklich freie und spontane Akt weiß nicht und ist sich nicht bewußt, daß er frei und spontan ist, genau wie eine Meditation nur wirklich gedankenfrei ist, wenn sie nicht von ängstlichen Gedanken um die Gedankenlosigkeit beherrscht wird.

Die Beispiele der Beziehungen zwischen heiligen Männern und Frauen in der christlichen Überlieferung haben uns sehr viel zu sagen. Diese Menschen haben kein sexuell verkümmertes Leben geführt. Und dennoch hatten sie weder Kinder noch waren sie auf jenen schönen Schein fixiert, den uns manche heutigen Filme und Texte als einzigen Inhalt der Sexualität vorspiegeln wollen. Ich denke, wir befinden uns an einem Punkt, an dem die Dinge in Bewegung kommen und neue Wege sich auftun. Wenn sie in echt schöpferischer Weise gegangen werden, nun ja: Schöpfung ist immer Schöpfung aus dem Nichts – ich meine, in unserem Fall heißt das: aus nicht vorgefaßten, nicht geplanten, nicht gesteuerten Ideen und Gedanken heraus.
Nun, in der zugespitzten Weise der Frage: »Wie integriert der Mönch das Weibliche, die Nonne das Männliche?« möchte ich sagen, ich werbe hier nicht für eine größere Freundschaft zwischen Mönchen und Nonnen. Ich trete nur für eine größere Offenheit der Nonne gegenüber dem *animus* und des Mönchs gegenüber der *anima* ein, wenn wir mit diesen Jungschen Begriffen einverstanden sind. Wichtig dabei ist, keine Angst zu haben oder traditionell gesprochen: in der Reinheit des Herzens zu handeln.

Läßt sich die Rolle des Mönchs im politischen Bereich noch etwas näher konkretisieren?
Ich möchte zunächst mit einer allgemeinen Aussage antworten: *Denken führt zur Erkenntnis.* Das ist ein Weg – man denkt über etwas nach, und schließlich versteht man. Umgekehrt gilt: *Kontemplation führt zur Aktion.* Wenn ich daran denke, daß so und so viele Menschen an Hunger sterben, oder was auch immer, dann finde ich am Ende vielleicht die Gründe, das Warum und Weshalb heraus, und ich kann vielleicht erklären, warum es soweit gekommen ist. Wenn ich der Sache aber als Kontemplativer meine Aufmerksamkeit widme, dann kann ich es nicht dabei bewenden lassen. Ich werde etwas tun müssen. Ich werde meine Hände schmutzig machen und losziehen müssen. Das einzig wahre Kriterium echter Kontemplation ist, ob sie zum Handeln bewegt, auch wenn dieses Handeln nur darin besteht, mein eigenes Leben und meine unmittelbare Umgebung zu ändern. Wenn das stimmt, dann hat der Mönch die unbedingteste moralische Verpflich-

tung – anzuprangern, laut hinauszuschreien, zu sprechen und zu handeln. Und dieses Handeln muß, ja darf sich nicht auf ein bloßes *Re*agieren beschränken – zum Beispiel eine Bombe werfen oder einen Brief an den Herausgeber schreiben –, es muß wirkungsvoller sein. Kontemplation ist eine gefährliche Aktivität. Kontemplation ist aber nicht das ausschließliche Vorrecht des Mönchs, deshalb warne ich vor jeder überzogenen Rollenverteilung. Ich habe vom monastischen Archetyp gesprochen, und das schiebt jeder vorschnellen Abgrenzung einen Riegel vor. Wer Mönch im kanonischen Sinne ist, der ist unter Umständen auch noch vieles andere.

Doch ich meine, der heutige Mönch ist einfach aufgrund seiner Berufung zum Handeln aufgefordert, mit allen damit verbundenen Gefahren. Wenn wir die Hände in den Schoß legen und nichts tun, sitzen wir im selben Boot wie die französischen Bischöfe, die die Kanonen, und die deutschen Bischöfe, die die Flugzeuge segneten, mit denen die Gegner aufeinander losschlugen. Wenn wir nichts tun, erteilen wir damit dem Status quo unseren Segen, und das stellt bereits eine politische Entscheidung dar.

Wie kann man zwischen Synthese und Synkretismus unterscheiden?
Synkretismus kommt einer äußeren Nebeneinandersetzung gleich; die Synthese dagegen geschieht als lebendige Aneignung und Angleichung. Synkretismus ist, wenn man alles auf einen Haufen kippt; Synthese ist, wo ein lebendiger Organismus entsteht. Ein Symbol für die Synthese in diesem Sinne ist die Eucharistie. Du mußt sie essen, sie dir aneignen, einverleiben; nicht du wirst in Christus verwandelt, sondern Christus kommt zu dir, er geht in dich ein. Nicht du wirst heiliges Brot, sondern das heilige Brot wird dir zur Nahrung. Und das ist Synthese.

Die Synthese hängt in ihrem Gelingen ganz davon ab, auf welche Weise wir die Aneignung und Angleichung vollziehen. In der gelungenen Synthese zeigt sich, daß sich die ganze Wirklichkeit in einem ständigen Austausch, einem gleichsam universalen Stoffwechselprozeß befindet. Du wächst, und auch Religionen wachsen und entwickeln sich aufgrund dieses Prozesses – und nicht durch bloße Nebeneinandersetzung. Synkretismus ist geradezu als eine Art Verdauungsstörung zu bezeich-

nen, vor der wir uns heute besonders in acht nehmen müssen, denn wir sind zu optimistisch der Ansicht, wir könnten tatsächlich alles essen, was uns auf den Tisch kommt. Wenn wir uns treffen und wenn die Religionen aus Ost und West sich begegnen, besteht in der Tat die Möglichkeit solcher Verdauungsstörungen, die nicht zur Synthese führen, und davor muß sicherlich gewarnt werden.
Das Geheimnis liegt in der Wahrung der Ausgewogenheit. Manche Leute möchten einfach alles essen, was ihnen vor die Nase kommt, andere dagegen bedienen sich der unterschiedlichsten spirituellen und intellektuellen Verhütungsmittel und ersticken dadurch die Offenheit des Geistes. Ich denke, wir befinden uns heute an einem Scheideweg, und der gegenwärtige Augenblick erfordert ein großes Maß an *viveka*, Unterscheidung, Prüfung der Geister und an Geduld, um den wahren Rhythmus der Zeiten zu entdecken. Die Herausforderung des neuen monastischen Lebens liegt darin, daß es selber an der Wegkreuzung steht, und zwar auf der denkbar tiefsten Ebene sehr vieler Überlieferungen. Nicht indem ich ein paar Äußerlichkeiten nachahme, werde ich ein Hindu oder was auch immer.
Der springende Punkt meiner Darlegungen liegt nicht so sehr darin, daß sie eine Lösung, eine Antwort bieten, sondern sie wollen in uns allen ein Gefühl der Unbehaglichkeit und eine heilsame Unruhe wecken – das ist vielleicht die beste Übersetzung des buddistischen Wortes *duḥkha* –, denn das ist unserer menschlichen Grundbefindlichkeit am angemessensten. Es wird schöpferische Kräfte in uns freisetzen, denn es läßt uns die große Verantwortung erkennen, die wir zu tragen haben. Es zeigt uns, daß das Vertrauen auf Gott – eine ganz normale und selbstverstänlilche Sache – heute voraussetzt, daß wir uns der ungeheuren Zumutung stellen, auch auf uns selber zu vertrauen, persönlich jeder einzelne und als Gemeinschaft. Schon eine kleine Gruppe von Menschen kann sehr viel zustande bringen. Ich denke, der Mönch sollte seinen Minderwertigkeitskomplex überwinden, den er angesichts der politischen Situation an den Tag legt und der ihn glauben machen will, er könnte nichts tun, da ihm die nötigen Mittel fehlten. Ich meine, der wirkungsvollste Weg, die Macht der Mächtigen zu brechen, besteht darin, sich von ihrer Macht nicht beeindrucken zu lassen – sie der Ohnmacht zu überantworten, indem man ihre Macht einfach nicht

beachtet. Also einfach deinen Weg gehen, auch wenn die Kanonen auf dich gerichtet sind. Natürlich ist das leichter gesagt als getan ... vielleicht sollten wir überhaupt über diese Dinge nicht so viel reden, sondern sie einfach tun. Wir werden dazu in der Lage sein, wenn Tun und Sein bei uns aus einem Guß sind.

Dritter Teil
Synthese

Eine Synthese ist weder ein systematischer Überblick noch eine bloße Zusammenfassung des bisher Gesagten. Ich werde versuchen, drei verschiedene Problemkreise in Beziehung zueinander zu setzen, denen dann viertens und abschließend eine allgemeinere Überlegung folgen soll.

Die erste Gruppe von Problemen gehört zum Thema »kulturübergreifende Grundmuster«, um das es ja in unserem Buch insgesamt geht. Die zweite umschreibt die Herausforderung, die die gesellschaftliche Entwicklung der Gegenwart für unser Thema darstellt. Die dritte Problemgruppe greift einige immer wiederkehrende anthropologische Grundfragen auf. Viertens und letztens wird es darum gehen, das Dilemma der »zwei Spiritualitäten« zu einem vorläufigen Abschluß zu bringen.

Kulturübergreifende Grundmuster

Ich habe neun *sūtras,* neun Leitsätze vorgestellt. Sie stellen eine Herausforderung dar. Sie laden ein, sich entweder weiter mit ihnen zu befassen, um sie tiefer und besser zu verstehen, vielleicht auch, weil sich in ihnen eine Wandlung des monastischen Lebens ankündigt; oder aber sie vollständig zurückzuweisen, um zu verhindern, daß monastische und weltliche Spiritualität einander beeinflussen und gegenseitig durchdringen. Ich möchte darauf hinweisen, daß im Anhang des Buches zwei verschiedene Liturgien beigefügt sind, die in meinen Augen sowohl den Zugang zu unserer Fragestellung als auch den Ausgang aus allen Problemen andeuten. Wenn die Lösung nicht in gewissem Sinne eine liturgische ist, wird sie meiner Meinung nach nicht von Dauer sein. Doch Liturgie bedeutet, wie wir wissen, »Werk des Volkes«, *leit-ourgia...,* es bleibt also noch viel zu tun.

Bevor wir von einer Synthese sprechen können, ist zu klären, auf welchem Grund das gedankliche Gebäude errichtet worden ist, von dem die ganze Zeit die Rede war.

Wir wissen alle, daß der Monotheismus nicht unbedingt zum Wesen des Mönchtums gehört. Der Glaube der christlichen Mönche ist theistisch geprägt, der der Buddhisten und Jainas dagegen eher nichttheistisch, bei den Hindus wiederum muß man im großen und ganzen von einem »weder-noch« sprechen.

Ich kann an dieser Stelle nicht alles an Hintergrundwissen ausbreiten, das für unsere Synthese eigentlich notwendig wäre. Ich muß mich darauf beschränken, in wenigen Schritten meine trinitarische Hypothese in Abhebung von einem wissenschaftlichen Entwurf und einem jüdisch-christlichen Modell zu erläutern.

Die moderne Wissenschaft geht von einem Anfangspunkt – Materie, Kosmos – aus, von dem aus sich alles Leben evolutiv in zeitlichlinearer Aufwärtsbewegung über die Stufen des vegetativen und animalischen, dann menschlichen Lebens bis hinauf zum göttlichen Leben entfaltet. Für die Wissenschaft ist damit in gewissem Sinne die gesamte Wirklichkeit umschrieben. Der Weg führt von der Ursprungsmaterie, einer kosmischen Wirklichkeit, durch vier Billionen Jahre der Evolution hindurch bis hinauf zum Menschen und zum Göttlichen. Das ist das Geheimnis des Kosmos. Es mag weitere Verfeinerungen und genauere Erklärungen dieser Weltsicht geben, viele werden sie nur als eine unter vielen möglichen wissenschaftlich untermauerten Modellanschauungen verstehen, auf jeden Fall ist diese Weltsicht typisch für die heutige wissenschaftliche Weltauffassung.

In einem Schaubild dargestellt sieht das etwa so aus:

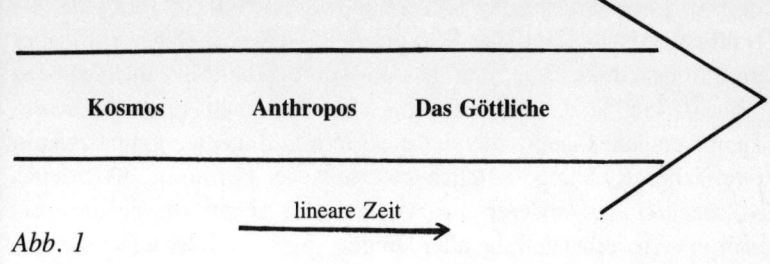

Abb. 1

Natürlich werden nicht alle Wissenschaftler mit dem Wort »göttlich«, wie es zum Beispiel von Paolo Soleri[10] gebraucht wird, einverstanden sein. Wir können es auch die Dimension des Übermenschlichen oder die Zukunft oder das Unbekannte nennen – das bleibt sich im Hinblick auf das, worum es mir im Augenblick geht, gleich. Der Mönch leistet innerhalb dieser Weltsicht seinen Beitrag zur Entfaltung des Universums auf das Göttliche hin, indem er in der Vergangenheit wurzelnd sich dem Zukünftigen öffnet.

Anders sehen die Dinge aus, betrachtet man sie von einem modernen christlichen Standpunkt aus – ich sage hier nur christlich, um es uns ein wenig einfacher zu machen. Die evolutive Entwicklung wird ebenso bejaht, aber gleichzeitig betont, daß es sich bei dem göttlichen Punkt um einen *theos* außerhalb des Weltzusammenhangs handelt. Dieser *theos* tritt vor allem dreifach in Erscheinung. Er steht am Anfang als göttlicher Impuls, der das ganze Geschehen in Gang setzt, gleichsam den Anstoß gibt. Damit beginnt alles. Der Anstoß geht also klar von Gott aus, und dieser Gott ist bereits am Werk, bevor noch und damit die Evolution stattfinden kann. Typisch für diese Weltsicht sind etwa die Gedanken von Teilhard de Chardin. Der so gedachte Gott tritt hauptsächlich an drei Punkten der Entwicklung in Kontakt mit der Welt: Am Anfang die Schöpfung, der erste Pfeil, der Beginn, der Anstoß. Dann der Punkt, an dem der Mensch erscheint – ob Abel oder Christus oder wer auch immer –, ein zweiter Abstieg des Göttlichen. Der christliche

---

[10] Paolo Soleri, Architekt, Erfinder und Erbauer von Arcosanti, der Stadt der Zukunft, in der Nähe von Phoenix, Arizona, Teilnehmer am Symposium. (Anm. d. Übers.)

Fachausdruck dafür lautet »Inkarnation«: der zweite Einbruch des Göttlichen in die zeitliche Wirklichkeit. Und schließlich ein dritter Berührungspunkt, von den beiden vorhergehenden unterschieden (ohne daß ich jetzt auf alle theologischen Spitzfindigkeiten zu diesem Thema eingehen kann): die Idee einer letzten Begegnung, und zwar in zweifacher Richtung, nämlich einerseits als *parousia,* als zweites Kommen Gottes, andererseits, wie Petrus es nennt, als *apokatastasis panton* (Wiederherstellung aller Dinge, Apg 3,21) oder als *anakephalaiosis* (Zusammenfassung aller Dinge in Christus), um es in der Sprache des Paulus zu sagen (Rom 13,9; Eph 1,10). Diese letzte Begegnung nimmt die ganze Schöpfung wieder in den göttlichen Bereich zurück, von dem sie einst ihren Ausgang nahm, und damit wäre die Geschichte zu Ende. Gott und Mensch leben fortan für immer glücklich beieinander.

Beide Weltbilder lassen sich etwa wie folgt in einem Schaubild zusammenfassen:

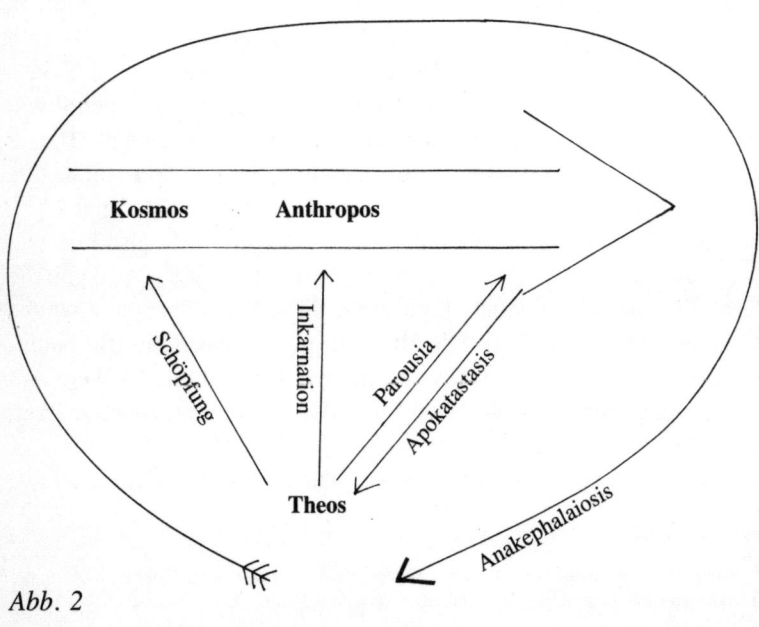

Abb. 2

Die Zeit im wissenschaftlichen Weltbild ist eine lineare Größe. Die monotheistische Zeitlichkeit muß nicht unbedingt linear sein. Der christliche Mönch weiß sich verwurzelt im ersten Kommen Christi, er lebt als eschatologisches Zeichen für das zweite Kommen, als Zeuge, daß es nur auf das Eine ankommt.
Sicherlich ließe sich dieses Schema noch weiter verfeinern, der Übergang vom Kosmischen zum Anthropologischen als vielschichtiger Prozeß sich entfaltender Lebens- und Bewußtseinsformen darstellen. Kosmos wäre zum Beispiel die anorganische und organische Materie, die pflanzlichen und tierischen Lebewesen usw. Anthropos: darunter könnte man die verschiedenen Arten von Körpern (grobstofflich, feinstofflich usw.) und von mit Bewußtsein begabten Lebewesen (böse und gute Geister aller Art, einschließlich der Götter) fassen. Zudem wäre denkbar, daß sich dieses Grundmuster, einmal bis zum Ende durchlaufen, wiederholt, entweder auf dieselbe Art und Weise (eine Art Kreislauf) oder auf verschiedenen Ebenen (spiralförmig) oder wie auch immer.
Ich möchte ein drittes Modell vorstellen, ein gleichsam kulturübergreifendes Grundmuster. Am Anfang steht hier ein dimensionsloses Dreieck, der Ruhepunkt, in dem das materielle Element, der Bewußtseinsfaktor und die unaussprechliche Freiheit, die ich göttlich nenne, bereits enthalten sind. Dieses Dreieck entfaltet sich als eine gleichsam sphärische Welle, die sich in alle drei Richtungen gleichzeitig ausbreitet, und zwar in einem bestimmten Rhythmus, etwa wie beim Atmen oder wie beim Herzschlag – die Systole und Diastole der Wirklichkeit –, und aus diesen Pulsschlägen entstehen die Zeit bzw. die Zeiten.
Daraus ergibt sich folgendes Mandala (Seite 154 oben):
Ein Mandala kann uns helfen, die Mitte zu veranschaulichen, um die es geht – was nicht immer leicht ist. Die Mitte, zugleich immanent und transzendent, bildet gleichsam den Kern der drei konstitutiven Dimensionen der Wirklichkeit, deren jede in jedem Augenblick des Entfaltungsprozesses am Geschehen beteiligt und wirksam ist: der *Kosmos* (Materie, Energie); der *Mensch* (Bewußtsein, Wille); und der *Theos* (Freiheit, absolute Unbestimmtheit); und die Liebe – wenn mir dieses viel mißbrauchte Wort hier erlaubt wird.
Ich werde hier nicht erläutern, was ich die *quaternitas perfecta,*

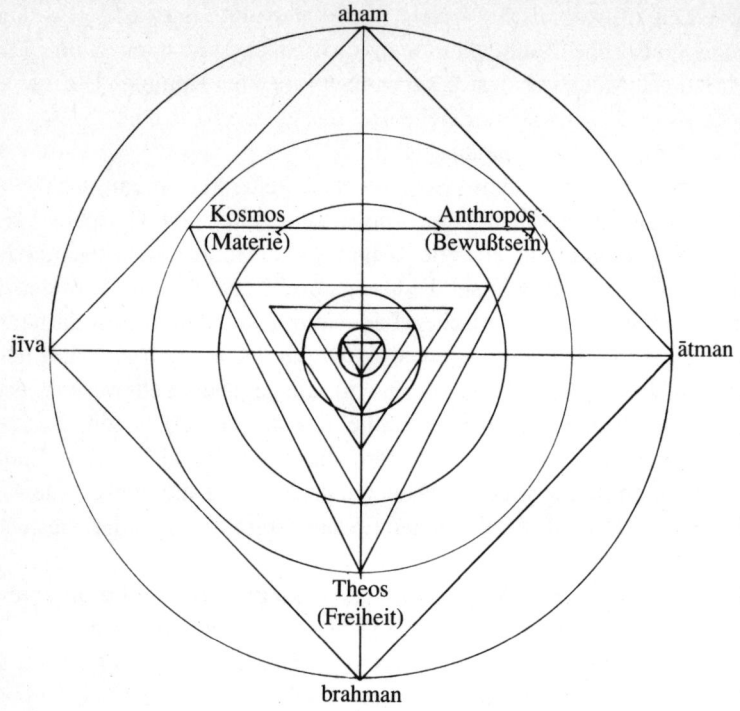

Abb. 3

dargestellt durch die vier Sanskritworte *jīva, aham, ātman, brahman* (Seele, Ich, Selbst, Grund)[11] nenne. Die Konzentration dieser vier, das heißt das Verschmelzen der vier Zentren zu einem, das wäre ein anderer Name für die Wirklichkeit, für den unablässig sich vollziehenden Prozeß der Verwirklichung.

Das Mönchtum stände in diesem Zusammenhang für die Suche nach der Mitte, unter der Voraussetzung, daß diese Mitte ganz und gar einfach ist. Wir wissen nichts von der Mitte, außer wir nähern uns ihr auf mehr oder weniger gelungenen Wegen. Der Weg zur Mitte wird jedoch durch die Art vorgezeichnet, wie wir uns diese Mitte vorstellen, an sie glauben, sie erahnen, sie erfahren ... Im großen und ganzen geht

[11] S. Anm. 9, S. 167f. (Anm. d. Übers.)

das Bestreben der monastischen Überlieferung dahin, die Mitte durch radikale Vereinfachung, *Einfaltung* zu erreichen – etwa unter der Annahme einer durch und durch einfachen Mitte. Der moderne Mönch, wie gesagt, zieht demgegenüber den Weg der *Integration* vor – er geht dabei von einer vieldimensionalen, vielschichtigen Mitte aus. Damit ist natürlich nicht geleugnet, daß man sein Leben in Ordnung bringen, reinigen, vereinfachen muß, will man sich auf den mühsamen Weg der Integration begeben; nur so ist Integration überhaupt möglich. Immer dann, wenn unsere Wahrheitssuche, unser schöpferisches und künstlerisches Tun, unser Bemühen um Einkommen, Lebensunterhalt, Wohlstand, das Schaffen bestimmter Mittel und Voraussetzungen dazu, unsere Sorge um gesellschaftliche Belange auf jener Grundbemühung um Konzentration, auf der Ausrichtung auf die Mitte, auf der Suche nach dieser Mitte beruhen, pflegen wir die monastische Dimension des Lebens.

Und wie werden wir »gemittete« Wesen? Die Antworten fallen verschieden aus, je nach Kultur, Religion und Zeit. Das Beispiel des hinduistischen und christlichen Mönchtums habe ich bereits etwas ausführlicher vorgestellt.

Das wissenschaftliche Modell ist Teil der westlichen Weltanschauung, innerhalb deren das Transzendente mehr und mehr seinen transzendenten Charakter verloren hat und zu einer Größe geworden ist, die vor allem in der Zukunft gesehen wird. In der Tat: Hier handelt es sich um eine *futuristische* Mitte. Transzendenz ist keine Größe außerhalb der Zeit, sondern die Zukunft selbst. Vielleicht liegt die größte Aufwertung dieser modernen wissenschaftlichen Weltsicht darin, daß kein geringerer Theologe als Karl Rahner von Gott als der *absoluten Zukunft* gesprochen hat. Im wissenschaftlichen Modell wird diese in der Zukunft liegende Mitte durch wachsendes, ständig fortschreitendes, meßbares Wissen erreicht. Daneben gibt es im westlichen System noch einen anderen Weg, den marxistischen. Auch er ist auf die Zukunft ausgerichtet, aber in Gestalt der vollkommenen, klassenlosen Gesellschaft. Der Hauptunterschied liegt darin, daß der Weg zum Ziel hier nicht über meßbare Kenntnisse führt, sondern über gezieltes politisch-ökonomisches Handeln. Immer aber handelt es sich um Mittel und Wege, die Mitte zu erreichen.

Der Mönch kann somit in verschiedenen Kulturen, Ideologien, Weltanschauungen usw. zuhause sein. In allen Lebensumständen scheint der Mönch jedoch aus einer Art Vorwegnahme der Mitte heraus zu leben und sich von ihr bei seiner Suche leiten zu lassen. Kurz, die Suche nach der Mitte beruht zum großen Teil auf den unterschiedlich bedingten glaubensmäßigen Übereinkünften darüber, wo die Mitte liegt, wo sie zu suchen ist, worin sie letztlich besteht.

Die soziologische Herausforderung

Schließen wir nun die Drehbücher zu unserem großartigen kosmologischen und methaphysischen Thema. Befassen wir uns stattdessen mit der modernen westlichen Gesellschaft. Was ich dazu sagen möchte, gilt mit Einschränkungen ebenso für andere Gesellschaften auf dem Weg zur Modernisierung. Obwohl es theoretisch nicht so sein müßte, sind Modernisierung und Verwestlichung heute *de facto* ein und dasselbe. Der Traum von einer Modernisierung ohne gleichzeitige Verwestlichung ist eben ein Traum: ein frommer Wunsch ohne jeden Anhaltspunkt in der Wirklichkeit. Aber das ist ein anderes Thema.
Worin besteht also die soziologische Herausforderung unserer Zeit? Darin, daß das System der modernen westlichen Gesellschaft vor dem Zusammenbruch steht. *Das System:* ich benutze dieses Wort einfach als Abkürzung und Codewort für die gegenwärtige soziale, politische, wirtschaftliche und religiöse Ordnung. Sie scheint mir nicht mehr zu funktionieren. Viele glauben zwar, daß das System unvollkommen und in manchen Punkten unbefriedigend ist. Aber ich wage zu behaupten, daß es von Grund auf ungerecht und sogar unmenschlich ist. Bloße Reformen genügen nicht mehr. Es bedarf einer tiefgreifenden Erlösung. Das System steht für die Verschiebung der Mitte von Gott oder dem Menschen oder dem Kosmos weg in einen Winkel der Wirklichkeit, der vorgibt, das Ganze zu sein. Ich vermute, die Gründe für das Auseinanderfallen des Systems liegen darin, daß es versucht hat, die globale Lösung der menschlichen Probleme mit den Mitteln, Einsichten und Erkenntnissen einer einzelnen Kultur und/oder Religion zu lösen. Hier wird die Bedeutung und Wichtigkeit kulturübergreifender Studien sichtbar, unter denen mehr zu verstehen ist als ein bißchen Kosmetik und Flickwerk am bestehenden System, um ihm eine schönere Fassade zu verpassen. Ich wiederhole nochmals: Der Grund für den Zusammenbruch scheint mir nicht darin zu liegen, daß das System als solches schlecht wäre, sondern darin, daß es angesichts der heutigen Situation einem Versagen gleichkommt, die globalen menschlichen Probleme innerhalb der Strukturen und mit den Mitteln einer einzelnen Kultur lösen zu wollen, ohne ihre Engpässe, Schwachstellen und

Einseitigkeiten genügend zu berücksichtigen. So gesehen ist das System »verrückt«: es hat seine Mitte verloren (oder nie gefunden).
Sicher, noch nie hat es ein fehlerloses, ideales menschliches System gegeben. Aber alle Systeme der Vergangenheit waren, was ihren Einflußbereich betraf, beschränkt. Die Machtgebilde im alten China, in Assyrien und Rom, im christlichen Mittelalter, in Spanien oder England usw., sie alle sind in der Tat zusammengebrochen, aber immer hat es andere gegeben, die ihr Erbe antraten, Sieger, an denen nun die Reihe war, aus der Geschichte zu lernen oder noch einmal die gleichen Fehler zu machen. Das moderne, technologische System dagegen ist nicht gleichzusetzen etwa mit dem Einflußbereich der USA oder der Sowjetunion. Es durchdringt die meisten Kulturen unseres Planeten. Es kann sich mit vielen nationalen und ideologischen Strömungen verbünden. Eines ist es, die römische Weltanschauung oder das britische Gesetz durchzusetzen. Das mag gut sein für Rom und für England und vielleicht sogar für die auf diese Weise »zivilisierten«, das heißt unterworfenen Völker. Aber keine der früheren imperialistischen Mächte konnte den Anspruch erheben, universal zu sein im Sinne des heutigen Systems, zu dem es weder gleichberechtigte Erben noch Nutznießer noch Alternativen gibt. Bricht dieses System zusammen, ist das das Ende der Geschichte! – das heißt des historischen Mythos der Menschheit.
Aufgabe des Mönchs ist es, sich auf die Mitte und auf die Suche nach ihr zu konzentrieren. Heute jedoch glauben – ich habe keine Mühe gescheut, das deutlich zu machen – viele nicht mehr an eine Mitte in einer anderen Welt, in einer über uns oder vor uns liegenden Ewigkeit. Wer die Mitte in Gott sah (man erinnere sich an das Wort des heiligen Benedikt: »*Si revera Deum quaerit*«, wenn er *wahrhaft* Gott sucht) und deshalb Gott und Gott allein suchte, orientierte damit sich und die ganze Welt auf Gott als die Mitte hin. Die Spiritualität der Weltlichkeit sagt uns, verstehe ich sie richtig, daß die Mitte selber nicht allein in einem transzendenten, außerzeitlichen Gott, der mit der Welt als solcher nichts zu tun hat, gesucht werden darf und gefunden werden kann – so daß wir die Mitte erst erreichen, wenn die Geschichte zu Ende und die Welt vollendet ist, in der *parousia,* am Ende aller Tage, beim letzten Gericht, wenn Gott alles in allem ist und der Pfeil der Evolution sein

Ziel erreicht hat – sondern daß die Mitte zugleich eine materielle und menschliche Komponente hat, das heißt *kosmotheandrisch* ist. Darin liegt die eigentliche Herausforderung der Weltlichkeit an die monastische Dimension des Menschen: Nach Gott und Gott allein in einer Weise Ausschau zu halten, die ganz auf eine weltlose Transzendenz setzt, hilft uns nicht mehr weiter bei unserer Suche nach der wahren Mitte der Wirklichkeit, bei unserem Bemühen, uns selbst und das ganze Universum auf die letzte, eigentliche Wahrheit zu gründen.

Es versteht sich von selbst, daß wir aus Gott als dem Symbol für das Letzte und Eigentliche keine Karikatur seiner selbst machen dürfen. Aber es läßt sich ebenso wenig leugnen, daß dieser ganze Bereich heute einer viel tieferen und reicheren Erfahrung bedarf.

Die Aufgabe lautet also: Unbeirrt nach der Mitte Ausschau halten, zugleich aber die Gründe und Ursachen freilegen, die unseren Erfahrungshorizont derartig »verrückt« haben. Ich möchte dafür ein einziges Wort gebrauchen, das uns die Überlieferung übermittelt hat und das es auf seine existentielle Bedeutung hin abzuklopfen gilt. Das überlieferte Wort lautet *hamartia*, Sünde, *avidyā*, Unwissenheit. Seine existentielle Bedeutung liegt in den *Ergebnissen* und Folgen der mit ihm einhergehenden Spaltungen, Haßausbrüchen oder was auch immer: Hunger, Ungerechtigkeit, Kriege aller Art, Grausamkeiten, Bosheiten usw. Ich meine, daß die dringendste Aufgabe der heutigen Mönche die ist, nach Gott im Raum des Politischen, Gesellschaftlichen, Wirtschaftlichen, Wissenschaftlichen und Kulturellen zu suchen; und nicht darin, eine außergesellschaftliche, apolitische Institution am Leben zu erhalten, die sich über alle wirtschaftlichen, politischen und wissenschaftlichen Sachfragen erhaben und jeder Kultur überlegen dünkt. Ein solcher Gott wäre eine bloße Abstraktion, kein lebendiger Gott und sicher nicht (um ein Beispiel aus der jüdisch-christlich-islamischen Tradition anzuführen) der Gott Abrahams, Isaaks und Jakobs.

Konkrete Anliegen

Drei sehr konkrete Anliegen scheinen sich mir aus der eben skizzierten soziologischen Herausforderung zu ergeben.
(a) Zunächst die Notwendigkeit umfassender Bildung *(formation)*. Der erste Schritt zu diesem Ziel ist echte *In*formation. Die monastischen Institutionen sind im allgemeinen nicht genügend über den Zustand der Welt informiert, der sich von Tag zu Tag verschlechtert. Damit meine ich nicht bloß eine ausreichende Versorgung mit Informationen, wie sie die Massenmedien liefern, die neuesten Berichte über das, was irgendwo auf der Welt gestern passiert ist. Das alles kann unter Umständen die eigentliche Sicht der Dinge, die zu dem Abenteuer der Bewegung der ganzen Wirklichkeit auf ihre Mitte, auf ihr Ziel hin gehört, eher trüben, wie auch immer wir sie deuten mögen. Es gibt darüber hinaus einen ungeheuren Mangel an Information. Die hochnäsige Gelassenheit, Unbekümmertheit und Desinteressiertheit, mit der man alles Weltliche links liegen läßt, kann heute nur noch als die unmonastischste aller Tugenden bezeichnet werden, denn sie begünstigt eine schreckliche Gleichgültigkeit und Dickfälligkeit, eine geradezu schuldhafte Unwissenheit. Viele Einsiedler aus den Anfangszeiten des Mönchtums sind Zönobiten geworden, um ihre Mitbrüder zu erbauen. Vielleicht sollten die neuen Klöster wieder zu Zentren werden, in denen die echte »Erbauung« der Welt studiert und gepflegt wird.
(b) Zweitens, eine *kontemplative* Grundhaltung bei der Untersuchung all dieser Fragen, damit nicht nur ihre technische Seite, Probleme des Daten- und Informationsaustausches, der richtigen Logistik usw. im Vordergrund stehen. Die globalen menschlichen Probleme unserer Zeit lassen sich nicht unmittelbar durch technische Lösungen beseitigen, als könne all das, was über das Leben der Kontemplation gesagt worden ist, im Umgang mit den dringendsten Alltagsproblemen der Gegenwart sofort umgesetzt und angewandt werden. Dazu bedarf es vielmehr einer Methodologie *sui generis,* die beides miteinander verbindet: das Handlungsmoment, das in der Kontemplation selber liegt, und das kontemplative Handeln. Damit will ich unseren Blick nicht auf die gesellschaftlichen Probleme fixieren. Ein fundiertes Wissen der eigenen

Tradition ist zum Beispiel ebenso wichtig. Zudem können wir uns selber nur richtig verstehen, wenn wir auch unsere Nachbarn kennen – samt ihren Meinungen über uns. Auch die Kenntnis anderer Spiritualitäten und geistlicher Überlieferungen gehört heute zu den Anliegen der monastischen Erneuerung.

(c) Drittens, ein Aufruf zum *Handeln*. Damit ist kein Abfall in einen bloßen Aktivismus oder in politische »G'schaftelhuberei« gemeint. *Conversatio nostra in caelis est.* Unser *politeuma* ist im Himmel, heißt es bei Paulus (Phil 3,20). Es ist auf Erden, sagt der moderne Mönch, denn der Himmel wird nicht bloß hier auf Erden verdient, sondern er nimmt hier unten schon Gestalt an, er inkarniert sich. Unsere Politik, unsere *conversatio,* unser Handeln, unser Handlungsspielraum, unsere Lebensart, unser Gemeinwohl, unser Staat, unser Anliegen ist die Erde. Vielleicht sind wir Bürger des Himmels, aber wir leben hier auf Erden. Wir müssen unsere Hände schmutzig machen, sagt der moderne Mönch. Unser *politeuma* ist die *polis* dieser Welt, und auch dies ist zu einem monastischen Anliegen geworden: das tatkräftige *Handeln,* der Aufruf zum Handeln für eine neue Verfassung, für eine neue politische Inkarnation – nicht, um das zu wiederholen, im engen Sinne des Wortes Politik, wie es gewöhnlich verstanden wird.

Das traditionelle Mönchtum hat aus dem Kloster selber ein *politeuma* gemacht, ein Modell menschlichen Zusammenlebens in Symbiose mit der es umgebenden Welt. Aber was einst eine symbiotische Lebensgemeinschaft gewesen ist, kann leicht zu einer parasitären Lebensform werden, wenn die Kommunikation oder besser Kommunion mit der Umwelt nicht wiederhergestellt wird. Man mag dagegen einwenden, daß das eine sehr hohe und idealistische Sicht des Mönchtums ist. Ermutigt hat mich der Satz, den ich im Ergänzungsband zur *New Catholic Encyclopedia* (1979) gelesen habe. Dort steht, daß »der monastische Instinkt prophetisch ist«. Ohne beide Geistesgaben in eins setzen zu wollen, kann doch nicht geleugnet werden, daß der neue Mönch sich nicht länger mit einer *fuga mundi* zufrieden gibt, sondern stattdessen versucht, sich im Sinne einer *consecratio mundi* (Heiligung der Welt, in einem sehr bestimmten Sinne) zu engagieren.

An dieser Stelle drängt es mich, vor dem Hintergrund des Gesagten einen konkreten Vorschlag zu machen. Es geht mir zwar eigentlich gegen den Strich, denn die Geschichte beweist, daß Fragen dieser Bedeutung nicht durch die Einsetzung von Kommissionen oder ähnlichem gelöst werden können, sondern eher durch den Einsatz und die Erfahrung einiger kühner Geister. Dennoch will ich zumindest meine Bereitschaft zur Zusammenarbeit und meine Anpassungsfähigkeit unter Beweis stellen: Ich möchte dazu drängen, eine Kommission oder eine Gruppe oder ein Symposium einzusetzen, das sich mit der Frage der monastischen Bildung in unserer gegenwärtigen Welt befaßt. Vielleicht gelingt es auf diese Weise, einige Hindernisse auf dem Weg zu beseitigen und eine geeignete Atmosphäre zu schaffen, die den existentiellen Wandel vorbereitet, der sich vollziehen muß. Die Zeit dafür könnte kaum reifer sein.

Anthropologische Probleme

Einen dritten Bereich unserer Synthese möchte ich unter der Überschrift »anthropologische Probleme« angehen. Ich sage Probleme, denn wir sind noch nicht darauf vorbereitet, uns selber einzugestehen, daß die unseren Lebensentwürfen zugrundeliegende Anthropologie einfach nicht in der Lage ist, auf alle Fragen eine zureichende Antwort zu geben. Das kommt einem kulturellen Skandal gleich. Daß sich die Wissenschaften ständig verändern und weiterentwickeln, ist kein Skandal, geht man von der heute im Westen vorherrschenden Weltanschauung aus; es entspricht sowohl der Natur der Wissenschaft als auch der Natur des menschlichen Geistes. Reine Naturwissenschaft hat die Freiheit – das gerade macht sie so anziehend –, sich wie das Wetter alle fünf Minuten zu ändern, denn die Wissenschaft als solche erhebt nicht den Anspruch, dem menschlichen Leben Halt und Orientierung zu geben; sie will nur erklären, wie die Dinge funktionieren. Aber daß wir versuchen, unser Leben auf etwas zu gründen und uns existentiell nach etwas zu richten, das heute »A« und morgen »B« heißt und sich übermorgen als »–A« herausstellt: das ist ein Skandal. Das etwas heute Sünde und morgen eine Tugend sein soll, zeigt eine Unsicherheit, Unzuverlässigkeit und Unbedachtheit in anthropologischer Hinsicht, die das traurige Ergebnis des Zusammenspiels sehr vieler kultureller Einflüsse und Faktoren ist.

Mit anderen Worten, der Skandal, der im Festhalten am wissenschaftlichen Menschenbild liegt, beruht darauf, daß dieses Bild den Anspruch erhebt, rational und vernunftbegründet zu sein, und deshalb vom Menschen, den es als *animal rationale,* als vernünftiges Lebewesen versteht, verlangt, den Entdeckungen und Erkenntnissen der modernen Wissenschaft blindlings zu folgen, obwohl sich diese Wissenschaft in ständigem Wandel befindet – gar nicht zu reden von den vielen unterschiedlichen Meinungen, die anerkannte Wissenschaftler zu ein und demselben Thema vorbringen. Das kommt dem Skandal sehr nahe, unter dem Descartes so sehr gelitten hat, diesmal jedoch in anderer, fast genau entgegengesetzter Hinsicht. Descartes war über die vielen einander widersprechenden theologischen Meinungen und Streitigkeiten seiner Zeit bestürzt, die offensichtlich nicht mehr in der Lage waren, dem menschlichen Leben eine Orientierung zu geben. Er machte, was sie betraf, *tabula rasa* und suchte nach einer unbezweifelbaren – und das hieß für ihn: rationalen – Methode. Heute beunruhigt uns weniger das Wirrwarr miteinander konkurrierender theologischer Entwürfe, dafür aber um so mehr die Vielfalt der gegenseitig unvereinbaren rationalen Systeme, die eben deshalb ihren Anspruch, menschliches Leben vernünftig zu leiten, nicht erfüllen können.

Damit soll nicht einer Rückkehr zu ungeprüft hingenommenen theologischen Vorgaben das Wort geredet sein, auch nicht einer Flucht in die Irrationalität oder in jenen demokratischen Intellektualismus, der so tut, als stelle die Entscheidung der Mehrheit schon das einzige Kriterium der Wahrheit dar. Ich möchte allerdings dazu ermutigen, den Ort und die Rolle des *Mythos* für das menschliche Leben neu zu entdecken und dabei der Vernunft und Rationalität ihren (nicht alles beherrschenden) Ort im gesamtmenschlichen – und kosmotheandrischen – Zusammenhang zu geben. Ich kann diese Auffassung, die eines der Hauptanliegen meines akademischen Lebens ist, hier nicht näher begründen[12]. Aber mit dem Eingeständnis, daß unsere Anthropologie nicht ausreicht, den Herausforderungen unserer Zeit wirksam zu begegnen, ist es nicht getan. Wir sollten uns zumindest mit der Problematik als solcher auseinandersetzen. Sich bewußt zu machen, daß die Probleme ungelöst sind, ist bereits der Anfang eines neuen Weges. Der Weg mag, um damit zu beginnen, uns zu der Einsicht führen, daß wir uns nicht mehr ausschließlich auf wissenschaftliche Paradigmen verlassen dürfen, genau so wenig, wie wir blindlings auf irgendeine unserer Auffassungen dessen, was der Mensch letztlich ist, bauen dürfen. Das ist, wenn man es richtig versteht, ein gewagter Vorschlag: Wir können und dürfen uns nicht mehr einzig und allein auf den *logos* (Wort) verlassen; nicht mehr einzig und allein auf orthodoxe Lehrmeinungen. Wir brauchen entweder Flügel, um im Wind zu fliegen, oder aber einen tieferen Grund unabhängig von unseren Ideen, Begriffen, Vorstellungen und Ideologien. Das kommt dem Ende der platonischen Epoche der Zivilisation gleich; das *eidos* (Idee) würde aufhören, letztgültiger

---

[12] Vgl. R. Panikkar, Rückkehr zum Mythos, Frankfurt 1985 (Anm. d. Übers.)

Maßstab zu sein. Das ist es, was ich mit der *neuen Unschuld* meine, die keine »zweite« Unschuld ist. Es ist unmöglich, die verlorene Unschuld wiederzugewinnen oder zu behaupten, sie wiedergefunden zu haben. Die neue Unschuld wird so neu sein, daß wir nicht einmal wissen, ob sie die erste, zweite oder was auch immer ist.

Ich höre schon den Einwand, daß ich mir selber widerspreche, indem ich die Lehrmeinung aufstelle, daß wir uns nicht auf Lehrmeinungen verlassen dürfen. Dem ist aber nicht so, und zwar aus zumindest zwei Gründen. Erstens behaupte ich nicht, wir dürften uns nicht auf Lehrmeinungen stützen. Ich sage nur, daß diese Stütze brüchig ist. Es steht jedem völlig frei, sich auf irgendeine Meinung zu verlassen, die ihm zusagt. Nur ist nicht auszuschließen, daß der Betreffende selber zu einem späteren Zeitpunkt oder andere in seiner Umgebung seine Meinung anfechten werden. Er kann sich dann auf den Standpunkt zurückziehen, seine Ansicht sei für ihn gut und völlig ausreichend und damit basta. Er ziehe keine weiteren Schlüsse, ein weiterer Austausch mit anderen erübrige sich. Oder er geht davon aus, daß alle anderen eben falsch liegen und den Kern der Sache noch nicht begriffen haben. Dann stürzt man sich in Debatten und Diskussionen über die richtige Ansicht. Weder im ersten noch im zweiten Fall sehe ich irgendwelche Probleme, was unsere Frage angeht. Es gibt eine Vielfalt einander widersprechender Lehren, und deshalb kann Gelehrsamkeit kein Kriterium für eine überindividuelle Wahrheit sein.

Aber es gibt noch einen zweiten Grund, weshalb ich mir nicht selbst widerspreche. Ich behaupte nicht, daß die Vernunftseite des Menschen nicht mehr vernunftbestimmt sein soll. Ich sage nur, daß Vernunft, mehr noch: der *logos* nicht die einzigen Bestandteile sind, die das Wesen des Menschen ausmachen. Der Mensch ist auch Geist, und der Geist ist nicht dem *logos* unterworfen; der Mensch ist auch Mythos, und der Mythos läßt sich nicht auf den *logos* zurückführen; der Mensch ist auch Leib, und der Leib läßt sich nicht aus dem Geist herleiten. Ich behaupte ferner, daß keines der genannten Bestandteile ohne die anderen existieren kann. Es geht also keineswegs um eine Vorherrschaft etwa des Mythos über den *logos,* aber auch nicht umgekehrt. Ich vertrete auch in keiner Weise eine materialistische Auffassung. Theologisch gesehen erinnere ich nur daran, daß schon die frühe christliche

Kirche jede Art von Subordinatianismus als Häresie verurteilt hat: Der Geist ist nicht dem *Logos* untergeordnet, *Pneuma* und *Logos* sind im Abgrund, im Schweigen, im Nichtsein des Vaters verbunden, *fons et origo totius divinitatis* (Quelle und Ursprung der ganzen Gottheit), um mit den frühen Konzilien zu sprechen. Aber kehren wir zurück zu unserer Synthese.

Ich habe in den vorausgehenden Überlegungen einige der in diesem Zusammenhang zu nennenden Probleme bereits angesprochen. Ich möchte hierzu noch ein paar sehr konkrete Anmerkungen machen. Was die Definition der monastischen Dimension des Menschen betrifft, habe ich bereits auf die drei Bedeutungen des Wortes »Mönch« hingewiesen. Wir müssen diese drei Bedeutungen fortan genau auseinanderhalten, um keine unnötige Verwirrung zu stiften. Mönch Nummer 1: der Archetyp, jene im menschlichen Wesen als solche angesiedelte fundamentale Dimension. Ich habe mehrfach betont, daß die Schwierigkeiten in dem Augenblick auftauchen, indem man das Monastische in diesem Sinne als Modell des *humanum* versteht. Es handelt sich nur um *eine* Dimension neben anderen. Ferner der Mönch Nummer 2: Menschen, Gruppen von Menschen, die sich bemühen, die monastische Dimension (Mönch Nummer 1) zu pflegen und zu entfalten. Und schließlich Mönch Nummer 3: die institutionalisierte oder traditionelle Form des monastischen Lebens.

Vielleicht wird das Ganze ein wenig klarer, wenn wir uns zwei Problembereiche ein wenig näher ansehen: (1) einige praktische Belange und (2) ein paar theoretische Fragen.

1. Praktische Belange

Ich möchte meinen, daß die größten Probleme praktischer Art, denen wir uns heute stellen müssen, in der doppelten Beziehung der neuen Mönche zum traditionellen Mönchtum liegen, das heißt in der Frage, auf welche Weise das Verhältnis der sich immer weiter ausbreitenden neuen Gruppen (Mönch Nummer 2) zur institutionalisierten Form des monastischen Lebens (Mönch Nummer 3) so konstruktiv als möglich zu gestalten wäre. Damit berühren wir Fragen und Probleme eines

Mönchtums auf Zeit, der *konkreten* Form monastischer Spiritualität, des aktiven Lebens, der Möglichkeit gemischter Gemeinschaften von Männern und Frauen, von kulturübergreifenden Lebensformen, von Klöstern, deren Mitglieder aus verschiedenen Religionen stammen usw. Es ist Privileg und Verpflichtung des Mönchs Nummer 3 in den traditionellen Klöstern, durch Verständnis, Rat, Unterstützung und Hilfe die Entwicklung der neuen Mönchsgemeinschaften zu fördern, damit es zu einem gesunden Pluralismus der Lebensformen kommt. So mancher Mönch Nummer 2 wird zwar gegenwärtig kaum bereit sein, auf den Mönch Nummer 3 zu schauen, um sich von ihm inspirieren zu lassen, aber die Entwicklung muß dahin gehen, soll die Verbindung mit der Tradition nicht verloren gehen – beide Gruppen würden dadurch ärmer werden. Wenn allerdings der Mönch Nummer 3 nicht bereit ist, sich zu öffnen und ein wenig von seinen Höhen herabzusteigen, wird auch der Mönch Nummer 2 nicht in der Lage sein, seinerseits zu den Höhen der alten Klöster hinaufzusteigen. Der Treffpunkt liegt wahrscheinlich irgendwo in der Mitte: auf keinen Fall in einem Niemandsland, sondern an einem Ort echt menschlichen Zusammenlebens.

Doch wie soll die Öffnung des traditionellen, klassischen Mönchtums vonstatten gehen? Wie soll der Mönch Nummer 2 hinaufsteigen, um die vielen versuchsweise und auf Probe eingeschlagenen Pfade zu bereinigen und zu einer neuen monastischen Landschaft auszubauen? Das sind grundlegende Fragen, deren Antworten nur gefunden werden können, wenn es zu einem echten Dialog zwischen dem Mönch Nummer 2 und dem Mönch Nummer 3 kommt. Es gibt bereits überall auf der Welt erste Ansätze in dieser Richtung, aber es bedarf noch sehr der steten Ermutigung und Ermunterung von beiden Seiten.

Ich möchte darüber hinaus vier Hauptprobleme, was die monastische Lebensweise betrifft, zumindest erwähnen: (a) Armut, (b) Ehe, (c) weltlicher Einsatz und (d) Sexualität.

(a) Über die *Armut* muß gründlich und neu nachgedacht werden. Es ist interessant, daß in Gesellschaften, die weniger als die unsrige von rein ökonomischen Gesetzen und Gesichtspunkten beherrscht waren, die Armut nicht unter ökonomischem Blickwinkel gesehen wurde. Bettler zu sein konnte durchaus eine anständige Lebensform darstellen. Das schwingt zum Beispiel in dem Wort *bhikṣu* mit, und auch der christlich geprägte Westen kennt beziehungsweise kannte seine Bettelorden. Armut wurde erst später zu einer ökonomischen Größe, und fortan versuchten die Mönche, die Armut auch in ihrem ökonomischen Aspekt zu verteidigen. Das trägt heute nicht selten zu einer Verwirrung der Geister bei, denn in einer durch und durch von ökonomischen Interessen beherrschten Welt gibt es keine sinnvolle Verteidigung ökonomischer Armut mehr: Das liefe auf die Förderung und Unterstützung von Hunger und Ungerechtigkeit hinaus. Aber Armut meint eben immer noch mehr als einen ökonomischen Zustand: »Selig sind (seid ihr) die Armen *im Geiste* . . .«

(b) Ein Problem, das ich auf keinen Fall aus der Diskussion ausgeschlossen sehen möchte, ist die Frage verheirateter Mönche. Die Frage stellt sich nicht nur aus monastischer Sicht, sondern auch im Hinblick auf den sich daraus ergebenden Wandel im Verständnis der Ehe. Verheiratete Mönche werden unsere Auffassung der Ehe wohl ebenso sehr verändern wie das Bild, das wir uns vom monastischen Leben gemacht haben.

Es gibt in der Tat, was diesen Punkt betrifft, erhebliche Schwierigkeiten praktischer Art innerhalb der gegenwärtig noch vorherrschenden Lebensform des Mönchs Nummer 3. Es geht mir hier jedoch mehr um die grundlegendere Frage, ob der Zölibat wesentlich zum Mönchtum gehört oder nicht. Wenn die Unterscheidungen, die ich getroffen habe, Sinn machen, so besteht wohl Übereinstimmung darin, daß erstens der Mönch Nummer 1 (also der monastische Archetyp) sehr wohl mit der Ehe vereinbar ist; daß zweitens die bisherigen Erfahrungen des Mönchs Nummer 2 noch nicht fundiert und klar genug sind, um ein eindeutiges Bild zu ergeben; und daß drittens die überwiegende Mehrheit des Mönchs Nummer 3 das Gelübde der Keuschheit abgelegt hat.

Ich muß nicht nochmals betonen, daß ich sehr viel von der zölibatären Lebensform halte und gute Gründe dafür anführen kann, wenn auch immer nur *a posteriori*. Es geht hier um etwas anderes, und zwar in doppelter Hinsicht:

(1) Gehört die Ehelosigkeit zum Wesen des Mönchtums oder nicht? Das Beispiel der verheirateten Mönche im tibetischen und im Zenbuddhismus spricht eher für eine verneinende Antwort, nimmt man noch einige experimentelle Lebensformen des Mönchs Nummer 2 hinzu.

Die Gründe, warum die meisten monastischen Institutionen sich für den Zölibat entschieden haben, lassen sich vielleicht auf drei Bereiche zurückführen: Zum einen das gesellschaftliche Umfeld, in dem das Mönchtum sich entwickelte und zu seiner reifen Gestalt fand. Es wäre praktisch unmöglich gewesen, einem Mönchtum für Verheiratete eine institutionelle Gestalt zu geben. Der zweite Grund liegt in der noch bis vor kurzem vorherrschenden Auffassung der Ehe und des ehelichen Lebens – ob als Folge bestimmter praktischer Erfahrungen oder als Ergebnis theoretischer Überlegungen, spielt für unsere Frage keine Rolle. Nicht nur das Frausein, auch die Ehe wurde praktisch als zweitrangig angesehen im Hinblick auf die erstrangige Aufgabe der Vervollkommnung des Menschen. Sah man im Mönch das Vorbild menschlicher Vollkommenheit schlechthin, schien es nur natürlich, daß Ehe und Mönchtum nicht zueinander paßten. Auch Frauen sind zum monastischen Leben berufen, doch wir kennen (angefangen von den *sādhvīs* im Jainismus) die untergeordnete Rolle, die das weibliche Mönchtum in der Vergangenheit gespielt hat. Ich vermute, für die verheirateten Mönche galt dasselbe. Das läßt sich schon aufgrund einfacher Beobachtung sagen, wenn man zudem bedenkt, daß verheiratete Frauen in den meisten Gesellschaften überhaupt nur eine untergeordnete Rolle gespielt haben. Der Verdacht erhärtet sich, wenn man die Rolle der griechischen *paredra* (Begleiterin) oder der hinduistischen *śakti* einmal näher untersucht. Alles ist auf die Vollendung des Männlichen ausgerichtet, zumindest sind die grundlegenden Paradigmen, Bilder und Begriffe männlich geprägt. Auch die *virgines subintroductae* und die *agapites* (geistliche Ehe, zusammenwohnen von Asketen beider Geschlechter) im christlichen Bereich bilden hier keine Lösung des Problems. Ein derartiges Modell würde mit ziemlicher Sicherheit unserem heutigen feinfühligeren Gespür für diese Dinge kaum gerecht werden können.

Der dritte Grund liegt wohl in der unterschwelligen Auffassung des Mönchtums als *vita angelica* (leben nach der Art der Engel), als Leben auf der *pāramārthika* Ebene, ohne sich um *saṁsāra* und dergleichen zu kümmern. Das monastische Ideal behauptet von sich, ein »übernatürliches« zu sein, auf einer höheren Lebensstufe angesiedelt, nicht *laukika*, nicht weltlich.

Meine Argumentation schließt nicht die Behauptung einer völligen Gleichheit von Mann und Frau ein oder die These einer höheren Bedeutung des Zölibats. Ich sage nur, daß in dem Augenblick, in dem das Mönchtum nicht mehr als *die* vollkommene Gestalt menschlichen Lebens gilt, daraus, *auch wenn* die eben genannten Behauptungen richtig sein sollten, nicht die Unmöglichkeit verheirateter Mönche folgt.

(2) Der zweite Punkt betrifft die schwierige praktische Umsetzung und Durchführbarkeit der Integration verheirateter Mönche innerhalb der großen monastischen Institutionen der meisten Religionen. Ich möchte diesen Punkt hier nur erwähnen und es ansonsten dabei belassen.

(c) Der *persönliche Einsatz für die Welt*. Daß ein Salesianer oder eine barmherzige Schwester etwas aufgrund seiner oder ihrer persönlichen Berufung tun und dabei die gemeinsame Berufung der religiösen Gemeinschaft, der er oder sie angehören, hintan stellen, ist insofern verständlich, als jede Person eine besondere Berufung hat. Dabei handelt, dürfen wir wohl sagen, diese Person nur *in obliquo* als Mitglied ihrer Gemeinschaft. Ich denke, ähnliches läßt sich bisher vom Mönch nicht behaupten. Die christlichen Mönche haben sich in den letzten Jahrhunderten mehr oder weniger von einem kollektiven Ideal beeinflussen lassen, anstatt bis zur Mitte ihrer persönlichen Berufung vorzustoßen. Vielleicht ist die Entstehung der Jesuiten in diesem Zusammenhang als Ergebnis einer Anpassung des monastischen Ideals an die neue Geisteshaltung ihrer Zeit zu verstehen.

Worauf ich hinaus will, ist folgendes: Der Einsatz des Mönchs für die Welt ist keine institutionalisierbare Aktivität auf der Basis einer gemeinsamen Berufung, wie etwa die Unterhaltung von Schulen und Krankenhäusern oder ähnlichem, sondern die notwendige Folge der persönlichen Sorge des Mönchs um jenen Teil der Welt, der ihm am nächsten steht. Daraus, nämlich aus der Spannung zwischen der persönlichen Eigenart des einzelnen und der hierarchischen Autorität ergeben sich eine ganze Reihe von neuen Problemen. Ich denke, die Gestalt des zönobitischen und eremitischen Lebens bedarf in diesem Zusammenhang einer grundlegenden Umbildung. Das Ziel ist eine neue Form von Gemeinschaft aufgrund tiefer persönlicher Beziehungen. Der Einsatz für die Welt wird jedenfalls, darauf habe ich schon hingewiesen, kaum erfolgreich sein können, wenn es sich dabei um eine rein individualistische Angelegenheit handelt.

(d) *Sexualität*. Das traditionelle Mönchtum hat, wie schon bemerkt, den Mönch als asexuelles Wesen verstanden. Die Geschlechtlichkeit dient, so lehrte es die christliche Scholastik, dem Zwecke der Arterhaltung, nicht der Erfüllung des Menschen als Einzelperson. Deshalb bestand die Aufgabe des Mönchs einfach darin, seine sexuellen Bedürfnisse zu überwinden und bestenfalls zu sublimieren. Je mehr die Mönche ihre Sexualität einfach ignorierten, desto besser. Das Gespür für diese Dinge ist heute zumindest in der westlichen Welt sicher ein anderes, und darüber darf man nicht einfach hinwegsehen. Es gibt in diesem Zusammenhang fünf Bereiche, die zu überdenken wären. Ich zähle sie hier nur auf:

(1) Der *Leib,* worauf ich bereits eingegangen bin.

(2) *Sex* im Sinne ganzmenschlicher Geschlechtlichkeit und nicht bloß im Sinne der »sexuellen Bedürfnisse« von Säugetieren. Der Mensch ist ein geschlechtliches Wesen, womit die ganze Bandbreite zwischenmenschlicher Beziehungen gemeint ist. Ich möchte in diesem Zusammenhang darauf verweisen, daß die Erfahrung der polaren Gegensätzlichkeit der Menschen und die Freude daran ein in höchstem Maße kontemplatives Tun sein kann.

(3) *Freundschaft* ist ein Kapitel für sich, bei dem es vor allem auf eine klare Abgrenzung zu den beiden Extrempositionen ankommt, deren eine in der Freundschaft eine verkappte – und oft unnatürliche – Sexualität vermutet und deren andere sie als gänzlich asexuelle Beziehung versteht. Ich bin immer noch der Meinung, daß der Mensch ohne Ehegattin oder -gatten leben kann. Ich zweifle allerdings sehr daran, daß ein Mensch wirklich ohne Freund oder Freundin auskommt.

(4) Die *körperliche Seite der Sexualität* sollte von der für die zwischenmenschlichen Beziehungen konstitutiven Sexualität im allgemeineren Sinne unterschieden werden. Der körperliche Aspekt ist oft überbetont worden – vielleicht als Folge einer zu starken Unterdrückung in der Vergangenheit? –, aber sicher stellt auch er ein Problem dar, das es zu überdenken gilt.

(5) Auch der *Zölibat* ist wiederum ein wichtiger Gesichtspunkt, über den es nachzudenken gilt.

2. Theoretische Fragen

Von Anfang an habe ich, wenn auch nur leise und gleichsam mit gedämpfter Stimme, wiederholt die Frage gestellt: Umfaßt der Mönch Nummer 1 nur das, was wir in den besten Vertretern des Mönchtums entdecken und wiederfinden können, oder gehört zu ihm darüber hinaus noch etwas, was früher zwar auch mehr oder weniger latent vorhanden war, heute aber stärker nach vorne drängt? Handelt es sich bei dem neuen Mönch, dessen Gestalt ich umrissen habe, lediglich um ein neues Erscheinungsbild des Mönchs Nummer 3, das durchaus noch in den Bereich des Mönchs Nummer 1 fällt, oder handelt es sich im Gegenteil um einen ganz neuen Archetyp?

Diese Frage schließt auch die praktische Überlegung mit ein, daß ihre Beantwortung überhaupt erst den Spielraum eröffnet und absteckt, innerhalb dessen die Beziehungen zwischen dem Mönch Nummer 2 und dem Mönch Nummer 3, von denen bereits die Rede war, angemessen erörtert werden können.

Der Mönch Nummer 3 als Archetyp eröffnet uns den Zugang zum monastischen Archetyp (das heißt dem Mönch Nummer 1). Aber auch der Mönch Nummer 2 führt uns zum Mönch Nummer 1. Dürfen wir nun aufgrund dessen, was wir entdeckt haben, aufgrund der gefundenen Wegrichtungen und treibenden Kräfte behaupten, es handele sich um denselben Archetyp, oder müssen wir hier von einem *novum* sprechen? Mit anderen Worten: Sind der alte und der neue Mönch unter einen Hut zu bringen oder nicht? Handelt es sich um eine Reformation oder um eine Mutation? Oder gar um etwas völlig anderes? Ich denke, die Frage ist so bedeutsam, daß wir ihr ein eigenes Kapitel »Die Herausforderung der Weltlichkeit«, widmen müssen, nachdem wir vorher die noch anstehenden Fragen besprochen haben.

Fragen zur Diskussion

Ist das tatsächlich ein universaler Ansatz, von dem wir hier sprechen? Wir haben von der ersten und der dritten Welt gesprochen und die zweite Welt als im Grunde auch westlich geprägt bezeichnet. Daran ist etwas Richtiges, aber fünfundneunzig Prozent der Menschen im Osten würden nichts von dem verstehen, worüber wir hier gesprochen haben, weil sie einfach eine andere Sprache sprechen. Wie läßt sich da eine Brücke bauen?
Wir sind nicht universal. In der Tat. Gott sei Dank gibt es keine *lingua universalis* (universale Sprache). Seien wir demütig genug, das anzuerkennen, und bekennen wir uns zu unserer Konkretheit. Für mich besteht da ein großer Unterschied, ob etwas oder jemand provinziell ist, etwas Besonderes in Abhebung vom Allgemeinen und Abstrakten, oder ob etwas oder jemand konkret und lebendig ist, und das steht nicht im Widerspruch dazu, daß ein solches Leben zugleich universal ist.
Es gibt keine *lingua universalis*. Wir müssen uns zuallererst eingestehen und klarmachen, daß unser Leben unaufhebbaren Grenzen unterworfen ist – unaufhebbar, weil diese Grenzen zu den Grundbausteinen des Lebens selbst gehören, dank deren wir existieren. Aber zugleich müssen wir unsere Augen offenhalten und unsere Ohren spitzen, um zu sehen und zu hören und zu verstehen, daß es andere Melodien und Tänze und andere Sprachen und Rhythmen gibt..., die wirklich sind, auch wenn wir sie nicht verstehen. Vielleicht gibt es nur eins, das ich universal nennen möchte, das ist eine Art liebender Verrücktheit. Aber das ist eine andere Frage. Das hat mit der *ānanda* von Śiva zu tun.

Wenn wir das Wort »Mönch« oder »monastisches Leben« gebrauchen, um das Wesen des menschlichen Lebens und das Ziel der letzten Integration zu beschreiben, zu dem jeder Mensch unterwegs sein sollte, geht das nicht ein bißchen zu weit? Gibt es überhaupt ein derartig objektivierbares Wesen des Mönchtums? Verlieren die Worte »Mönch« und »monastich« dadurch nicht jede konkrete Bedeutung?
Ich halte eine solche Frage für sehr wichtig. Dennoch sehe ich dahinter einen inneren Widerspruch.

Einerseits gehen wir davon aus und sagen: »Das Mönchtum ist nicht objektivierbar. Warum objektivieren wir es?« Darauf antworte ich: Sicher, einverstanden, es ist nicht objektivierbar. Wenn ich das Wort *Archetyp* gebraucht habe, dann deshalb, weil ein Archetyp per Definition etwas Nichtobjektivierbares ist, denn ein Archetyp steht immer in funktionaler Abhängigkeit vom Bewußtsein, für das er ist, was er ist. Der Archetyp ist kein Gegenstand, der irgendwo still für sich herumsitzt, sondern etwas, das aus den Beziehungen, in denen der Mensch lebt, und zwar im Hinblick auf das Ganze der Wirklichkeit, aus dem mehr oder weniger kollektiven Schatz menschlicher Erfahrungen entsteht.

Auf der anderen Seite aber behaupten die Mönche Nummer 3: »Meine Lebensweise *ist* objektiv, klar und eindeutig, und man darf da keine Verwirrung hineintragen. Wenn wir auch Verheiratete und Eheleute als Mönche bezeichnen, dehnen wir den Sinn der Worte in unerlaubter Weise aus. Das monastische Leben hat genügend klare und objektive Grenzen, die man nicht verwischen sollte.« Ob ich damit einverstanden bin oder nicht, ist jetzt zweitrangig. Vielleicht verstehen wir den inneren Widerspruch als Paradoxie. Das Mönchtum ist eine Lebensform, die als solche bestehen bleiben sollte, ohne Verwischung der Konturen. Meine Antwort wäre: Stehen wir hier nicht vor einem semantischen Problem? Was heißt »Mönchtum« und »monastisches Leben«? Ist darunter die besondere, objektive Lebensform zu verstehen? So wird es meistens verstanden. Oder ist es eine konkrete, kulturell verschiedene Ausprägung eines universalen Archetyps, den ich monastisch genannt habe? Aber ich nehme die Warnung ernst, davor auf der Hut zu sein, ungeachtet meiner besten Absichten unnötig Verwirrung zu stiften. Aber das ist ja die Aufgabe des Gesprächs, Unklarheiten zu beseitigen.

Wir sollten den Sinn der Worte nicht bis ins Bedeutungslose ausdehnen, sicher, aber ist es nicht auch richtig, daß bestimmte Ausprägungen kultureller Grundmuster oder Denkweisen den Sinn und die Bedeutung von Worten sehr oft monopolisiert und einseitig festgelegt haben?

Das Leben und die Geschichte der Worte können uns sehr viel zeigen. Ich denke, dieses Lebendige der Worte selber läßt sich zum Beispiel gerade nicht in einen Computer stecken. Mein Paradebeispiel dafür ist der Regenbogen. Sicher weiß ich, was grün ist und was violett, aber es gibt da sehr viele Schattierungen, und daraus entstehen vielleicht erst die schönsten Farben – und dann weiß ich nicht, ist es grün oder violett oder blaugrün oder beides zugleich.

Eine Anmerkung zum Thema Denken und Sprechen

Ich erlaube mir in diesem Zusammenhang eine Reihe von Übertreibungen. Die letzten sechsundzwanzig Jahrhunderte des westlichen Selbstverständnisses beruhen kulturell gesehen auf dem Dogma – vorgegeben und weitergegeben von Parmenides bis Husserl, mit Heidegger als eine Ausnahme, weil Infragestellung (von daher unsere Freundschaft) –, auf dem Paradigma, das Parmenides zum ersten Mal formuliert hat, daß die beiden Fundamente oder Säulen, auf die wir uns zu verlassen haben, um als Menschen zu leben, das heißt um uns als Menschen in der Welt orientieren zu können, *Denken* und *Sein* sind, *nous* und *on*. Die ganze Geschichte des westlichen Denkens gründet auf der Annahme, daß der *nous,* die *ratio,* Verstand oder Vernunft der Hirte und Hüter des Seins ist und daß sich das Sein nur insoweit ausdrücken und zur Sprache bringen läßt, als die *ratio* es erkennt. Natürlich gibt es alle möglichen Spielarten des Verhältnisses der beiden Säulen zueinander: Sie sind zwei, eins, bezogen aufeinander usw. Die ganze moderne Wissenschaft geht davon aus, daß es einzig der Verstand, das Denken im Sinne des Rechnens und Berechnens ist, was uns sagen wird und sagen kann, wie und was das Sein ist, wie es sich verhalten wird. Indem wir die Riemannsche Geometrie und negative Quadratwurzeln und ähnliche Hilfsmittel anwenden, denken wir, und durch unser Denken konstruieren wir das System, die Brücke, das Bauwerk ... und es steht tatsächlich.

Kurz, das Denken entdeckt das Sein, aber es bedingt es auch. Ein solches Denken fordert einen hohen Preis. Ein Denken, das in diesem Sinne zum Verstehen führen soll, darf den Satz vom Widerspruch nicht verletzen. Wenn ich Sein denke, wenn ich *dieses* denke, dann muß *dieses* der Fall sein, solange meine Denktätigkeit andauert. Wenn *dieses* nicht dasselbe bliebe, wüßte ich gar nicht, worüber ich denke. Wenn du denkst: Zwei Tulpen und zwei Rosen ergeben vier Blumen, dann müssen auch nach fünf Minuten noch zwei Tulpen und zwei Rosen Tulpen und Rosen sein, um vier Blumen zu ergeben. Denken – kurz gesagt – *friert* das Sein *ein*. Die Tulpen, über die ich alles Mögliche denken kann, müssen auf jeden Fall Tulpen bleiben. Denken gibt dem Sein vor, zu sein, was es von ihm denkt. Und alles »sollte« und »müßte« folgt, weil das Denken uns sagt, was das Sein ist, und was Wahrheit ist. Das Sein wird in der Tat vom Denken in eine Schablone gepreßt, in gewisser Weise fixiert und zum Erstarren gebracht. Wenn das Sein auch nicht der Gefangene des Denkens ist, weil es als dem Denken vorgängig »gedacht« wird, so hat es doch den Gesetzen des Denkens treu zu bleiben, die dadurch zu Seinsgesetzen werden. Die Seinsgesetze werden von den Denkgesetzen postuliert. Die meisten Philosophien in Ost und West gehen von dieser Annahme aus.

Aber dieses Paradigma ist nicht universal. In Indien zum Beispiel wird es nicht als selbstverständlich hingenommen. In Indien besteht die letzte Polarität, das Yin-Yang sozusagen der indischen Bemühung um menschliche Orientierung im Gesamten der Wirklichkeit, nicht aus Denken und Sein, sondern aus *Sein* und *Wortung,* oder besser *Sein* und *Sprechen:* Sein und Seinlassen; Sein und Sein entgleiten lassen; Sein und das Sein sich selber ausdrücken lassen, ohne Reflexion eines Selbstbewußtseins, ohne Rückgang auf ein Sein, von dem wir ausgegangen sind; ein völlig spontanes Geschehen. Das Sein entlädt sich, explodiert in sich selbst, ins Wort, in den Ausdruck, in etwas, das seine eigenen Wege geht, einem sich ausbreitenden Universum gleich, das nichts und niemand – schon gar kein Seiendes, kein Denken, kein Mangel an Widerspruch, keine Logik oder Logistik, rein gar nichts – kontrollieren oder dirigieren kann. Glückselige Spontaneität, denn das Wichtigste ist der Prozeß, das Geschehen selber, der Tanz, das sich entfaltende Ganze ... Wer könnte es kontrollieren? Wer wollte seinerseits den Kontrolleur kontrollieren? Wer wollte den Denker denken? Wer wollte den Wissenden wissen? Man kann den Wissenden nicht wissen, sagt die *Upaniṣad*. Es gibt keine Möglichkeit, den Strom der Wirklichkeit zu kontrollieren. Denken ist nicht der letztgültige Parameter. Sein ist einfach ... reine Explosion. Das erklärt auch die monastische Konzentration auf die Reinigung des Herzens als der Quelle unseres Seins und darauf, dem Geist, das heißt der Freiheit, zu erlauben, uns zu führen und zu inspirieren.

Die Herausforderung der Weltlichkeit

Das Leben verläuft nicht immer in logischen Bahnen, das muß es auch nicht, aber ein Leben, das sich völlig außerhalb des Logos stellen will, zerstört sich selbst. Die beiden Paradigmen der Einfalt und Vielfalt, denen wir auf unserem Weg begegnet sind, scheinen am Ende unvereinbar zu sein. Währenddessen freilich, das heißt solange das Leben weitergeht, erzeugen sie eine gesunde Polarität, sofern dabei eine bestimmte Grenze nicht überschritten wird. *Selige* Einfalt wird es nicht zulassen, daß echte Bestandteile der Wirklichkeit und des menschlichen Lebens unter dem Vorwand vernachlässigt werden, irgendjemandem dadurch zur Vollkommenheit zu verhelfen. Das Heilmittel wäre schlimmer als die Krankheit. Auch die Vielfalt als solche ist nicht von vornherein eine positive Größe. Sie muß in eine *versöhnte* Vielfalt überführt werden, die dem *cum* im Wort komplex, dem Zusammen der Falten *(plexus)* Rechnung trägt, um die wahre, umfassende *(amplexus)* Ordnung aufscheinen zu lassen.

Ist es möglich, Einfalt und Vielfalt in einer höheren Ordnung miteinander zu versöhnen? Geht der Archetyp des Mönchs verloren, sobald das Ideal der Einfalt aufgegeben wird? Wir haben dem Archetyp der Weltlichkeit nicht die gleiche Zeit und Aufmerksamkeit gewidmet wie dem monastischen Archetyp, denn er gehörte nicht zu unserem eigentlichen Thema. Dennoch scheinen mir ein paar Gedanken und Beobachtungen dazu im Hinblick auf eine mögliche Versöhnung beider hilfreich zu sein. Es handelt sich erstens um eine soziologische Beobachtung; zweitens um eine anthropologische Anmerkung; drittens um eine metaphysische Überlegung.

(a) *Soziologisch* gesehen stellt in einer Welt, die von zunehmend komplizierter werdenden technologischen Systemen beherrscht und zum Teil bedroht wird, die Betonung der Einfachheit mehr dar als ein Ventil für das Verlangen nach einem freien, gesunden und menschlichen Leben. Auch wenn wir zur Vielfalt verdammt sind: nicht jeder wird sich diesem Prozeß problemlos anpassen können. Wir brauchen Freiräume und Ausnahmen von der Regel. Tatsache ist auch, daß jeder Einsatz neuer Techniken zunächst einmal unzählige Opfer fordert,

weil, wie schon erwähnt, die Menschen nicht alle in gleicher Weise anpassungsfähig sind, sondern nach verschiedenen Rhythmen leben, aber auch weil die ersten Gehversuche in einer neuen technologischen Landschaft oft nur unvollkommen gelingen und dem Menschen einen hohen Preis abverlangen. Es hat vor diesem Hintergrund etwas Verlokkendes an sich, zu den Klöstern als Orten der Entspannung und als Hochburgen der Einfachheit aufzuschauen.
Zudem geht mit der Vielfalt eine wachsende Kompliziertheit einher. Die Menschen neigen dazu, ihr Leben in unnötiger Weise immer komplizierter zu gestalten. Die Industrialisierung scheint zwangsläufig zur Konsumgesellschaft zu führen. Viele werden sich heute der Gefahren und der gegen die natürlichen Lebensgrundlagen gerichteten Auswirkungen der technischen Welt mehr und mehr bewußt. Der Ruf nach seliger Einfalt erweist sich so als dringend und nötig. Wenn die alten Mönche ihm nicht mehr folgen, werden neue aufstehen und diese lebenswichtige Funktion erfüllen, die Welt durch ihr Beispiel daran zu erinnern, daß es im Grunde nur wenige Dinge sind, die zu einem erfüllten und menschlichen Leben gehören, und noch viel weniger, um das »ewige Leben« zu finden – das natürlich nicht erst in einer unbekannten Zukunft beginnen muß.
Doch Vereinfachung eines zu kompliziert gewordenen Lebens oder einer Lebensweise ist eine Sache, äußerste, kompromißlos gelebte Einfachheit dagegen eine ganz andere. Eine in letzter Konsequenz gelebte Einfalt, das heißt eine Spezialisierung, bei der alles auf Einfachheit und Einfalt ausgerichtet ist, läuft sehr leicht Gefahr, zu unmenschlichen Praktiken zu führen oder der verbreitetsten Versuchung der monastischen Überlieferung zu erliegen, nämlich dem Irrweg eines »akosmischen« oder »engelgleichen« Lebens.
Das heißt: Selige Einfalt kann und darf nicht das *einzige* das menschliche Leben bestimmende Prinzip sein, denn wenn dem so wäre, würde es dieses Leben gerade zerstören. Trifft das zu, dann kann entweder die selige Einfalt nicht mehr als grundlegendes monastisches Prinzip gelten, oder aber das Monastische ist nicht als umfassendes Paradigma des menschlichen Lebens zu verstehen, sondern als eine Dimension dieses Lebens, die der Ergänzung durch das Prinzip der versöhnten Vielfalt bedarf. Das ist der eigentliche Ort meiner Behauptung, es sei

unmöglich, das Mönchtum völlig zu institutionalisieren. Eine derartig umfassende Institutionalisierung liefe auf die Verabsolutierung von etwas hinaus, das recht verstanden nur eine Dimension (unter anderen) des menschlichen Lebens darstellt.

Damit stehen wir vor einer heiklen soziologischen Frage. Wir sind heute Zeuge einer fragwürdigen Entwicklung im Verhältnis der monastischen Institutionen zu den Religionsgemeinschaften, denen sie sich in den meisten Fällen verbunden fühlen. Ich meine die Neigung – ob ausdrücklich und organisiert wie im Kirchenrecht der römisch-katholischen Kirche oder eher unterschwellig in den Köpfen der Leute oder den Anweisungen der jeweiligen Autoritäten –, die alten monastischen Institutionen als Museumsstücke zu bewahren und ihre echte Weiterentwicklung zu behindern. Im Grunde kommt das einem Verrat an ihrer Berufung gleich. Ich meine zudem den Wunsch, den viele, hauptsächlich Außenstehende, äußern, die den Mönchen gerne die Rolle von Hütern überkommener und dringend benötigter Werte zuweisen möchten. Man muß in Rom, Bangkok, Rishikesh oder im Kangratal leben, um diese vorherrschende Neigung der jeweiligen »Autoritäten« zu spüren. Sie möchten die alten Institutionen in ihrer ursprünglichen Reinheit erhalten, unverdorben durch den Geist der Moderne. Daran ist etwas Richtiges, aber die ganze Sache wird problematisch und läuft ihren eigenen Absichten zuwider, wenn sie auf diese Weise von außen in Angriff genommen wird, als Ergebnis eines mit mehr oder weniger Fingerspitzengefühl ausgeübten äußeren Druckes. »Die Leute erwarten das von ihnen. Man erwartet von ihnen, daß sie sich so und so verhalten und so und so äußern...«, solche oder ähnliche Sätze bekommt man nur zu oft zu hören. Das bringt mich unmittelbar zu einer zweiten Beobachtung.

(b) *Anthropologisch* gesehen geht es um die Frage, wie beide Prinzipien miteinander zu vereinbaren sind. Speziell auf unser Thema gewandt: Wie bringen der moderne Mönch oder die heutige Nonne es fertig, einerseits der überlieferten Ausrichtung auf Einfachheit und Einfalt, andererseits aber auch ihrer oder seiner (echter und nicht bloß gesellschaftlich verordneter) Suche nach harmonischer Integration aller Lebens- und Seinsbereiche treu zu bleiben? Das *quid hoc ad aeternitatem* (Was bringt das für die Ewigkeit?) kann verheerende Auswirkungen haben, wenn unter »Ewigkeit« der erlöste Zustand der reinen Seele in einem anderen Leben nach dem Tode verstanden wird. Die ausschließliche Beschäftigung mit dem *sarvam duḥkam* (Alles ist Leiden) kann ebenso zu einer schlimmen Verkümmerung der menschlichen Person führen.

Es geht hier nicht um die Frage, welche Anthropologie die bessere oder wertvollere ist: diejenige, die der menschlichen Vollendung ihren Ort in einem eschatologischen Leben auf höherer nirvanischer oder paramarthischer Ebene zuweist, oder die andere, die eher der Meinung ist, daß die harmonische Ganzheit der menschlichen Person es erfordert, nach Möglichkeit alle menschlichen Werte in einem einzigen Leben zu integrieren. Wir dürfen nicht vergessen, daß der Versuch, ein Ideal zu verwirklichen, das zu hoch angesetzt oder ganz einfach unangemessen ist, mit einer großen Enttäuschung enden kann, weil er nicht zum gewünschten Erfolg führt. Ich verteidige hier nicht einen reinen Humanismus. Ich greife nur auf, was die Betroffenen selber für sich persönlich glauben, und versuche aufzuzeigen, wie sie den Weg sehen und vorzeichnen, der sie zu ihrer Vollendung und zum Sinn ihres Lebens führen soll. Mein Thema ist das Bild, das sich der Mensch anthropologisch gesehen von sich selber macht, der Entwurf, nach dem er sein Leben ausrichtet.

Letztlich läuft es wohl auf die Frage hinaus: Besitzt das *humanum* nur eine Dimension oder ist es mehrdimensional? Dieser Frage auszuweichen würde bedeuten, die überlieferte monastische Spiritualität nicht ernst zu nehmen. Der Mönch will gar nicht alles sein. Er hat auf vieles verzichtet, vielleicht gar auf alles, aber an einem Ideal oder Ziel hält er fest: am Absoluten, *nirvāṇa, mokṣa, sotēría,* an der Erlösung und Befreiung. Er setzt alles auf diese Karte, und zwar durchaus nicht in ausschließlich individualistischer Weise. Im Gegenteil, das Ideal eines *bodhisattva* ist ein monastisches; die Idee, sein Leben für die Erlösung der ganzen Welt aufzuopfern und die eigene Berufung stellvertretend für die ganze Menschheit zu leben, gehört wesentlich zum Mönchtum. Die Frage ist nur, wie dieses Ziel zu erreichen, wie das Ideal konkret zu leben ist: im Durchbruch zum einfachen Kern der Dinge mittels einer am Ende eines kompromißlosen Prozesses äußerster Vereinfachung zur lebensprägenden Grundhaltung gewordenen Einfalt; oder im Versuch, die Vielfalt aller nur menschenmöglichen Werte im Schmelztiegel des je persönlichen Lebens harmonisch zu integrieren und miteinander zu versöhnen?

Diese doppelte, dem Problem zugrundeliegende Anthropologie zu übergehen, würde nicht nur der theoretischen Frage nach dem neuen Mönch Unrecht tun, sondern mehr noch dem konkreten Menschen, der gleichsam in beiden Feuern, die wir Einfalt und Vielfalt genannt haben, brennt. Der Mönch erleidet auf diese besondere Weise die allgemeinere Spannung zwischen Tradition und Moderne. Sollte sich das zweite Paradigma als das zukunftsträchtigere und bessere herausstellen, hätte das eine radikale Veränderung der Strukturen des traditionellen Mönchtums zur Folge. Es hat keinen Zweck, die Spannung zu verschleiern, auch wenn die praktische Abwicklung des Wandlungsprozesses viel Klugheit, Geduld und eine feinfühlige Unterscheidung der Geister erfordert. Dem einzelnen, Mönch oder Nonne, bleibt es nicht erspart, sich der praktischen Frage zu stellen, ob er oder sie der Sache des Mönchtums besser dienen, indem sie mithelfen, die alten Strukturen zu verändern, oder indem sie etwas ganz Neues beginnen. Handelt es sich hier wirklich darum, neuen Wein in alte Schläuche zu gießen? Ich kann dieser Frage hier nicht weiter nachgehen.

Befassen wir uns noch kurz mit einem dritten Bereich, in dem sich die genannte Grundspannung auswirkt.

(c) *Metaphysisch* betrachtet lassen sich auf den ersten Blick zwei verschiedene Auffassungen der Wirklichkeit unterscheiden. Das Problem ist bereits hier und da im Verlauf unseres Weges aufgetaucht. Soweit es diese abschließenden Überlegungen betrifft, möchte ich die verschiedenen kosmologischen Ansichten ebenfalls unter dem Titel »Metaphysik« behandeln.

Das Ideal der *Einfalt* geht von der Voraussetzung aus, daß die Wirklichkeit als solche und im letzten *einfach* ist. Nun sind aber Zeit, Raum, Geschichte, Körper und Leib usw. keine einfachen Größen. Sie lassen sich auch nicht – über eine gewisse Grenze hinaus – in einfachere Erscheinungsformen überführen. Allein die »Seele«, das Bewußtsein, *cit,* ist auf einen Punkt reduzierbar, der letztlich keine Ausdehnung mehr hat. Das Bewußtsein besitzt diese erstaunliche Kraft, Vielfältiges in der Einfalt einer einzigen Schau zu umfassen. Kein Wunder, daß sich der Mönch mehr für die Innerlichkeit des Bewußtseins interessiert als für die Äußerlichkeit der vielfältigen Dinge.

Das Ideal der *Vielfalt* andererseits geht davon aus, daß die Wirklichkeit im letzten *pluralistisch* ist, nicht rückführbar auf ein wie auch immer gedachtes einziges Prinzip. Letzte Verwirklichung vollzieht sich also keineswegs als Sprung in die Einfalt eines radikal einfachen Absoluten, sondern vielmehr als Prozeß, in dessen Verlauf die Vielfalt unseres Seins zu ihrer harmonischen Vollendung heranreift.

Der Mönch hat es nicht nötig, Metaphysiker zu sein, aber das zugrundeliegende metaphysische Paradigma begleitet ihn auf Schritt und Tritt. Letztlich steht hier das Bild, das wir uns vom Absoluten machen, auf dem Spiel. Man könnte vielleicht sagen, es geht um die Spannung zwischen Monotheismus und »Politheismus«, wobei ich mich sehr gegen den üblichen Gebrauch des letzten Begriffes wehren muß. Kein Politheist hat jemals behauptet, daß das, was der Monotheist als eines bejaht, vielfältig ist. Dagegen gibt es viele Theisten, die nicht recht zufrieden damit wären, einfach das *monos* vor ihren Theismus zu setzen, denn ihr Gott ist weder einer noch viele. Es geht wohl eher um die Entscheidung zwischen einem letzten Monismus oder einem letzten Pluralismus. Aber ich denke, wir sollten uns nicht länger bei dieser Spaltung aufhalten, sie ist nicht wegzuleugnen, ungeachtet der Tatsache, daß Worte nie das Ganze treffen und zum Ausdruck bringen, um das es eigentlich geht, um so weniger, als wir versuchen, das Problem in einem kulturübergreifenden Umfeld zu erörtern.

Ich möchte nun versuchen, eine Synthese zunächst aus trinitarischer Perspektive und danach in advaitischer Sprache zu formulieren. Alle Überlegungen beruhen auf der – in meiner Sprache – *kosmotheandrischen* Intuition geheiligter Weltlichkeit.

Genauer betrachtet stehen Einfalt und Vielfalt nicht *dialektisch* in Gegensatz zueinander, denn die letzte Struktur des Universums muß nicht notwendigerweise dialektische Züge tragen. Ihre Beziehung ist vielmehr dialogischer Art. Beide finden ihren Sinn, nicht indem sie einander bekämpfen und widersprechen, um auf diese Weise eine »höhere« Synthese hervorzubringen, in der sie aufgehen könnten, sondern als wechselseitig konstitutive Beziehung, in der sich der Sinn des einen vom anderen her erschließt und umgekehrt, weil beide vom jeweils anderen her sind, was sie sind.

Einfalt meint mehr als die bloße Abwesenheit von Vielfalt. Das wäre in der Tat eine »einfältige« Einfalt, wenn ich so sagen darf. Einfaltung der Falten bedeutet nicht, daß diese ausgelöscht oder zerstört werden – obwohl sie nicht länger *als* Falten existieren. Eine gewisse Umwandlung ist, wie wir gesehen haben, auf jeden Fall erforderlich. Andererseits steht Vielfalt nicht für eine willkürliche Anhäufung von Falten, von über- oder nebeneinander gelagerten Wirklichkeitsschichten, sondern für die Entfaltung, Ausbreitung oder Darstellung der vielen Falten nach einem zusammenhängenden, aufeinander abgestimmten Grundmuster – das in seiner Entfaltung eines ist und bleibt. Es handelt sich zweifellos um eine pluralistische Einheit, nicht aber um letzte Pluralität. Das Grundmuster ist eines, mit reichhaltigen Entfaltungsmöglichkeiten.

Die Einheit, von der die Rede ist, ist pluralistisch, denn es gibt nur die Einheit des Mannigfaltigen, das niemand umgreifen kann, weil niemand in der Lage ist, sich außerhalb der Wirklichkeit zu stellen. Könnte die Farbe Grün die farbige Welt sehen, sie würde alle anderen Farben als Grün oder als Ergebnis ihrer Vermischung mit dem eigenen Grün sehen. Es wäre nicht möglich, von der Pluralität der Farben zu sprechen, sondern nur von einem Pluralismus, der mit dem Allgemeinbegriff »Farbe« zu fassen wäre, ohne wirklich jede Farbe in ihrem eigenen Licht zu unterscheiden. Echte Pluralität kann nur von außen her als solche erfaßt werden. Nur ein Geist außer- oder oberhalb der Welt der Farbe vermag die echte Vielfalt der Farben zu erkennen. Monismus ist der Name für den Blick von innen. Auch wenn das Grünbewußtsein in der Lage ist, einige Unterschiede zu erkennen, wird es doch, wenn es nur stark genug ist und sich auf sich selbst konzentriert, behaupten, daß letztlich alles grün ist. Pluralismus auf der anderen Seite heißt nicht, gleichzeitig von innen und außen sehen zu können. Es heißt vielmehr, alles zunächst einmal und hauptsächlich als Grün anzusehen, aber zugleich andere von anderen Farben sprechen zu hören und deshalb an die Vielfalt der Wirklichkeit zu glauben. In dem Maße es sieht, ist das Bewußtsein ein monistisches; in dem Maße es hört, verteidigt es die Pluralität; und in dem Maße es glaubt, ist es ein pluralistisches. Der Pluralismus führt nicht alles auf seine Verstehbarkeit zurück.

In *trinitarischer Sprache* würde das folgendermaßen lauten: Die Trinität, das müssen wir uns zunächst einmal klar machen, ist weder ein Monopol des Christentums noch, was unser eigentliches Thema betrifft, des Göttlichen im engeren Sinne. Jeder noch so kleine Baustein der Wirklichkeit besitzt seinen trinitarischen Stempel. Menschliche Vollendung geschieht nicht als Einswerdung mit dem Sohn oder dem Vater oder dem Geist, sondern als Eintritt in das ganze und volle Leben der Trinität, ohne daß dabei ein Wesenszug ausgeschlossen bleibt oder vernachlässigt wird. Die Trinität ist weder eine noch drei, das heißt weder Einfalt noch Vielfalt. Von innen betrachtet bietet sie gleichsam das Bild vollkommener Einfalt: jede Person entleert sich, gibt sich ganz hin, damit die andere sei. Der Vater sieht nur den Sohn. Er sieht nicht den Vater, sondern allein den Sohn (der alles *ist,* was der Vater ist). Er sieht auch nicht sein Sehen (den Geist), sondern nur den Sohn. Ähnliches ließe sich von den beiden anderen Personen sagen – um hier die christlichen Begriffe zu gebrauchen. Das Wesen des Personalen liegt in seinem Bezugscharakter. Außerhalb der wechselseitigen Beziehungen gibt es nichts. Gäbe es da eine Art substantiellen »Knotens« unabhängig von dem »Netz« der Beziehungen, so müßte man von einem Tritheismus sprechen oder, auf das Universum bezogen, von letzter Pluralität. Das Gesetz des Kreuzes, das heißt des Opfers als reiner Selbstaufopferung, herrscht, möchte ich meinen, auch in der Trinität. Die Entleerung der Personen geht bis zum Äußersten. Von innen gesehen ist jede Person völlig leer. Wollte man sie als solche in den Blick nehmen, es wäre nichts zu sehen, denn jede der Personen hat sich bereits ganz an die andere weggegeben. In Wirklichkeit ist Person weder eine singulare noch eine plurale Größe. Der Vater gibt alles, was er ist und hat, dem Sohn; er zeugt einen Sohn, der völlig identisch ist mit ihm. Der Sohn erschöpft sich ebenso vollkommen in seiner Gabe (dem Geist) an den Vater – die der Vater selber dem Sohn eingehaucht hat. Der Geist als solcher ist nichts (nothing, no-thing; das »Ding«, *res,* Wort ist der Sohn, der *Logos*); er ist reine Gabe, die als solche nur im Akt des Gebens existiert. Von außen gesehen entsteht gleichsam aus dieser vollkommenen Einfalt im Akt des Sprechens über sie und im Versuch, sie für unseren Verstand begreiflich zu machen, die Vielfalt. Es handelt sich sogar um die denkbar ausgeprägteste Form von Vielfalt, denn alle Reichtümer der Wirklichkeit sind von der Dynamik der trinitarischen Bewegung durchdrungen. Das ist der Sinn der Inkarnation: Die Welt hat teil am trinitarischen Abenteuer als der Grundbewegung der Wirklichkeit, obwohl sie sich in den engen Grenzen von Raum und Zeit entfaltet. Von außen gesehen handelt es sich um die Komplexität der ganzen Wirklichkeit: Vater, Christus und Geist (in christlicher Sprache).

Wir können vom Unaussprechlichen nur sprechen, weil das Unsagbare oder besser: die Unsagbarkeit eine Eigenschaft des Sagbaren ist. Jeder weiß aus Erfahrung, daß keines unserer Worte in der Lage ist, alles zu sagen, was es eigentlich sagen »möchte«, zu sagen »wünscht« oder »beabsichtigt« oder einfach »meint«. Wir bekommen es ständig bei unseren Gesprächen zu hören: »Was ich eigentlich sagen will, ist dies...«, »Was ich meine, ist das...«. Warum? Weil wir es niemals schaffen, ganz zu »sagen, was wir meinen«: der Gesprächspartner muß den Sinn des Gesagten im Geist »erfassen«. Wir sprechen also vom Unaussprechlichen, indem wir uns dem in jedem Wort mitschwingenden Schweigen, dem Unsagbaren in allem Gesagten öffnen, auf es hinweisen, uns *irgendwie* dafür wachhalten. Ohne Worte gäbe es kein Schweigen – genauso wie es keine echten Worte ohne Schweigen gibt. Alles steht in trinitarischer Beziehung.

Advaitisch gesprochen würde ich sagen, daß die Wirklichkeit weder eins noch zwei ist und deshalb weder wir selber noch die Welt dem ausschließlichen Herrschaftsbereich der Eins oder der Zwei einverleibt werden können. Gott und die Welt sind ebenfalls weder eins (das geht dem gesunden Menschenverstand gegen den Strich) noch zwei (zwei was? – das würde dem Gottesbegriff widersprechen). Advaita – Nichtdualismus – ist kein Monismus. Monismus würde bedeuten, daß Gott sich die Welt so sehr einverleibt hätte (denn sie können nicht zwei sein), daß sie ihrer eigenen Wirklichkeit beraubt wäre. Advaita ist aber auch kein Dualismus. Die Welt ist keine andere Wirklichkeit im Gegenüber zu Gott oder dem Einen oder Brahman. Es handelt sich nicht um zwei »Aspekte« einer einzigen Wirklichkeit, denn es handelt sich überhaupt nicht um »Aspekte«, das heißt Perspektiven, erkenntnistheoretische Verstehensmuster oder Spiegelungen einer an sich monolithischen Wirklichkeit. Die Wirklichkeit läßt sich nicht völlig dem Geist, *cit, buddhi, jñāna* erfassen. Sie ist zugleich *sat* und *ānanda,* Sein und Glückseligkeit. Wenn wir von ihr sprechen können, so nicht deshalb, weil sie auf *vāc,* auf das Wort, auf ihre Verstehbarkeit reduzierbar wäre, sondern weil ihre Elemente untrennbar voneinander sind und doch nicht das »Selbe«. Letztlich gibt es nichts Selbiges, denn der Geist, dem diese »Selbigkeit« dasselbe zu sein schiene, steht nicht außerhalb ihrer. Das nichtdualistische Verstehensmodell schließt ebenfalls die größtmögliche Vielfalt mit ein. Gäbe es nur das Eine, wäre damit der Vielfalt jede Entfaltungsmöglichkeit genommen, der Monismus als Verstehenshilfe völlig ausreichend, Advaita überflüssig. Aber wäre nicht auch die Einfalt eine Dimension der Wirklichkeit, genügte der Dualismus als plausibles Verstehensmuster. Vielfalt und Einfalt kommen erst ganz zu sich selbst im advaitischen oder trinitarischen Modell.

Wo steht nun der Mönch in diesem Zusammenhang? Ich darf jetzt vielleicht wagen, meine Hypothese – und *epektasis* im Sinne von Hoffnung – vorzutragen. Ich werde mich auf die wesentlichen Züge beschränken.

Bleiben wir beim *humanum* als dem Symbol menschlicher Vollendung und Ganzheit diesseits oder jenseits der Unterscheidung von Natürlichem und Übernatürlichem. Auf dem Glauben, daß dieses Humanum letztlich eine einfache, einfältige Größe ist, beruht der Archetyp des Mönchs. Das Humanum in diesem Sinne besitzt eine Mitte, die durch und durch einfach ist, dimensionslos, ein Kern, der in erhöhter und für uns eher unbegreiflicher Weise alles umfaßt, was wir *wirklich* sind. Dieses Humanum ist nicht nur unsichtbar, es läßt sich auch hier auf Erden nie ganz verwirklichen. Es ist auf eine transzendente Existenz angewiesen, sei deren Ort ein zeitlicher (in der Zukunft), räumlicher (im Paradies) oder ganz anderer, jenseitiger (*nirvāṇa,* Brahman, Gott). Die Verwirklichung des Humanum ist eine eschatologische Aufgabe. Man muß es entdecken: in einer Raum und Zeit überschreitenden Hoffnung oder Intuition *(anubhāva),* in der man erkennt, daß man »bereits da« ist. Das ist der Weg der Einfachheit, dem das traditionelle Mönchtum gefolgt ist.

Der Glaube, daß dieses Humanum eine komplexe Größe ist und daß es nur verwirklicht werden kann, wenn die Integration aller seiner verschiedenen Elemente gelingt, könnte durchaus noch die Zustimmung einiger Mönche finden. Die Wege trennen sich in dem Augenblick, in dem sich diese Integration nicht mehr auf ein einziges »etwas« zurückführen läßt; in dem der letzte »Stoff« der Wirklichkeit als in sich selber vielfältig und komplex angesehen wird. Diesen Archetyp möchte ich den *Archetyp der Weltlichkeit* nennen. Das Humanum hat keine einzige Mitte mehr, sondern deren zwei oder mehr. Raum und Zeit gehören in endgültiger Weise und nicht als etwas Fremdes und deshalb Wegzuwischendes zum Humanum. Auch wenn sie kurzlebig und vergänglich sind, ist es gerade ihre Vergänglichkeit, die ihnen eine wirkliche Bedeutung gibt im Hinblick auf das, worum es dem Menschen geht. Verwirklichung ist eine personale Aufgabe, die nicht verschoben werden darf und nicht vollzogen werden kann, indem man einzelne Elemente der Wirklichkeit ausschließt und beiseite schiebt, als gäbe es sie nicht oder als gehörten sie nicht zur eigentlichen Wirklichkeit.

Gibt es eine Möglichkeit, beide Archetypen zusammenzubringen? Die Fragestellung als solche ist schon schief. Letzte Einfalt duldet kein Zweites neben sich. Ist überhaupt eine Einheit ohne Zweiheit denkbar, ohne daß sie einem platten Monismus verfällt? Oder von der anderen Seite betrachtet: Ist es überhaupt möglich, allen Bestandteilen der Wirklichkeit gerecht zu werden, ohne der unterscheidungslosen atomistischen Anarchie eines platten Pluralismus zu verfallen? Ich möchte meiner Skizze noch einen Pinselstrich hinzufügen.

Während die Askese der Innerlichkeit oder das monastische Ideal an der Vervollkommnung des Menschen arbeitet, bemüht sich die Askese des Handelns oder das weltliche Ideal der Vielfalt um die Vervollkommnung der Welt. Wir nähern uns der Synthese, sobald diese beiden Ideale sozusagen als die beiden Aspekte der einen und selben ontologischen Dynamik der Person gesehen – und verwirklicht – werden.

Die *Askese der Innerlichkeit* erinnert uns daran, daß unsere erste und eigentliche Aufgabe darin besteht, unsere Kräfte in den Dienst der Vervollkommnung, Erfüllung und Befreiung jenes Teilbereiches der Wirklichkeit zu stellen, der wir selber sind. Ob es sich dabei, wie in vielen geistlichen Traditionen, um eine *jīva* oder Seele handelt, die es aus den Verstrickungen in Materie und *karman* herauszulösen gilt; oder um den *ātman* oder das Selbst, das es in seiner vollkommenen Einheit zu erkennen gilt, wie andere Schulen behaupten; oder um die Person, das heißt um deren passive oder aktive Integration und Einfügung in das Ganze, zu dem sie gehört; oder um die Aufsprengung alles Besonderen, Individuellen, ja allen Seins, um alles Zufällige, Vergängliche, Illusionäre zu überwinden; oder um die demütige Übernahme der jeweils und vorläufig einem jeden zugeteilten Aufgaben, denn wir sind nun einmal zeitliche Wesen: wie auch immer, dieses menschliche Bemühen um die Arbeit in sich selbst und an sich selbst ist nicht weniger anspruchsvoll, schwierig und langwierig als die Askese der Äußerlichkeit. Seine Kräfte für die persönliche Vervollkommnung in diesem Sinne einzusetzen, hat nichts mit Egoismus zu tun, sondern gehört zur vollen Verwirklichung des Menschen als Person.

Gleichzeitig erinnert uns die *Askese der Äußerlichkeit* daran, daß wir keine isolierten Monaden oder rein geistliche Substanzen sind, sondern Teil einer höheren und größeren Wirklichkeit, an der nicht nur andere gleichgeartete Wesen teilhaben, die unser Schicksal teilen und mitbestimmen, sondern zu der auch andere Dimensionen der Wirklichkeit gehören, die zusammen mit uns das letzte Abenteuer zu bestehen haben. Das Ideal der Weltlichkeit mahnt uns, daß die Arbeit an einer besseren Welt und an der Verwandlung der äußeren Strukturen der Wirklichkeit nicht weniger anspruchsvoll, schwierig und langwierig ist als das Streben nach innerer Vollkommenheit. Als Beispiel wäre hier der echte wissenschaftliche Forschergeist zu nennen. Sich für die Vervollkommnung des Kosmos einzusetzen, ist kein leeres Bemühen, sondern gehört ebenso zur vollen Verwirklichung der Person.

Die Krise und zugleich die einzigartige Chance und eigentliche Berufung des gegenwärtigen Augenblicks der menschlichen Geschichte liegt darin, daß wir erkennen, daß der menschliche Mikrokosmos und der Makrokosmos der Materie nicht zwei getrennte Welten sind, sondern zu der einen und selben kosmotheandrischen Wirklichkeit gehören, innerhalb derer die dritte göttliche Dimension genau das Bindeglied zwischen den beiden anderen darstellt. Andernfalls wäre der Rückzug auf die bloße Beschäftigung mit der Rettung der eigenen Seele purer Egoismus oder feige Flucht und der Einsatz für eine bessere Welt nichts als eitle Anmaßung und vergebliche Mühe.

Um der Verwirklichung der Synthese näher zu kommen, bedarf es eines gesteigerten Gespürs und Bewußtseins nicht nur für die wechselseitigen Beziehungen zwischen den inneren und äußeren, menschlichen und kosmischen Aspekten der Wirklichkeit, sondern vor allem ihres *Ein*bezogenseins in das Ganze, so daß es sich letztlich um ein und dasselbe Anliegen, Abenteuer und Geschehen handelt. Angefangen von den Vorsokratikern und ihrer Rede von der Harmonie über den *Ṛg Veda,* dessen letztes Wort Einklang heißt, bis hin zu Sri Aurobindo, der betont, daß »alle existentiellen Probleme letztlich Probleme der Harmonie« sind, läßt sich ein durchgehender Zug menschlichen Bemühens um eine geheiligte Weltlichkeit feststellen.

Hat die übersteigerte Institutionalisierung des Monastischen weltverachtende Spezialisten hervorgebracht und sich schädlich auf die Menschen ausgewirkt, ja sogar die Religion zu einem Element der Entfremdung gemacht, so hat sich die Überinstitutionalisierung des Weltlichen nicht weniger verheerend auf die Menschen der Erde ausgewirkt. Sie ist in alarmierendem Maße immer noch dabei, die Menschen zu Quasi-Robotern zu degradieren, das menschliche Leben rein mechanischen Gesetzen zu unterwerfen und die neuen Ersatzreligionen des Marxismus, Humanismus, Säkularismus, Scientismus und ähnliche in lebensverachtende Ideologien zu verkehren.

Ist die Synthese möglich? Einst war es die Aufgabe der Ontologie, Anthropologie, Kosmologie und Theologie in einer höheren Synthese zu vereinen und ganzheitliche Systeme und Theorien in bezug auf Mensch, Welt und Gott zu entwickeln. Heute fehlt uns eine derartige Ontologie und viele zweifeln überhaupt daran, daß sie jemals wieder in der Lage sein wird, eine solche Aufgabe zu übernehmen und zu erfüllen. Sicher ist, daß ein bloßer Anthroprozentrismus ebenso unzureichend bleibt wie ein bloßer Kosmozentrismus oder Theozentrismus. Der Ruf nach einem neuen Bewußtsein wird laut... Aber dieses Bewußtsein kann nur aus einer Erfahrung erwachsen, die aus einer ganzheitlichen Praxis hervorgeht. Das ist die Stunde einer neuen Askese: eine neue Praxis, die sich in die Tiefen der menschlichen Psyche hinabwagt und zugleich hinaufschwingt in die Höhen der kosmischen Räume, um den immanent-transzendenten Pulsschlag des Göttlichen zu verspüren.

Vielleicht wird jemand sagen, daß das letztlich nicht nur die besten

Mönche, sondern auch die engagiertesten und überzeugendsten Vertreter der Weltlichkeit immer schon gesucht haben. Wenn dem so ist, und das kann sehr wohl der Fall sein, bestätigt das nur meine Hypothese. Aber vielleicht ist man sich nicht immer deutlich genug der radikalen und letzten Verschiedenheit der jeweiligen Wirklichkeitsauffassungen bewußt gewesen. Ich behaupte hier nicht, daß wir den Schlüssel, der uns das Rätsel des Universums erschließt, verloren haben, sondern daß es überhaupt keinen Schlüssel gibt, weder einen erkenntnistheoretischen noch einen ontologischen, denn der *logos* ist nicht alles, was *ist*, und selbst das Sein ist »nur« alles, was *ist*, und dieses »nur« umgreift vielleicht nicht die ganze Wirklichkeit.

Wird es dem neuen Mönch gelingen, die beiden Dimensionen zu vereinen? Der Akademiker oder der Wissenschaftler experimentiert mit seinen Ideen. Der Mönch tut dasselbe mit seinem Leben. Experimentieren mit Ideen heißt im allgemeinen Denken. Das ist der Bereich des Verstandes- und Vernunftmäßigen. Weit gefaßt kann man es als »Begreifen« fassen, aber nicht eigentlich als echtes Verstehen (understanding): es ist nicht der ganze menschliche Akt des Sich-unter-die-Macht-der-Dinge-Stellens, die es zu verstehen gilt. Verstehen heißt, sich dem Zauber des zu Verstehenden aussetzen und unterstellen, und das erfordert echte Demut – wie die monastischen Überlieferungen immer betonen werden. Wer auf diese Weise verstehen will, wird verletzlich. Der Mönch versteht mit seinem *hara*, seiner Mitte, wie die Japaner sagen würden. Der wahre Gnostiker der christlichen Überlieferung ist nicht der Intellektuelle, sondern der Kontemplative. Kontemplation führt zur Aktion, denn das kontemplative Verstehen ist die eigentliche und ganzheitliche Verwirklichung des verstandenen »etwas« – so daß es dich ergreift, dich beherrscht, Macht über dich gewinnt. Kurz: Intellektuelle experimentieren mit Ideen, Mönche dagegen mit ihrem Leben. Es ist ein Experiment auf Leben und Tod.

Anhang

Eine Liturgie der Erde

Was wir von jetzt an tun, tun wir nicht um unserer selbst willen. Alles, was wir denken und sagen, geschieht im Namen des unaussprechlichen Geheimnisses, das Licht ist und Leben und Liebe.
Gott unser Vater, wir bringen dir unsere Mutter Erde dar und weihen sie dir. Aus ihr hast du uns mit liebenden Händen gebildet, doch wir haben sie durch unsere Gewalt, unsere Ausbeutung, unsere Gier entweiht. Gib, daß die Versöhnung mit ihr uns von unseren Sünden reinigt und miteinander und mit dir versöhnt. Wir laden dich ein, Mutter Erde um Vergebung zu bitten.
Dieses Brot enthält die Früchte der Erde, denn es ist aus ihr hervorgegangen. Dieses Brot ist Leben. Es ist das Brot des Lebens. Es ist Energie und Kraft. Dieses Brot gibt uns Anteil an der Lebenskraft der Erde. Möge es uns zum Segen sein.
Gesegnet bist du, Gott, Herr der ganzen Schöpfung. Dank deiner Güte und durch das göttliche Werk deiner Hände können wir diesen Wein darbringen. Möge er uns zum geistlichen Trank werden.
Vater, wir loben und preisen dich für unsere Schwester, das Wasser, denn sie ist rein und keusch. Durch sie hast du uns ins Leben gerufen, uns gereinigt, damit wir dein neues Volk werden. Vater, großer Geist in allem, was wir atmen, wir bitten dich um Verzeihung, denn wir haben unsere Schwester entweiht.
O heiliges Geschenk des Feuers, wir rufen dich an und grüßen dich und den, der dich gemacht hat. Wir danken dir für die Gaben, die uns in dir zuteil geworden sind, wir danken dir für ihn, der uns aus der Finsternis ins Licht gerufen hat, auch heute wieder, da du zu uns gekommen bist. Wir grüßen dich in der Gestalt der Sonne, unermüdlich von der Erde aufsteigend bei deinem Lauf von Ost nach West, von Nord nach Süd, leuchtend, einend, wärmend. Komm in unsere Herzen und gewähre uns deine Gaben, damit wir einander Licht und Liebe geben, Licht und Wärme spenden.

Laßt uns zusammen ein einziges Mal das »Aum« sprechen.
Geist der Lüfte, der du die Erde belebst, komm zu uns und gib uns Leben. Durchdringe uns ganz, segne uns, damit wir, erfüllt von dir, zu Freudebringern werden.
Alles, was ist, ist Gottes Wort. Laßt uns beten. Oft sind unsere Gebete nach oben gerichtet, über alles hinaus zu dir, Herr. Heute sollen unsere Gebete in die entgegengesetzte Richtung gehen, nach unten, in den Abgrund des Todes, zu dir, Lebensspenderin Geburt. Wecke unser Bewußtsein, daß auch wir deine Freunde und Verwandten sind, daß wir zu dir gehören, daß du zu uns gehörst. Daß wir zusammen ein Leib sind, eine Gemeinschaft, eine Wirklichkeit. Du bist Mutter, aber auch Schwester und sogar Tochter. Wecke in uns das Gespür dafür, daß wir irdische Wesen sind, erdhafte, materielle, körperliche, physische und also konkrete und begrenzte und schwache Wesen mit Gestalt und Form und eigenem Gewicht, den Gesetzen der Schwerkraft unterworfen und oft auch der Schwerfälligkeit. Unsere Gebete gehen heute in dieser Liturgie der Elemente auch zu euch, ursprüngliche Wasser, die ihr von Anfang an seid und denen selbst in der biblischen Überlieferung ursprüngliche Macht zukommt, denn mit euch beginnt Gottes Schöpfung. Ihr seid im Anfang, sagt das Buch der Genesis. Helft uns, eine lebendigere Beziehung zu euch aufzunehmen. Ihr macht siebzig und mehr Prozent unseres Körpers aus. Ihr seid eine Herausforderung für uns, denn nicht einmal siebzig Prozent der Wasser der Erde reichen aus, auf natürliche oder künstliche Weise unseren Körper zu ernähren, ohne daß er Schaden nimmt. Wir brauchen eine neue Beziehung zu euch. Eine Überlieferung sagt, jemandem ein Glas Wasser zu geben, hat ewigen Lohn zur Folge. Ihr müßt in der Tat sehr wichtig sein, überaus lebensspendend. Ihr gehört zum ursprünglichen Leben selbst, und wir behandeln euch mit Herablassung, Nachlässigkeit und dem Gefühl der Überlegenheit, das ihr wohl nur ertragt, weil ihr fließen und fortlaufen könnt. Heiliges Wasser, reinige uns mehr und mehr. Mutter Erde, vergib uns wieder und wieder.
Lebensspendendes Feuer, Geist alles Lebendigen, Leben aller Götter, notwendige Wärme aller lebenden Wesen, du bist ein Geheimnis der Verwandlung und der Reinigung und auch der Prüfung. Du bringst Licht und Wärme, aber auch erstickenden Rauch, wenn das Brennende nicht rein ist. In jenem Prozeß, den unsere Vorfahren göttliche Alchemie genannt haben, das heißt in der Reinigung und Umwandlung von allem, in jenem kosmischen und göttlichen Stoffwechselprozeß, der alle Dinge ihrer Vollendung entgegenführt, bist du der Priester, der Mittler, der unentbehrliche Faktor. Du bist mächtig, sogar furchtbar und schrecklich. Du forderst, dir mit Furcht und Respekt zu begegnen. Hilf uns, diese elementaren, ursprünglichen, grundlegenden Haltungen wiederzufinden, die nicht nur zum Menschen, sondern zu jedem lebendigen Wesen, zu jedem Geschöpf

gehören. Wir bitten dich, verbrenne alles, was noch der Verwandlung bedarf, und gib uns die Kraft, nicht schwankend zu werden, wenn wir etwas deiner Macht überantworten müssen.
Geist und Hauch, der überall in unumschränkter Freiheit weht, hilf uns in allem, hilf uns dabei, alles zu lassen, alles leben zu lassen, alles sein zu lassen. Ohne dich könnten wir keinen Augenblick bestehen. Und dabei hältst du dich so zurück, daß wir dich allzu sorglos übersehen, dir kaum einmal danken und erst aufschrecken und wach werden, wenn wir dich so sehr beschmutzt und entweiht haben, daß wir nur noch einen Abschaum deiner selbst zu spüren bekommen. Durchdringe uns mit dankbarem Gespür dafür, was es bedeutet, dich aufnehmen und das Leben atmen zu dürfen. Hilf uns, zu diesem Grundgespür des Lebens zurückzufinden. Alles andere ist Überbau, wichtig und bedeutsam, aber doch getragen von der Heiligkeit der Grundelemente der Wirklichkeit. Wir sind dir in vielem fremd geworden. Deine Macht und deine Symbolkraft gehen uns oft ab. Wir scheuen uns, mit dir zu tun zu haben, ja manchmal schämen wir uns sogar, mit dir in näheren Kontakt zu treten. Wir schützen uns mit Handschuhen und Schutzkleidung aller Art und fürchten, uns die Hände schmutzig zu machen, unsere Lippen zu gebrauchen, unsere Lungen zu füllen. Dabei feiern wir ständig das Geheimnis, das die christliche Überlieferung »Kommunion« genannt hat. Hilf uns, zuallererst diese Kommunion mit dir wiederherzustellen, der tragenden Säule der Wirklichkeit. Wir sind der Sünde des Hochmuts verfallen. Wir haben uns für etwas Höheres und Besseres gehalten. Wir planten sogar, ganz unabhängig zu werden. Wir glaubten, dich vernachlässigen, dich der Tyrannei unseres Größenwahns dienstbar machen zu können. Hilf uns, in uns, nicht einfach loszuziehen und anderen schöne Gedanken über Ökologie und Umweltschutz vorzutragen, sondern lehre uns, den Dingen in unserem eigenen Leben mit jenem Respekt, jener Liebe, jener Verehrung zu begegnen, die in der gesammelten Weisheit der sprachlichen Überlieferung immer noch zum Ausdruck kommt: Verehren, innig lieben heißt auch küssen, heißt das Geliebte mit den Lippen berühren. Hilf uns, dich zu küssen, dich zu verehren, keine Angst vor dir zu haben. Der Gott oben im Himmel ist nicht eifersüchtig auf seine göttliche Dimension hier auf Erden. Das höchste Symbol der christlichen Überlieferung und fast aller Überlieferungen ist in der Tat materieller Art, aber es ist auch immer mehr als Materie: Speise und Trank. Ohne dich können wir nichts tun. Wir beten dich an.
Und nun, Gott in der Höhe, nimm an dieses Brot und diesen Wein, diese Erde, dieses Feuer, dieses Wasser, diese Luft, die wir dir in dieser Eucharistie darbringen. Nimm alles an, verwandle alles zusammen mit uns und in Gemeinschaft mit dir.
Es ist richtig, Herr, dir immer und überall zu danken. Wenn sich aber eine neue Lage ergibt, muß vielleicht auch der Dank in neuer Weise geschehen,

wie heute, da wir eine Zeit beginnen, in der wir versuchen wollen, die Echtheit des Lebens neu zu entdecken, alles Schwere und Belastende des Vergangenen hinter uns zu lassen, uns keine ängstlichen Sorgen um die Zukunft zu machen – sie mag kommen, wie sie will –, sondern so intensiv als möglich auf die Botschaft des Heute zu hören, damit wir fähig werden, die flüchtigen Erscheinungen des Vergänglichen zu durchblicken und in jedem Augenblick der Zeit den bleibenden Kern zu entdecken, der ewig ist und doch nicht aufhört, zeitlich zu sein. Wir wollen dir danken für alles, was ist, wir wollen einander danken, den Mächten der Höhe und den Wirklichkeiten der Tiefe, damit wir singend, betend, dankend die Flüsse und Sterne, die Wolken und Wasser, den Schnee und den Regen, die Fische und Tiere, die Menschen und das, was sie tun und lassen, alles was ihr Scharfsinn hervorbringt, alles, was wir kennen und was wir nicht kennen, was wir auch Engel, Throne und Herrschaften nennen, mit neuen Augen sehen, damit wir dir zusammen mit der ganzen Schöpfung Dank sagen und dich mit neuem Herzen loben können.

Herr, gedenke deiner Schöpfung überall auf der Welt. Gedenke der Erde, die uns trägt und ernährt, mit der wir nach unserem Gutdünken umgegangen und oft schlecht umgegangen sind. Gedenke aller Elemente, die dir auf ihre Weise die Ehre geben. Laß uns wachsen in der Liebe zu ihnen, im Verständnis und in tieferer Kommunion mit allem, was ist, denn das ist Grund und Voraussetzung für eine tiefere Kommunion und ein besseres Verstehen in der Familie der Menschen. Bewahre uns in Gemeinschaft und Liebe, in gegenseitiger Geduld, in Achtung vor der Verschiedenheit des anderen. Erfülle uns mit Mut und Stolz darüber, daß jeder von uns in der Lage ist, auf seine Weise seinen Weg zu gehen. Unsere Herzen sind erfüllt von Dingen, die wir noch erobern, von Wirklichkeiten, die wir noch erreichen, von Verhältnissen, die wir noch verbessern, von Problemen, die wir noch lösen möchten. Hier in deiner Gegenwart, in Gegenwart aller Anwesenden, in Gegenwart des ganzen Universums – denn was wir vollziehen, geschieht nicht um unseretwillen, sondern im Namen alles Lebendigen – möchten wir mit dir und untereinander teilen, was uns am Herzen liegt: die kleinen Bitten, die wir meinen aussprechen zu müssen, damit wir selber mehr und mehr zu Werkzeugen im Dienste dessen werden, was in unseren Gebeten zum Ausdruck kommt, in wachsender Hingabe an das, worum es uns geht, wenn wir beten. Höre die Gebete der Familie, die du hier zusammengerufen hast.

Gott, wir glauben, daß deine Kinder leben, wenn du sie segnest. Du hast uns bereits mit vielen Gaben reich gesegnet. Da wir diesen Tag, dieses neue Leben, diese neue Schöpfung beginnen, laß uns in deinem Segen und mit deinen Gaben Frucht bringen. Laß reifen und wachsen, was wir tun, bis der Abend kommt. Bewahre uns in Freude, Einfachheit und Dankbarkeit.

Eine Liturgie des heiligen Wortes

Im Namen des Geheimnisses, das keinen Namen hat und doch mit jedem echten Namen genannt werden darf, das der Anfang ist und das Ende und das Dazwischen von allem. Wir wollen beten. Das heißt, wir wollen uns die Brüchigkeit, Gefährdetheit und Unsicherheit unserer Worte und unseres Sprechens vor Augen halten, denn das meint das Wort Gebet. Wir sind uns bewußt, daß alle Worte, die wir sprechen, unvollkommen sind, weil sie nicht sagen, was sie eigentlich sagen möchten, und oft nicht einmal meinen, was sie sagen. Wir wollen beten, denn wir müssen beten, wir müssen uns äußern, sprechen, bitten, fragen, leben. Wir wissen andererseits um die Macht und Kraft, die in jedem aufrichtigen Wort liegt, denn jedes echte Wort ist ein Sakrament, ist Teil jenes Geheimnisses und vielleicht der kostbarste Schatz, den wir besitzen. Oft und oft haben wir ihn nicht nur durch unsere Unaufrichtigkeit und Unwahrheit, sondern durch banalen Wortschwall, durch Geschwätz, durch leere und – schlimmer noch – verletzende und zerstörende Worte geschändet. Jedes Wort ist eine Offenbarung. Jedes Wort ist ein Sakrament. Jedes Wort hat Macht. Jedes Wort ist göttlich, aber das Wort ist nur Wort, wenn es echt gesprochen wird, das heißt, wenn es je neu geschaffen, nicht bloß wiederholt und nachgeäfft wird. Ein Schrei ist mehr ein Gebet, mehr ein Wort als etwas, das man vom Hörensagen kennt und bloß herunterleiert. Deine Jünger baten dich einst, sie zu lehren, wie sie beten sollen. Wir bitten dich, Herr, lehre uns, wie wir sprechen sollen. Jede Rede ist Gebet, jedes Wort enthält das Ganze des Universums, es trägt die Saat von allem in sich. Einer der überlieferten Namen Gottes lautet: Herr des Wortes, Schützer des Wortes, Schöpfer des Wortes, Vater des Logos. Manchmal haben wir dein Wort, Herr, an besonderen Orten oder in besonderen Formulierungen verwahrt, und das ist gut, aber das allein genügt nicht. Du weißt um jedes Wort. Du selbst bist das erste und letzte Wort und kennst alle Worte dazwischen. Lehre uns Herr, in rechter Weise auf das Wort zu hören, das Wort, das aus aufrichtigem Herzen kommt, das spontan ist, das uns die Welt vor Augen führt und die Person des Sprechers offenbart. Lehre uns, wie wir hören können, wie wir aufmerken können auf die unzähligen Worte um uns herum, gib uns jene Unterscheidungsgabe, die nicht allein nach unseren Maßstäben urteilt, sondern die entdeckt, wann ein Wort Wort ist und kein leerer Klang, kein Ausdruck ohne Wurzeln, ohne echten Sprecher, ohne Herz, das an seinem Ursprung schlägt. Alte Überlieferungen pflegten zu sagen: Weisheit besteht in der Kenntnis der Worte. Gib uns diese Weisheit, damit wir fähig werden zu hören, anzunehmen, zu empfangen, die Gastlichkeit der Worte zu üben, aufmerksam zu sein, konsequent zu reagieren, getroffen und berührt oder auch geschmeichelt zu sein von den Worten, die uns erreichen. Und laß uns auch umgekehrt lernen, die richtigen Worte zu sprechen, andere darin zu bestärken, uns an unseren eigenen Worten zu erbauen, denn jedes von ihnen entspringt der gleichen Dynamik, aus der auch die Pflanzen wachsen, das Leben sich entfaltet, das Universum ins Sein gelangt. Die Macht eines Versprechens, die Macht eines Wortes, die Macht eines Eides. Wir möchten heute das heilige Wort verehren, und diese Heiligkeit liegt im Wort als solchem und ganzem. Das Wort ist Wort, wenn jemand spricht; das Wort ist Wort, wenn es an jemanden gerichtet ist; das Wort ist Wort, wenn es über etwas spricht; das Wort ist Wort, wenn es mit etwas spricht. Gib uns, Herr, diese Tiefe, dieses Gewahrsein, diese ungeheure Freude, in uns selbst die schöpferische Kraft zu entdecken, die es uns ermöglicht, lebendige Worte sprechen, aussenden und empfangen zu können, Worte ewigen Lebens, Worte, die aus dem Frieden, dem Schweigen, der durchsichtigen Klarheit von allem kommen. Dann werden wir vielleicht mehr und mehr in der Lage sein, die Sprache so vieler anderer sprechender Wesen zu verstehen, die sich auf andere Weise äußern als wir. Hilf uns, Herr, heute die Liturgie, das Wort, zu vollziehen.

Glossar

abba (aram.): Vater, wie Jesus Gott nannte

abhavyatva (jain.-hind.): Nicht predestiniert sein oder die Unfähigkeit für Befreiung

abhimana (hind.): Eigendünkel, nichtige eitle Meinung (seiner Selbst)

ab-solut (lat.): losgelöst von allem, das Unbedingte

ācārya (hind.): Meister der Veden und überhaupt Meister

advaita, advaitisch (hind.): Nicht-Dualismus. »Welt« und »Gott« sind nicht zwei

agapites (gr.): geistliche Ehe, meistens zwischen Priestern und Mönchen mit Jungfrauen. Brauch des ersten Jahrhunderts im Christentum

aham (hind.): ich

ahamkāra (hind.): Selbstsucht, Egoismus

aiōn (gr.): Zeitspanne vgl. *āyus*

Amen (hebr.): Bejahung des Gesagten und des Wirklichen. Vgl. *aum*

amerimna (gr.): ungeteilt, ohne Sorge, ohne Angst, ohne Bedenken

anakephalaiosis tōn pantōn (gr.): Zusammenfassung aller Dinge (in Christus)

ānanda (hind): Freude, Glückseligkeit

anātmavāda (hind.-buddh.): die Lehre vom Nichtselbst

anima – animus (lat.): weibliche-männliche »Eigenschaften« der menschlichen »Seele«

anima mundi (lat.): Weltseele

animal rationale (lat.): vernunfbegabtes Tier

anitya (hind.): das Vergängliche

anthropos (gr.): Mensch

anubhava (hind.): Intuition, Wissen aufgrund von Erfahrung

apatheia (gr.): (heilige) Indifferenz, Leidlosigkeit

(h)aplós (gr.): einfältig, einfach

(h)aplotés kardías (gr.): Einfalt des Herzens

apokatastasis pantōn (gr.): Wiederherstellung aller Dinge

arhat (buddh.): heiliger, erleuchteter Mensch

asat (hind.): Nichtsein

āśrama (hind.): Lebensstadium, Kloster, Einsiedelei

asuras (hind.): Elfen, Dämonen

atha (hind.): hier, jetzt

ātman (hind.): das wirkliche »Ich«, das eigentlich Wirkliche

atmānātma – vastuviveka (hind.): Unterscheidungskraft des Wirklichen vom Unwirklichen

autarkeia (gr.): Selbstgenügsamkeit

aum (hind.): Heilige Silbe, Quintessenz des Veda, Symbol des Brahman und der ganzen Realität; vgl. *Amen*

avatāras (hind.): Abstieg (der Göttlichen). Inkarnation

avidyā (hind.): Verblendung, Unwissenheit, Sünde

āyus (hind.): Lebensspanne, kosmische Zeit *aiōn*

bhāṣyas (hind.): Kommentare. Erläuterungen (zu den Sūtras)

bhikṣu (buddh.): Bettelmönch

bhūtas (hind.): Engel, Geister

bodhisattva (buddh.): Heiliger, Erleuchteter, vgl. *arhat*
brahmacārī (hind.): Novize, Student, Brahman-Schüler
brahmacārya (hind.): Zölibat, »Wandel nach dem Brahman«
brahman (hind.): Grund, »Gottheit«, letzte Realität
brahma-sūtra (hind.): Überlieferter Text der hinduistischen Literatur
br̥hadāraṇyaka (hind.): Eine Upaniṣad
buddhakāya (buddh.): Gemeinschaft mit Buddha, der kosmisch-mythische Leib des Buddha

cakra (hind.): Kreis, Zentren im Energiekörper
cela (hind.): Schüler
chara (gr.): Freude, Gnade
circumincessio (lat.): Hereinbrechen. Das gegenseitige Durchdringen der göttlichen ›Personen‹ in der Trinität
cit (hind.): Bewußtsein
comprehensor (lat.): der Begreifende
compunctio cordis (lat.): Zerknirschung des Herzens, Reue der geretteten Menschen im Himmel, der Vollkommenen
complexio omnium (lat.): die umfassende Integration aller Dinge
consecratio mundi (lat.): Heiligung der Welt
contemptus saeculi (lat.): Verachtung des Zeitlich-Irdischen
conversatio (lat.): Umgang im Gemeinwesen, Gespräch
conversio (lat.): Bekehrung, Einkehr
conversio morum (lat.): Lebenswandel

darśana (hind.): Schau, Ansicht, ein philosophisches System
déracinement (franc.): Entwurzelung
dharma (hind. buddh.): Religion, Recht, kosmisches Gesetz, Tugend, Ordnung
dharmakāya (hind.): die Person in der Gemeinschaft, der gemeinschaftliche Leib der nach Gerechtigkeit strebenden Menschen
dhyāna (hind.): Meditation, Innenschau (= jap. Zen)
diakonia tou logou (gr.): Dienst am Wort
digambara (jain.): der nackt bleibende jainistische Mönch
dīkṣā (hind.): Neugeburt im Geist, Initiation
dipsychia (gr.) Zwei Seelen haben, bzw. sein, Zweifel, Unentschiedenheit
dipsychos (gr.): Ein Wesen gespaltener Seele
discretio (lat.): Unterscheidung (der Geister)
doxa (gr.): Ruhm, Ehre, Meinung
duḥkha (hind.): Leiden, Unruhe
dvija (hind.): ein zweimal Geborener
dynamis (gr.): Kraft, Wirkmacht, Vermögen

ecclesia (gr./lat.): Versammlung, Kirche
eidos (gr.): Idee, Modell
ekāgratā (hind.): Geisteseinfalt, mit einfältig reinem Herzen, der auf einen Punkt konzentrierte Bewußtseinszustand
ekam (hind.): das Eine, eins
epektasis (gr.): Ausdehnung, Ausstreckung (nach etwas) Erwartung (nach vorne)
eschatologisch (gr.): Auf die Letzten Dinge – und Zeiten – gerichtet
esse sequitur operari (lat.): alles Sein erwächst aus dem Tun
estancia (span.): Wohnort

extra ecclesiam nulla salus (lat.): außerhalb der Kirche kein Heil
extra mundum (lat.): außerhalb dieser Welt

fanum (lat.): Tempel, Heiligtum
fuga mundi (lat.): Weltflucht

gnosis (gr.): Erkenntnis; vgl. *jñāna*
guhā (hind.): Höhle, Grotte, der verborgene Ort (des Menschen)
guru (hind.): Meister, Lehrer

hamartia (gr.): Sünde
hara (jap.): Mitte
hen (gr.): das Eine, Einheit
hiraṇygarbha (hind.): das goldene, kosmische Ei
homo religiosus (lat.): religiöser Mensch
humanum (lat.): das Menschliche

ihāmutrārthaphala bhoga-virāgaḥ (hind.): Verzicht auf den Anteil an den Früchten eigener Taten
imitatio (lat.): Nachfolge (Christi, des Buddha), ein geistiger Weg
ittivutaka (buddh.): das Hören des Gesagten und davon berichten

jīva (hind.-jain.-buddh.): Seele
jīvanmukta (hind.): der Wissende, Heilige, der Erlöser zu Lebzeiten
jñāna (hind.): Wissendsein, Weisheit, Erkenntnis; vgl. *gnosis*
jñānavada (hind.): Die Lehre der Beschauung, Der Weg der Erkenntnis (für die Erlösung oder Befreiung)

kalpas (hind.): Regeneration, kosmische Zeiteinheiten
kaivalya (jain.-hind.): Alleinheit, Abgeschiedenheit
karma(n) (hind.): ursächlicher Zusammenhang, Schicksal, Handlung, Werk, die kultische Aktion
karmakāṇḍins (hind.): Diejenigen, die dem Weg der Aktion folgen (für ihre Erlösung)
kāyotsarga (jain.-hind.): Den Leib vergessen, da seinlassen, Aufgeben einer jeden körperlichen Tätigkeit
keśin (ved. hind.): die Verrückten, von Gott Berauschten
kevala-jnānī, kevalin (jain.): der einsame, vollkommene Jaina-Mönch
koinōnia (gr.): Gemeinschaft, des Klosters und unter den Menschen
kosmotheandrisch: weltlich-göttlich-menschlich

laukika (hind.): das Natürliche, Weltliche, Mondäne
leitourgia (gr.): Werk des Volkes, Liturgie
liṅga (hind.): Symbol, Zeichen, Phallus, Kennzeichen von Śiva
lingua universalis (lat.): universale Sprache
logos (gr.): Wort, Denkvermögen, Vernunft, Rationalität
lokasaṁgraha (hind.): Zusammenhalten der Welt

madyamamārga (buddh.): der mittlere Weg des Buddha
madyana (buddh.): Mittlere Position
mamōnas (aram.): Geld(gier)
martys (gr.): Zeuge, Märtyrer
maṭas (hind.): Kloster
mauna (hind.): Schweigen, Eremit, Wandermönch
māyā (hind.): Macht, Kunsfertigkeit, Illusion, Erscheinung
medere (lat.): heilen
metanoia (gr.): Umkehr, Umwandlung, Überwindung des Intellekts

metapolitik (gr.): die politische Tätigkeit als Vervollkommnung der Menschen
mokṣa (hind.): Befreiung auf das eigentliche Ziel hin, Erlösung
monachos (gr.): Mönch
monos (gr.): das Einzige
monothropos (gr.): Mönch, der Suchende nach dem Einem
morphē (gr.): Gestalt, Form, Wesen
mu (jap.): Nichts
mumukṣū (hind.): der nach Befreiung Strebende Kandidat, Anfänger
mumukṣutva (hind.): Sehnsucht nach Befreiung
muni (jain.-hind.): der schweigende Mönch

natura (lat.): das Eingeborene, die Natur
nirvāna (hind.-buddh.-jain.): Auslöschung, Auflösung, Vollbringung, Befreiung, Erlösung
nitya (hind.): das Bleibende, wirkliche
nityānitya-vastuviveka (hind.): die Unterscheidung zwischen dem Wirklichen-Unwirklichen
nous (gr.): das Denken
nygma-pa (tibet.): die älteste Sekte des tibetischen Buddhismus mit verheirateten Mönchen

ob-audire (lat.): horchen, hören, gehorsam sein
om (hind.): vgl. *aum*
on (gr.): Sein
operari sequitur esse (lat.): alles Tun erwächst aus dem Sein
ora et labora (lat.): bete und arbeite

pan (gr.): Ganzheit, alles
panta en pasin (gr.): (Gott) alles in allem

paramārthika (hind.): das Übernatürliche, die unwandelbare höhere Ordnung
paredra (gr.): Begleiterin, »bei der Seite sitzend«.
parigraha (hind.): Besitzstreben
parousia (gr.): Wiederkehr (Christi), Einkehr, Advent, Anwesenheit.
penthos (gr.): Trauer, Reue
perichoresis (gr.): Zusammenkommen, Durchdringung – Trinitarische Lehre, vgl. *circumincessio*
phainomenon (gr.): Erscheinung
plērōma (gr.): Fülle
pneuma (gr.): Hauch, Atem, Wind, Geist
polis (gr.): Stadt, Staat, Bürgerschaft
politeuma (gr.): Bürgerschaft, Zugehörigkeit zur Körperschaft
potentia oboedientialis (lat.): die Fähigkeit der göttlichen (unverdienten) Gnade zu gehorchen
prajñā (hind.): Weisheit, Erkenntnis vgl. *gnosis, jñāna*
pratītyasamutpāda (buddh.): radikale Relativität (alles Seienden)
profanum (lat.): außerhalb des Tempels, Profan
purohitas (hind.): Priester
puruṣa (hind.): Mensch, Urmensch
primordium (lat.): ursprünglich, meisterhaft

rāhib (arab.): Meister, Lehrer
renovatio (lat.): Erneuerung

sacrum (lat.): Heiligtumsbereich, das Heilige
sādhana (hind.): Verwirklichung geistiger Praxis
sādhu (hind.): Mönch, Asket, der direkt nach dem Ziele strebt, Vollkomme(r)

sadhvis (jain.): weibliches Mönchtum, Nonne
saeculum (lat.): die zeitliche Struktur der Welt
śakti (hind.): Macht, die weibliche Energie des Göttlichen
salus (lat.): Heil
samādhi (hind.): Kontemplative Versenkung
saṁgha (buddh.): Gemeinschaft (der buddhistischen Mönche)
saṁnyāsin (hind.): der Entsagende, Mönch
saṃsāra (hind.): Kosmos, diese Welt, die phänomenale Welt, die zeitliche Existenz
saṃskāra (hind.): seelische Eindrücke, Sakrament
sarvam (hind.): Ganzheit, Ganzsein, alles
sarvam duḥkham (hind.): alles ist Leiden
sāstra (hind.): Gebet, Lehre, Regel, traditionelle Texte der Lebensweisheit
sat (hind.): Sein
satori (jap.): Erleuchtung
satyasyasatyam (hind.): die Wahrheit der Wahrheit, das Sein des Seienden
schola Domini (lat.): die Schule des Herrn
semper maior (lat.): immer größer
seva (hind.): Mission, Dienst
śaivasiddhānta (hind.): Eine hinduistische Religion
śama (hind.): Gelassenheit, Harmonie, Friede
śankara (hind.): Philosoph des Hinduismus
simplicitas cordis (lat.): Einfalt des Herzens
sobrietas (lat.): Mäßigkeit
sōtēria (gr.): Erlösung, Befreiung

stūpa (buddh.): Heiliger Ort, wo Reliquien des Buddha aufbewahrt sind, sakraler Berg
sukha (hind.): Wonne, Freude
śūnya (hind.): leer
śūnyatā (hind.): Leere, Nichts
sūtras (hind.): Faden, Leitfaden, Aphorismen
syneches (gr.): Vielfalt

tānha (Pali): Durst. vgl. *tṛṣna*
tantra (hind.): körperliche Erfahrungen und Praktiken, Verwandlung von Materie und Geist, bestimmte Spiritualität
tantrikas (hind.): Die Nachfolger des Tantra
ta panta maiotés (gr.): alles ist Nichtigkeit, Eitelkeit
tapas (hind.): Hitze, innere Wärme, geistige Glut, asketische Übungen
tat tvam asi (hind.): »Das bist du.« Der heilige Spruch der Upaniṣaden
tempiternal: für alle Zeitspannen geltend, indem die Realität nicht in Zeit und Ewigkeit gespalten ist
tempiternitas: alle Zeit- und Lebensspannen der Welt zusammen mit der zeitlosen Seite derselben, Zeitewigkeit alles in einem
theoreia (gr.): Anschauung, Theorie, Studium
theos (gr.): Gott
ṭīkās (hind.): Kommentare zu den Sūtras
totum (lat.): das Ganze
tīrthaṇkaras (jain.): der ursprüngliche Heilige des Jainismus
triloka (hind.): drei Welten (Himmlisches, Menschliches, Irdisches)
tṛṣna (Sanskr.): Durst vgl. *tānha*
tyaga (hind.): Verzicht, Loslösung

umma (arab.): die Kirche, die Versammlung der Gläubigen
unum (lat.): das Eine
unum necessarium (lat.): das einzig Notwendige
urdhvaṁsrotas (hind.-buddh.): »Gegen den Strom« leben als Weg der Befreiung
utrumque (lat.): beider Geschlechter

vāc (hind.): Wort
vaira (hind.): feindlich gesinnt sein
vairāgya (hind.): Abscheu von der Welt, Verzicht, Askese
vāyn (hind.): Wind, Geist
viator (lat.): Wanderer
vihara (buddh.): Kloster
vīrah (hind.): Held, ein Mächtiger
vinaya (hind.): Disziplin, Klösterliche Regeln
virgines subintroductae (lat.): Jungfrauen, die mit männlichen Asketen zusammenwohnten vgl. *agapites*
viveka (hind.): Unterscheidung der Geister
vratas (hind.): Gelübde
vulgus pecus (lat.): tierisches Volk
vyavahārika (hind.): die natürliche niedere Ordnung

xeniteia (gr.): der Sog der Fremde

yajna (ved.-hind.): Opfer
yakṣas (hind.): herumstreunende Dämonen
yin-yang (chin.): Polarität und Zusammenhalt des Weiblichen und Männlichen als kosmische Ordnung
yoga (hind.): Verbindung, Disziplin, Aktivität

Bede Griffiths
Rückkehr zur Mitte
Das Gemeinsame östlicher und westlicher Spiritualität
Mit einem Vorwort von Hugo M. Enomiya-Lassalle
139 Seiten. Gebunden

»... Bede Griffiths hat durch und mit diesem Buch wunderbar deutlich gemacht, und er ›belegt‹ es durch sein eigenes Leben, daß der eine Geist in allen Religionen ist: ›Ich muß nicht nur ein Christ, sondern ein Hindu, ein Buddhist, ein Jainäer, ein Parse, ein Sikh, ein Muslim, ein Jude sein, um die Wahrheit zu erkennen.‹ Die Wahrheit ist immer außerhalb der menschlichen Worte. Bede Griffiths hat mit diesem Buch die mögliche und nötige und gottgewollte Einheit in der Vielheit, bezogen auf alle geschaffenen Wesen, verdeutlicht...«
2000 – Magazin für neues Bewußtsein

»... Man hat es also nicht etwa mit ›noch einem‹ Indien-Buch zu tun, sondern es handelt sich um ein Lebenszeugnis, das die innere Gemeinsamkeit östlicher und westlicher Spiritualität in anrührender Weise nahebringt."
ESOTERA

Kösel-Verlag, München

Hugo M. Enomiya-Lassalle
Mein Weg zum ZEN
Herausgegeben von Roland Ropers und Bogdan Snela
144 Seiten mit 80 Abbildungen. Gebunden

»... Pater Lassalle schlägt eine Brücke zwischen Ost und West. Er ist ein Hoffnungsträger des Westens; er sieht die Menschheit nicht am Abgrund, sondern »Am Morgen einer besseren Welt«. Sie stehe an der Schwelle zu einem höheren Bewußtsein, zu neuen Erfahrungen, die die heutigen Krisen überwinden helfe.«
Rheinische Post

»... Ein Nachfahre der Hugenotten wird Jesuit, engagiert sich in sozialer Arbeit. Erlebt und überlebt das Inferno des Atombomben-Abwurfs in Hiroshima. Zen für Christen? Zen-Seelsorge? Interessante Fragen mit verblüffenden Antworten.«
Münchner Merkur

»... Dieses Buch kann viele Vorurteile ausräumen. Zum Beispiel wird deutlich, daß Pater Lassalle alles andere als ein romantischer Schwärmer ist... Wir erfahren, daß er 25 Jahre in einer sehr nüchternen praktischen Arbeit stand, in den Slums von Tokyo Sozialarbeit leistete, er unter vielen Anstrengungen die Friedenskirche in Hiroshima baute...«
Christ in der Gegenwart

Kösel-Verlag, München